UNDERSTANDING HUMAN NEED
Social issues, policy and practice

ニーズとは何か

ハートレー・ディーン 著
Hartley Dean
福士正博 訳
Masahiro Fukushi

日本経済評論社

亡き両親、マーガレット・ディーン及びハリー・ディーンの霊に本書を捧げる

凡例

一、原著で単数need、複数needsの表記にかかわらず、訳書ではすべて「ニーズ」に統一した。同様にcapability, capabilitiesは「ケイパビリティ」とした。

一、原著にイタリック体で表記されている箇所は、訳書では傍点を付した。

一、引用文の翻訳に際して、すでに邦訳のある場合には適宜参照した。ただし、訳文はかならずしもそれに拠っていない。

一、索引は原著をもとに訳者が作成した。

目次

Box、図表一覧

Box

図

表

謝辞

一冊の書物を著すということは、執筆者が多くの友人や同僚、そしてとくに生活をともにする家族など、すべての人々に負担をかけるということである。本書の場合、とくに本書の執筆に活力を与え、温かく見守ってくれたのは、タニア・バーチャド、ビル・ジョーダン、メアリー・ランガン、そして最初の原稿とすべての章に目を通し、コメントを寄せてくれたポリシィー・プレス社指名の匿名評者や、ポリシー・プレス社のアリソン・ショー、エミリー・ワットといった人々である。これらの方に感謝申し上げたい。さらに、本書で取り上げるべきことがらについて関心を喚起してくれたルース・リスター、第一草稿に目を通してくれたパム・ディーンなど、すべての方に感謝申し上げたい。しかし、本書の誤りや弱点に関するかぎり、すべての責任は私にある。私以外のすべての人に非難されるべきことはない。

用語説明

注—本書では、必然的に、一連の専門用語や抽象的概念を議論することになる。それらをすべて定義するには、書物ほどの長さの用語説明が必要となる。したがってここで、あらかじめ、「ニーズ」を定義する様々な形容詞について簡単な説明を行っておくことにする。ただしこのリストは網羅的なものではない。ここにある重要用語はそれぞれ関連性があり、重なり合っており、これらの定義はそれらのつながりを明確にする手助けになるかもしれない。他の用語が本書で登場する場合、これらは一般にテキストの中で定義されており、その定義は本書索引から接近できるようになっている。

絶対的ニーズ（absolute need）
たいていの場合、「相対的」ニーズの反対語を表すために用いられている（以下参照）。「絶対的貧困」に合わせて、絶対的必需品の定義も変化するが、肉体的生存や、人間の尊厳にとって絶対的に必要なものについて述べたものである。

基本的ニーズ（basic need）
「絶対的」ニーズと同義語として用いられるか（右参照）、「高次ニーズ」の反対語を表すために用いられている（以下参照）。その用語は一般に、生存や弊害回避のために基本的に必要とされているものについて述べている。混乱を招く可能性があるのは、以下で述べられる意味でというより、すべての人間が持つ要素的ニーズに関して「普遍的な」ニーズの同義語として用いられていることにある。

状況的ニーズ（circumstantial need）

本書が定める特定の意味にしたがって、「薄く」、「解釈されている」ニーズについて述べた用語。政策目的からすると、人々が求めているものはこの場合、ある個人の特定の状況下で、最小限、道徳的に正当化しうるものとの関連から判断されている（注―いくつかの哲学書のテキストによると、状況的ニーズは、ごく一般的に、以下のように「実質的」ニーズとして定義されるものと同義語であり、構成的ニーズ、すなわちいくつかの点で社会的あるいは制度的に構築されたニーズ（本書では使用されていない用語）と対比することができる）。

共通ニーズ（common need）

本書が定める特定の意味にしたがって、「厚く」、「解釈されている」ニーズについて述べた用語。政策目的からすると、人々が求めているものはこの場合、ある社会やコミュニティの帰属にともなう要件にしたがって、その社会的性格に由来し、他者と共通して持つ機能や経験の点から定義される。

比較ニーズ（comparative need）

異なる場所、異なるコミュニティや異なる社会集団の、生活水準や社会サービスの相対比較を通じて明らかとなる相対的不足に関するニーズ形態。ある人の比較ニーズは、その人には欠けているが、他の人々は持っているものと定義することができる。

派生的ニーズ（derivative need）

「基本的」ニーズの反対語を表すために用いられる（右参照）。ただし、「中間的」ニーズと同様（以下参照）、より基本的なニーズを充足するために人々が求めているものについて述べたもの。例えば貨幣は、食べ物や衣服を買うというニーズから派生したニーズ。

言説的ニーズ（discursive need）

言説や、相互会話、コミュニケーションによって人々が彼ら自身の間で生み出す意味、共有した実践やつながりを通じて構築されたニーズ。大衆言説を通じて構築されたニーズは、「社会的に構築された」ニーズと言うこともできる。政治的言説を通じて構築されたニーズは、「イデオロギー的に構築された」ニーズと言うことができる。

経験的ニーズ（experiential need）

経験されたニーズについて述べたもの。「体感的」ニーズと「実質的」ニーズを結びつける用語（以下参照）。

表現されたニーズ（expressed need）

人格的要求とか政治的要求として述べられてきた「体感的」ニーズ（以下参照）。

虚偽的ニーズ（false need）

「真の」ニーズの反対語（以下参照）。人々が望み、求め、必要だと考えているものの、（観察者の意見では）必要とは考えられないニーズ。虚偽的ニーズは、人々がとりつかれている、惑わされている、誤った指導を受けているという意味で「主観的」ニーズ（以下参照）と同義語となる場合もある。しかし批判者によると、「体感的」ニーズとして純粋に経験されるいかなるニーズも虚偽的であるというわけではない。

体感的ニーズ（felt need）

広い意味で「主観的」ニーズ（以下参照）と同義語で、個人が主観的に経験するニーズや、集団が間主観的に経験したニーズについて述べたもの。

高次ニーズ（higher need）

しばしば、道徳的に劣り、基礎的あるいは「基本的な」ニーズ（右参照）の反対語を表すために用いられている。奢侈品ではなく、知的、創造的あるいは精神的活動など、洗練されたヒューマン・ニーズについて述べた概念。

本質的ニーズ（inherent need）

生物有機体ばかりでなく、人間性の徳という点からも、人間個人にとって本質的であるニーズについて述べた用語。本質的ニーズ概念は、人格や、一人の人間であることの意味の理論や観念を必要とする。そうした理論や仮説は暗黙の前提になっているかもしれないが、それらは通常所与のものである。それらは抽象的あるいはトップダウン的に設けられるとともに、規定されている。

道具的ニーズ（instrumental need）

多くの場合、「派生的」ニーズ（前記参照）や「中間的」ニーズと同じ意味を持ち、自分のためではなく、生き残りのためあるいは弊害を回避する手段として、持たなければならないものや、行わなければならないものについて述べた用語。道具的ニーズの充足は目的に対する手段である。

中間的ニーズ（intermediate need）

直接的あるいは「基本的」ニーズを満たすために我々が必要としているものという点で、「派生的」ニーズ（前記参照）と同様の意味を持つ。我々は、健康であるために、食べ物、水、住居などを必要とする。中間的ニーズは、「基本的」ニーズの充足ための必要物が、気候や生活している社会などに応じて変化するという意味で「相対的」(以下参照)である。

解釈されたニーズ(interpreted need)

解釈によって構築され、人間諸個人に帰属することになるニーズについて述べた用語。解釈されたニーズは、観察や分析、あるいは主張や要求を通じて、具体的あるいはボトムアップ的に確立され、分節化される。

規範的ニーズ(normative need)

医者や他の健康専門スタッフ、教師やソーシャルワーカーなど、科学的専門家や福祉専門スタッフなど、政策立案者、行政あるいは専門家の規範的判断によって決定されたニーズについて述べた用語。

客観的ニーズ(objective need)

たいていの場合、外面的に確かめられ、科学的に認識できるニーズについて述べたもので、しばしば「主観的」ニーズ(以下参照)の反対語を表すために使われている。

存在論的ニーズ(ontological need)

個人的アイデンティティ、自己意識、存在感覚を維持するために我々が求めているニーズ。存在論的ニーズは、物的意味で存在するために求める実存的ニーズと対照される。

特定ニーズ(particular need)

本書が定める特定の意味にしたがって、「薄く」考えられている、人間主体にとって本質的なニーズについて述べた用語。政策目的からすると、人々にとって必要なものは、自由な選択を行う経済的アクターとして、競争力を身につけるために必要としている客観的な個人的関心の点から定義される。

実際のニーズ（real need）

一般的しかし曖昧なまま使用されており、「真の」ニーズ（以下参照）を意味することもあれば、「実質的」ニーズを意味する場合もある（以下参照）。

相対的ニーズ（relative need）

たいていの場合、「絶対的」ニーズの反対語を表すために使用されている（前記参照）。決まった意味を持たず、人間主体が生活する気候的、社会経済的、文化的条件との関連で決定されるニーズについて述べた用語。「中間的」ニーズ（前記参照）の充足に必要なものは定義上相対的である。相対的ニーズが充足されない場合、相対的貧困や相対的剥奪を取り上げることになる。

社会的ニーズ（social need）

厳密に個人に属するニーズと社会的問題であるニーズを区別する方法の一つとして、一般的しかし曖昧なまま使用されている。しかしこの区別は、ティトマスの指摘にあるように、実際に維持することは難しい。

主観的ニーズ（subjective need）

たいていの場合、「客観的」ニーズの反対語を表すために使われている（前記参照）。「真の」ニーズ（以下参照）、「虚偽的」ニーズ（前記参照）にかかわらず、人々が考え、信じ、体感しているニーズについて述べた用語。主観的ニーズは、個人の経験に基づいているが、古典派経済学者によれば、人々が行う選好を通じて客観的に知覚できるものと考えられている。

実質的ニーズ（substantive need）

必要としている過程より、その内容を示す用語。一般に、実際に存在しているニーズ、「実際の」ニーズ（前記参照）の象徴、言及されたニーズが性質的に抽象的、理論的だけでないという意味をつかまえるために用いられている。

技術的ニーズ（technical need）

新しいあるいは効果的な財の発明を通じて、技術的に生み出されたニーズ。以前では対応することのできなかった状況を救う医療介入など、ほとんどの場合ヘルスケアの文脈で用いられている。

厚いニーズ（thick need）

本書が定める目的にとって特定の意義を持つものであり、ある人が真の意味で豊かで、良好な生活を共有する必要物について最適に定義されたニーズについて述べた用語。

薄いニーズ（thin need）

本書が定める目的にとって特定の意義を持つものであり、ある人が、威厳をもって、快楽の実現と苦痛の回避のために必要なものについて最小限に定義されたニーズについて述べるために使われている。

真のニーズ（true need）

「虚偽的」ニーズの反対語（前記参照）。真であることは人の見方に依拠するものであり、したがって、「客観的」とか「主観的」ニーズにも等しくあてはまるものとして用いることができる。

普遍的ニーズ（universal need）

本書が定める特定の意味にしたがって、「厚く」考えられ、人間主体にとって「本質的」であるニーズについて述べた用語。政策目的からすると、人々のニーズは、彼らの人間性や、人間的実現のために必要なものに由来している。それらは、人々が本質的に相互に依存し、参加する方法とか、それを通じて定義され、交渉されるものである。複雑なのは、時折、前述の意味ではなく、すべての人間が持つ要素的ニーズについて述べているという点で、「基本的」ニーズと同義なものとして使用される場合もある。

第1章

序論

- 本章は，「ニーズ」が，社会政策の中心的概念であるにもかかわらず，わかりづらい，論争概念となっていることを説明する.
- ヒューマン・ニーズ概念に対する4つの包括的な対応，すなわち人道主義的，経済主義的，温情主義的及び道徳主義的対応が簡略化された形で提示される.
- 絶対的ニーズと相対的ニーズという広く用いられている区分の説明が行われる.
- 本書の残りの内容が説明される.

明示的であれ、暗黙の形であれ、競合したヒューマン・ニーズは、すべての社会科学に登場する概念である。多くの分野にまたがる学際的対象としての専門的な社会政策は、経済学、社会学及び心理学など社会諸科学にまたがっている。ニーズが「社会政策形成の中心的」概念であることはこれまでも指摘されてきた（Erskine, 2002, p. 158）。しかし、ニーズは驚くほど多様なやり方で解釈される概念でもある。デ・ギャスパーは、ヒューマン・ニーズと欲望に関する研究プロジェクトの一部として、一九九〇年代に行われた学術研究会について次のように述べている。

> 心理学者、経済学者、哲学者、人類学者などの参加者が、学際的だからというだけでなく、個人的な意味においても、「ニーズ」について一貫した用法を持てずにいることが判明した。しかし我々のほとんどは、一九六〇年代あるいは七〇年代以降、ニーズについて書かれた文献を読み、考察してきたのである。我々は、文章ごとに異なる使われ方をしているニーズの間で揺れ動いてきた。すなわち、基本的ニーズ対充足手段の間で、動詞対名詞の間で、そしてまた説明力としてのニーズと説明要素としてのニーズの間や、必要（前提）要件としてのニーズと道徳的優先的主張として特別な性格を持つニーズとの間で、揺れ動いてきたのである。（Gasper, 2007, p. 54）

実際、様々な種類や様々なレベルのヒューマン・ニーズが二分法の形で絶え間なく供給されているため、我々は本書を通じてその多くに出会うことになるだろう（表1-1及び用語説明参照）。こうした区別の多くは、重なり合うこともあれば、一致することもある。そのうちのいくつかは他より有益であると私は考えている。これらすべてを詳細に検討することは、著者ばかりでなく読者にとっても大変な労力を要する。ヒューマン・ニーズについて書かれた文献は、思想経験や様々な哲学的難問を例示する逸話で溢れている。すべての難問を解決できる聡明な者などいないとすれば、絶望感や不適切観に読者（そして著者）が陥らないよう、控え目な検討が必要となるだろう。

本書で私は、ニーズをめぐる論争点を簡略化しつつ、できるかぎり包括的な分類を試みたいと考えている。全体的に新しいニーズ理論を提起するというものではないが、人間の相互依存性、ニーズ及び諸権利との関係について理論的提案を発展させたいと考えている。その目的は、すべてを取り込んだ、包括的なヒューマン・ニーズ概念を理解し、発展させることにある。ヒューマン・ニーズは非常に大事な概念であり、社会政策における一つの重要な組織原理ともなっている。その意味でヒューマン・ニーズは、人間としての相互依存性理解と、相互に主張をたたかわせる権利に関する議論を結びつけるという点で決定的に重要である。ヒューマン・ニーズは、潜在的に捉え難い概念にとどまる一方、そこから他の

表 1-1　様々なニーズあるいはニーズ間の 2 分類

絶対的	相対的
客観的	主観的
基本的	高次の
物質的	非物質的
積極的	消極的
非道具的	道具的
非派生的	派生的
肉体的/身体的	精神的/霊的
心理的	文化的
体内発生的	社会発生的
固有の	手続き的
自然の	人工の
真の	虚偽の
本質的	解釈された
生まれつきの	状況的
薄い	厚い
快楽的	幸福論的

重要な実践的、戦略的アプローチが生まれてくる可能性のある概念でもある。正確を期した言い方をするならば、社会政策の形成はヒューマン・ニーズをめぐる対立を通じて行われる。私が結論として考えている議論は、本質的に規範的なものとなるだろう。ヒューマン・ニーズについてどのように考えるべきなのかを図示し、その線に沿って、我々を取り巻いている世界で何が起こっているのかという、非常に多くの本質的な経験的疑問を取り上げてみることにしたい。「ニーズ概念には「ある」ということと「べきである」という両方が含まれている」ことが認められている（Thomson, 1987, p. 109）。

本書の残りで行われる私の議論の展開方法を概括的に説明する前に、社会政策にとってその課題が何故重要なのかを強調するところから、「序論」を始めることにする。

なぜニーズが重要なのか？

すでに指摘したように、ヒューマン・ニーズをめぐる考え方は社会政策の組み立て方と関連性がある。機能主義者の説明によると、ヒューマン・ニーズの分析は、「社会分析の明瞭な基礎を提供する。様々な社会類型には変化する社会制度形態があると考える場合でも、そこには常に、ヒューマン・ニーズを中心とした制度がなくてはならない」（Fletcher, 1965, p. 21）。ここでは個人的ニーズと社会的ニーズとの違いが示唆されていると考えてよいだろう。リチャード・ティトマスはこの指摘に対して古典的な対応を行っている。

集団的に提供されたすべてのサービスは、一定の社会的に組織された「ニーズ」の充足のために慎重に構想されている。それらは、第一に、有機的全体として生存し続けようとする社会の意思、第二に、ある人々の生存を支援しようとするすべての人々の表明された希望、である。「ニーズ」はしたがって、「社会的」なものと「個人的」なものとに分けて考えることができる……（しかし）、概念的に両者を完全に区別することは不可能である。あるものが他に融合するということは、社会全体の生活時間とともに変化するということである。それは、個人や家族のニーズの循環時間とともに変化する。それは、「ニーズ」を構成するものは何か、どのような状況において、そして、ニーズが承認された時、どの程度まで、個人や／あるいは社会の関心の中で充足されなければならないのか、に関する支配的諸概念に基づいている。（Titmuss, 2001［1955］, p. 62）

ニーズは、人間福祉の意味を定義するいくつかの見方のうちのひとつでしかない（Fitzpatrick, 2001, p. 5）。しかし、ティトマスが強調しているように、ヒューマン・ニーズの関心から直接それらを特徴づけることができないとすれば、社会政策の目標はヒューマン・ニーズに関する仮説を間接的に反映していることになる。政府の社会政策や学術的社会政策はどちらも――多少明示的に――、一方で資源分配の過程に、他方でヒューマン・サービスの発展にとらわれてしまっている。社会政策の介入には、税制、現金移転給付、教育の提供、雇用訓練や規制、土地利用や環境規制、住居管理や提供、そして健康や社会介護組織、弱者に対する社会的保護などを通じた、資源の分配もしくは再分配が含まれている。

ニーズの重要性

こうした給付の性格は、（市民、消費者、臣民あるいは顧客である）人間が必要としているものに関する仮説や原理を基準に、いくつかのレベルに分けて特徴づけられなければならない。しかし、欲望や選好、功績（desert and merits）、安全保障や社会的保護など別の主要な組織原則も、その候補として挙げることができる。私が主張したいのは、これらすべてでないにしても、そのほとんどが異なるニーズ解釈やアプローチに当てはまるということである。哲学者と違って、「ニーズ」という用語にある決まった真の意味などあるわけではない（例えばThomson, 1987参照）。それは、多くのバナキュラーな意味を持つ用語である。本書で私が推奨する特定のヒューマン・ニーズ概念は、「人間的」あるいは「人道主義的」アプローチである。勿論それとは別の接近方法もある。差し当たり、既存の方法で大まかに分類した上で、日常的言葉でそれらを特徴づけるとすれば、「経済主義的」、「道徳主義的／道徳-権威主義的」、及び「温情主義的」に分類することができる。それぞれのアプローチはニーズに対する異なる態度を表象しており、また異なる意味が浸透しているが、「ニーズ」と呼ばれるものが常に含まれている。

あなた自身が人生で求めている（need）ものや、すでに満たしたと思える幸運といったニーズについて考えてみよう。これは決して骨の折れるリストではなく、仕事、生活の場、休息時間、愛する誰かといった重要な何かである。人間として我々が求めているものは、仕事、空間、時間、諸関

表 1-2　ニーズへの対応

	人間的（あるいは人道主義的）対応（ヒューマン・ニーズに基づいたアプローチ	温情主義的対応（社会秩序や保護に焦点を当てたアプローチ	経済主義的対応（選好を行使する自由に焦点を当てたアプローチ）	道徳主義的（あるいは道徳-権威主義的）アプローチ（功績に焦点を当てたアプローチ）
私は仕事を求めている	あなたはディーセント・ワークや有意義に活動することを求める.	あなたは適切な秩序を持つ社会的生産過程に従事することを求める.	あなたは自由に選んだ仕事に従事する機会を求める.	あなたは生計を支えることができる仕事を求める.
私は生活する場を求めている	あなたは自然から守る住居や，快適な環境で生活することを求める.	あなたは生活に相応しい場を求める.	あなたは家を賃借・購入する機会，及び欲しい家を選択する機会を求める.	あなたはストリートに寝泊りせずにすむ居住の場を求める.
私は休息時間を求めている	あなたは創造性や娯楽時間を求める.	あなたは休息や文化的娯楽を求める.	あなたは余暇のための時間を選べる自由がなければならない.	休息機会がまず獲得されなければならない（誤った使い方をしてはならない）
私は愛する者を求めている	あなたは他者のケアやあなたのケアを求める.	あなたは強く，支え合う家族を求める.	あなたは愛する自由を持つべきだが，愛はわかりづらい商品であり，必ずしも本質的なものではない.	愛について苦悩するより「あなたやあなたのもの」のために供給することがより重要である.

係といった基本的なものである。私がこのような限定を行うのは、幅広い、原理的で、時には複雑な議論を描写しようとしているからにすぎない。こうした概観（表1-2に要約）は以下の場面設定に役立つものであり、最後の結論の諸要素を先取りしたものでもある。

人間主義的あるいは人道主義的アプローチは、これら四つのニーズを重要なものとしてとらえた上で、我々を人間として定義するという観点から、幅広い解釈を行っている。

●人々は実際に仕事以上のものを求めている。人々は生活を営む手段を求めているが、必ずしも賃金に依存しようとしているわけではない。世界には、自給的農業を通じて現金経済に頼ることなく生活手段を得る地域もあれば、社会保障給付を通じて片親や非公式介護者としての自分を扶養することができる地域もある。しかし、人々はほとんど確信をもって、有給であるかどうかにかかわらず、人間性を定義するという理由から、有意義な活動を望んでいる。「仕事」には、介護、ケア、芸術など、あらゆる目的の活動が含まれている。

●人々は生活の場以上のものを求めている。別の要素から適切に守られていることも重要であるが、空間や場も重要である。人々は快適な家や、健康で、持続的な環境を求めている。

●人々はたんなる休息時間以上のものを求めている。人々は適当に休息する時間を求めているが、それ以上に彼らは彼自身の創造性の実現や、休息と同じくらい娯楽のための時間を求めている。

●人々はほとんど絶対的に愛する者や、愛してくれる者を求めている。我々の人間性は他者との相互のつながり、相互依存性のあり方に基づいている。

温情主義的アプローチは、これら四つのニーズを認めているが、我々を人間として定義するということより、何が我々の社会的帰属を保証するのか、社会秩序の確立や維持のために何が求められているのかという観点からニーズを認めている。このアプローチは、我々の安全、安全保障、物的保護といったニーズを、安定という文字通り保守的意味において考えている。

●人々は社会への参加と、社会的生産に貢献する方法として仕事を必要とする。有給雇用は生活手段を安定的に獲得する手段であるが、事故を防ぎ、法の遵守や社会諸階級間の協力を極大化するという点から規制することができる。

●人々は生活を営む場を求めている。生活を営む場は彼らの地位身分にふさわしいものでなければならない。

●人々は休息することが必要であり、適切な文化活動を行うことが認められなければならない。

●人々は常に愛を求めているわけではないが、強く、支え合う家族を必要としている。家族は日常的ニーズの多くが適切に満たされる場である。

経済主義的あるいは市場志向的アプローチは、ニーズより、経済的機会や消費者選好に関心を払っている。そのアプローチは、ニーズを、欲望や、市場で表現される選好を充足する機会の観点から表現しようとしている。人々は、仕事、住居、余暇活動及び諸関係の中から、優先順位を考える自由を持っていなければならない。

●人々は労働市場に参入する機会を持たなければならない。このことは、我々が教育を受ける必要があること、とくに重要なのは我々が求める仕事を選ぶ自由がなければならないということである。仕事の意味は生産的貢献を行っているという点にある。その点が経済的アクターとして人々の関わり方の重要な側面を規定している。

●人々は生活する場を選択し、また市場において住む家を確保するための機会を持つべきである。住宅は基本的な商品である。

●人々は必要な余暇時間を選ぶ自由や、余暇を使う自由を持っていなければならない。時間は一つの商品である。

●人々は常に愛する者を必要としているというわけではないが、関係確立の自由がなければならない。ただし生活水準を規定している主たる人間関係は経済的関係である。

道徳主義的あるいは道徳‐権威主義的アプローチは、ニーズというより、人々の行動の方に関心を払っている。それは性格上検閲的であり、特定の報酬に見合うことを人々が行わなければならないこと、各人のやり方だけではニーズの充足はできないことを確認し、それを表明するアプローチである。

●人々は生計手段を得るために仕事を求めている。大事なことは、生活手段を得るために働くことによって彼ら自身のニーズに目を向けることである。人々は努力や才能を通じて生活水準を決定する。

●人々はどこかで生活することを求めている。大事なことは、その過程で、他者の空間利用を邪魔しないこと、住居へのアクセスが公平に獲得されるということにある。

●人々は、働くことより余暇を選ぼうとする傾向にあり、怠惰の言い訳ではないとしても、人々の余暇時間が有意義な活動よりそれとは反対の活動のために使われてしまうという危険性があるかもしれない。

●人々はおのずと愛する者を求めている。それは完全に良いことだとしても、欲望は、人間関係の中で責任によって常に抑制されなければならない。

私は、ニーズに対する様々なアプローチの描写が単純化し過ぎていないかという懸念をあらためて強調しておかなければならない。これまで説明してきたこれらのアプローチの一つだけを強く支持するという人はいないかもしれない。こうした説明を「発見的解決」モデルと呼ぶ場合でも、そこで意図されているのは、特定個人やコメンテーターあるいは政策立案者の考えや述べていることがらを正確に記述することではなく、問題の複雑さをより明確に理解するという点にある。実際、これらのアプローチは、これまでまったく別々に適用されてきたということではない。これらのアプローチは、矛盾することもあれば、複雑なやり方で結びつく場合もある――しばしば無意識に、時には意図的に――。この点は引き続く章で明らかにされていくだろう。

絶対的／相対的区別

こうしたかなり複雑な議論の中心にあるのは、ニーズの「絶対的」概念と「相対的」概念の区別の関連性である。人間の絶対的なニーズを定義することなどできるのだろうか、それともヒューマン・ニーズは常に社会的、あるいは文化的に相対的なものなのだろうか？　ヒューマン・ニーズが常に相対的なものであるとすれば、それを定義する場合の論点とはどのようなものだろうか？　これは社会政策にとって決定的に重要な問題である（Doyal and Gough, 1991）。一九七〇年代以降の福祉国家縮小時期（Powell and Hewitt, 2002）は、研究者が言う「ニーズの政治化」と関わりがある（Langan, 1998, pp. 13-21）。ニーズ概念は、前世紀末期に、ヒューマン・ニーズの相対性に関する議論のために、北の先進国の政策立案者の間でますます信頼を置くことができないと考える概念となっていた。

絶対的／相対的という区別は、貧困、剝奪、不平等などの諸問題と深いつながりがある。生活必需品が不足状態にある場合、その人は絶対的に貧しいと言うことができる。帰属している社会の生活に参加するために必要なものを欠いている場合、彼らは相対的に貧しいと言うことができる。サハラ以南のアフリカ砂漠地帯に住む村民にとって食べ物や水は必需品である。しかし北の先進地域のインナーシティの公営住宅に住む相対的に剝奪された家族は、近所の九九％がカラーテレビを持っているという理由で、それを実際に必要としていると言ってよいのだろうか？　生活水準の上昇とともに、世界中のヒューマン・ニーズは無限に拡大し続けるということなのだろうか？　これらは後に検討する課題である。差し当たりここでは、絶対的／相対的という区別には、ヒューマン・ニーズの特徴に関連した問題と、その程度に関連した問題という、二つの基本的な問題が含まれていることだけを指摘しておくことにしたい。

人間は、生物学的存在であると同時に社会的存在である。我々は一方で生物学的もしくは肉体的ニーズを持つ一方、社会的ニーズを持っている。我々が具体的な社会的存在であるとすれば

（Ellis and Dean, 2000）、二種類のニーズを区別することは実際上相当難しい。しかし絶対的／相対的区別の要素の一つは、肉体的充足性と社会的受容性とを区別することである。我々は身体的ニーズを持っているが、我々のニーズには社会的意味や意義がある。例えば心理的「原動力」は、文化的「タブー」に従ったものかもしれない。我々は肉体から離れることはできないが、人間としての我々を定義づけているいくつかの要素は、我々の社会的文脈、他の人間との相互のつながりや相互依存性から引き出されている。したがって、私が先に行った区別（Dean, 2002, pp. 25-8）や、次頁で展開する区別は、人間個人にとって本質的と考えられるニーズと、日常経験の過程や政策プロセスから構築される解釈されたニーズとの区別でもある。

　ニーズを絶対的、あるいは相対的のどちらかで定義しようとするとき、想定されるもう一つの区別は、ヒューマン・ニーズの性格にではなく、量と質両方の意味における程度との関係である。このことは、測定問題と哲学の問題を惹起する。どの程度我々は求めているのか、それはどれだけ大きいものなのか。ヒューマン・ニーズは最小限で満たされるものなのか、差異にしたがって満たされるものなのか？　人間としての尊厳を持ちつつ最小限で生きるということで十分なのか、それとも、可能な限り豊かになることが許され、あるいはそれを奨励することが重要なのか（Ignatieff, 1984, p. 10）？　この点との関連でもう一つ登場してくる考え方は、薄いニーズと厚いニーズ（Drover and Kerans, 1993, pp. 11-3; Walzer, 1994 も参照）の区別である。その用語が、形而上学的なものにすぎないことは言うまでもない。それらを説明するために用いられてきたアナロジーの一つは、栄養価が高く、健康に優しいものの、味覚や楽しみという点からすると、厚く、味わいのあるスープほどの満足を完全には与えない、薄くて味気のないスープとの違いである。それはニーズの「本質的」解釈と「拡張的」解釈とそれぞれ呼ばれている違いである。

本書の構成

先に概観した議論は、本書の構成とそこで展開された諸観念の底流に流れている中心的区別である。

第2章及び第3章は、前述したように、本質的ニーズと解釈されたニーズという中心的区別を明らかにしている。前者は、人間主体に授けられているか、帰属していると考えられているニーズであり、後者は、人間の条件について第三者（commentators）が推定もしくは人間主体に属するものと考えられているか、人々が自らのために主張していると考えられているニーズである。両者に関連性があることは明らかであるが、問題はその関係の今後の性格にある。

第4章と第5章は、ヒューマン・ニーズ概念と密接に関係している諸概念を考察している。一方で、貧困、不平等及び資源の再分配概念、すなわち社会政策がヒューマン・ニーズに絶えず対応してきた概念を、他方で、排除、ケイパビリティ、承認という、ヒューマン・ニーズの新鮮な理解のために新しく発見された概念を考察している。

第6章は、もう一つ別の区別、すなわち「薄い」ニーズと「厚い」ニーズの違いを明らかにしている。人間の幸福に関する様々な理解や、それらの違いを明らかにすることによってその違いに特別な意味が加えられることになる。その区別は、「幸福」の性格に関する古典的な哲学論争や現在の論争に基づいている。

第7章、第8章、第9章は、議論の糸口を結び合わせている。第7章は、前章で探究された中心的概念区分を用いてすでに提示されたニーズベースの大まかな分類を行い、各アプローチが様々な社会政策介入にどのように現れているのかを明らかにしている。第8章は、ニーズに基づいたアプローチが権利に基づいたアプローチにどのように翻訳できるのか、第9章は、ヒューマン・ニーズの政治学を探究している。

本書の意図は、概念としてのニーズが社会政策を立案する上で中心にあるということにある。ヒューマン・ニーズ概念や諸概念について、その使用や乱用に批判的な人々の議論においてさえ暗黙の了解があるという点で、私とドイヤルとゴフ（Doyal and Gough, 1991）は同じ考えを持っている。本書はヒューマン・ニーズの新しい、斬新な理論を提供するものではないが、ニーズ理論のフレームワークを提示し、ニーズ概念を他の関連諸概念との関係の中に位置づけることを目指している。

本書の最終的意図は、ヒューマン・ニーズと人間の依存性の理解を深め、その理解と人権に対する要求を結びつけることである。ヘクロ（Heclo, 1986）は、「一般的福祉」（the general welfare）に関して対立する二つの概念を区別した。一つは、「自己充足としての福祉」であり、もう一つは「相互依存としての福祉」である（Goodin, 1988, p. 63から引用）。本書の中心的議論は、後者より前者が優越しているために、ヒューマン・ニーズの適切な理解が曖昧になっているということにある。人間的な相互依存性の本質的性格の評価を有効な人権対象へ翻訳するためには、ヒューマン・ニーズの政治学が必要となる。

要約

●本章は、政策立案者や社会科学者の間で、様々な、対立した用い方をされている概念として、ヒューマン・ニーズの複雑性を洞察している。

●しかし、その概念は社会政策にとって中心的な重要性があることが指摘された。

●ヒューマン・ニーズが考察される四つの方法が幅広く明らかにされた。これらは、人道主義的、温情主義的、経済主義的及び道徳-権威主義的アプローチとして特徴づけられている。

●絶対的ニーズと相対的ニーズとの本質的区別は、二つの点から理解できることが議論された。

—第一に、本質的ニーズと解釈されたニーズとの区別、すなわち、諸個人が人間の徳の点から定義されるニーズと、人間存在の社会的性格を通じて彼らによってあるいは彼らのために定義されるニーズとの区別

—第二に、薄いニーズと厚いニーズの区別、すなわちヒューマン・ニーズの量的程度と質的性格と関連した区別

●これらの議論を進めていく中で、ヒューマン・ニーズは人間の相互依存性の文脈や、社会的諸権利が構築される基礎として最もよく理解されることを議論する。

議論すべき課題

- 「ヒューマン・ニーズを定義することは間違いなく簡単な問題である」。あなたがこの意見に同意できない理由は何ですか？
- どのような意味で、あなたは、仕事を必要としている、生活する場を必要としている。休息時間や愛する者を必要としていると言うのですか？
- 表1-1に示された二分法のうち、あなたにとって有意義と考える区分はどれだけありますか、またそれが有意義だとどのようにしてわかるのですか？

第2章

本質的ニーズ

- 本章では，解釈されたニーズ概念との関連性は避けられないものの，個々の人間の本質的性格に関する様々な前提に基づいた，多様な説明を含む本質的ニーズ概念が展開，例示される．
- 以下の点に関して，ヒューマン・ニーズに関する様々な古典的理論の議論が紹介される．
  ―客観的利益としての功利主義的ニーズ概念
  ―市場選好としての市場志向的ニーズ概念
  ―内的原動力としての心理的ニーズ概念
  ―構築的人間特性としてのマルクス主義的ニーズ概念
- 以下の点に関して，本質的ニーズに関する社会政策の展望に関する議論が紹介される．
  ―資本主義的福祉国家の「危機」が促迫した議論
  ―ドイヤルとゴフが重要な役割を果たしている理論

第1章では、人間主体にとって「本質的」と考えられるニーズと、その性格や存在が（専門家、政策立案者、あるいは社会慣習もしくは言説を通じて）「解釈された」ニーズとの間に大きな違いがあることが明らかにされた。この点は、ルイス（Leiss, 1978; Hewitt, 1992, p. 175 からの引用）が行っているニーズの「固有の」定義と「手続き的」定義との違いや、ギャスパー（Gasper, 2007）が行っている原動力及び潜在的可能性（彼が「様式A」と呼んでいるもの）と規範的重要性（彼が「様式C」と呼んでいるもの）との違いと広い意味で重なっている（ちなみに、ギャスパーは「様式B」と呼ぶものの中に、特別に客観的で、本質的に同義反復的もしくは循環的な定義を実現する要件である想像的ニーズが含まれていることについて批判的である）。

人間主体の本質的ニーズは、暗黙であれ、明示的であれ、理論化されなければならない。それらはまさに、生きている、具体的なヒューマン・アクターの構築に関する仮説を必要としている。したがって本質的ニーズと解釈されたニーズとの違いは決して難しいわけでも、固定的なものでもない。本質的ニーズであると主張されているものはある段階で解釈仮説に基づいているかもしれないし、解釈的説明も本質的なニーズの定義を根拠としているかもしれない。二つのカテゴリーの相互依存性が持つ意義については、後の章で検討することにする。本章では、ヒューマン・ニーズを人間個人の本質と考えている主張や、それを仮定している主な理論や議論に焦点を当てることにする。

本章は二つの部分に分かれる。最初の部分でいくつかの古典的理論を考察する。二番目にヒューマン・ニーズに関する特定の社会政策の考え方を議論する。

ほとんどのニーズ議論はニーズと欲望（wants）との違いから始まっている（Plant et al., 1980, chs. 2 and 8; Goodin, 1988, ch. 2）。それは確かな意味の違いである。日常会話では「ニーズ」と「欲望」は同義語であるかのように、容易に互換できるものとしてあまり注意せず使うことができる。「欲望」という言葉の最も有名な用法の一つは、現代イギリス福祉国家の創設者であるウィリアム・ベヴァリッジによるもので、彼は戦後再建の道として五つの象徴的課題の一つに窮乏（Want）を挙げていた（Beveridge, 1942; Timmins, 2001）。窮乏は疾病、陋隘、無知及び無為と並び称され、そこには、健康、住居、教育、雇用の他に、貨幣経済の中で人々は生涯を通じて基本的最低所得を維持していなければならないという特定の関心が反映していた。社会保障給付がニーズの充足あるいは欲望の満足につながっているかどうかは議論の余地があるが（この点は後で検討する）、ベヴァリッジの目的は貧困を防除することにあった。貧困をニーズより欲望の点から特徴づけることは、バニヤンの美辞麗句よりたちが悪い。重要なことは、欲望やニーズの日常的議論を支えている、本質的ニーズに関する様々な暗黙的かつ明示的理論を評価することにある。

我々は、生活の中に、ニーズではないが欲望にあたるもの、欲望ではないがニーズにあたるものがあるということを十分認識している。欲望が相対的なのに対して、ニーズは絶対的であるという指摘がしばしば行われている。概念的に言えばここに基本的違いがあるが、それは扱いにくい違い

表 2-1　本質的ニーズの異なる説明

個人は主に，以下のような存在である	ニーズは以下の点から説明される
功利的主体	客観的利益
市場アクター	主観的選好
心理的存在	内的原動力
種の構成員	構築的特性

である。そのために、動機や拘束に関連しているという重要な点を簡単に見過ごされてしまう。最も頻繁に挙げられるのは、煙草を吸いたいために相変わらず禁煙しようとしない喫煙者の例とか、糖分の多い食べ物を摂取しているために糖尿病を患っている未診断の者が、糖分ではなくインシュリン注射を必要としているなどの事例である。

　ニーズ議論と一般的関連がある別の重要な違いは、道具的ニーズあるいは派生的ニーズと、非道具的ニーズあるいは基本的ニーズとの違いである（Thomson, 1987, ch. 1）。道具的ニーズあるいは派生的ニーズは、他のニーズ（食べ物や着るもの）を充足するために求められるもの（お金など）である。非道具的ニーズとは、生存や弊害回避のために基本的に必要とされているものである。ヒューマン・ニーズの理論がこの区別をどのように行っているのかについては後でみることにする。ここでは差し当たり、一般的な形でニーズについて議論するとともに、アグネス・ヘラーに沿って、「人間であるために真に必要なものと考えられるすべてのニーズは真のニーズと考えられなければならない」という線に沿って議論を進めていくことにしたい（Heller, 1980, p. 215）。

　最初に、過去の議論で未解決となっている哲学的難問を解決するために、人間諸個人を考察する四つの異なる方法と、それにしたがってニーズが構築される異なる方法の特徴を見てみることにしよう。この点は表2-1に要約されている。要約は幾分還元的であるが、本質的には社会学的分析に基づいて行われている。しかし注意しておくべきことは、ニーズが属人的であるということを理由に、個人を社会的存在ではないと考えることはできないということである。それぞれの説明において、個人的ニーズは、人間の機能、役割、あるいはヒューマン・アクターとしてのアイデンティティに固有なものと見なされている。これまで行われてきた議論の主な要素を分析してみることにしよう。

客観的利益としてのニーズ

右に挙げたそれぞれの例は、人間の客観的利益、少なくとも客観的利益を構成しているものに関する特定の合理主義的解釈から一人の人間のニーズを考察している。喫煙者は、煙草中毒から脱け出すことが難しいとわかっていながら、禁煙しようと思っている。それに対して未診断の糖尿病患者はインシュリンをうつこと、あるいは食生活を変えることが大事だということを認識しておらず、そのため身体に悪いものを摂取し続けている。どちらの例でも前提になっているのは、弊害を回避すること、すなわち発癌物質の摂取とか血糖値の上昇効果を避けることが一人の人間の利益となるという自明のことがらである。

このように、人間諸個人は功利的主体として構築することができる。情報が適切に伝えられているならば、合理的諸個人は通常、効用極大化を期待した行動をとるという前提に立つ哲学が功利主義である。すなわち有害物を避け、快楽を追求することで、最良の利益にしたがって行動するのである。第6章で功利主義を詳しく考察することにするが、本節及び次節では、ニーズは客観的利益の追求という点から厳密かつ合理的な定義が行われるという主張について見てみることにする。利益とニーズは必ずしも同じものではないが、我々のニーズの阻止あるいは否定が弊害につながっているとすれば、その場合何が弊害を構成するのかを定義することが我々の関心事となる（Thomson, 1987, p. 89）。

ここには、啓蒙的自由主義を基礎とした人間観が含まれており、社会政策の発展にとって重要な論点となっていた。しかしそれは様々な方向に屈折していく考え方である。福祉国家以前の驚くほど非自由主義的な救貧法は、ジェレミー・ベンサムの功利主義的自由主義を特徴としていた。救貧法が目指したのは、合理的な人間であれば、救済申請を控えようとする心性を生み出し、できるだけ自分のニーズを充足するために努力するということであった（Thane, 1982）。それに対して、社会的リベラリズムや「自由主義的団体主義」（Cutler et al., 1986）は、フランクリン・ルーズベルトが「貧乏な人間は自由な人間とは言えない」（Roosevelt, 1944）と述べたように、別の前提から出発している。ジョン・ロールズ（Rawls, 1972）に代表される社会正義の非功利主義的自由思想家は、「基本財」（ロールズ）の分配原理を理論化しようとしていたものの、必ずしもニーズの性格を理論化しようと考えていたわけではなかった。

第二次大戦後、世界の北の国々における「現代」福祉国家は社会的リベラリズムを実質的特徴としていた。社会的リベラリズムは、人間主体の基本的自由を強調するために、少なくとも最低限のヒューマン・ニーズ——しかし定義された——の充足を保障しようとした。それは、一九八〇年代の世界の南の社会開発に対する国際的アプローチの特徴であった「基本的ニーズ」アプローチの中心的要素でもあった（Galtung, 1980; Wisner, 1988; Gasper, 2007）。ごく最近では、人間諸個人は合理的なホモ・エコノミカスであると皮肉な言い方や、計算づくめの種の構成員であると考える経済的自由主義の復活によって、人間福祉の議論に影響を及ぼすまでになっている（例えばPersky, 1995; Douglas and Ney, 1998 参照）。しかし、世界の北（とくに英語圏）の諸国の現在の社会政策には、一九世紀のワークハウスの残忍さに戻るというより、功利主義主体が自分のニーズ充足のために努力するだけでなく、そのための機会の提示と情報に基づいた選択を可能にするという、より洗練された一連のインセンティブが働いている。

主観的選好としてのニーズ

ヒューマン・ニーズの経済主義的概念のもう一つのバリエーションは、ホモ・エコノミカスといった合理的主体より、自由な市場アクターによる個人的な主観的選好効果に関心を当てる市場志向アプローチである。個々のアクターは自由な市場プロセスの原子（最も単純な非還元的要素）であり、市場はその選択によって動かされている。市場取引の文脈からすると、ある当事者の選好、欲望あるいは欲求（desires）は、他者の効用サービスを意味している。経済活動の合理性は消費者ニーズや欲望を充足するための財の生産にあると考えられている。しかし消費者ニーズと欲望の違いは非物質的である。アダム・スミスが、「我々が夕食に期待しているのは肉屋、酒屋、パン屋の優しさといったものではなく、彼ら自身の利益に対する彼らの関心である」（Smith, 1776, p. 11）と考えていたことは良く知られている。煙草や甘い食べ物の供給者は、その製品が顧客の一部や全員の健康に有害であること、したがって消費者の利益に反していることがわかっていても、消費者の誤った選好の充足に努めようとする。しかも消費者自身は、供給者のニーズや意図に無関心である。シェークスピアのロミオは、彼が求めた致死量の薬を嫌々売ろうとしたみすぼらしい薬屋の罪を許したかもしれない。「貴様の心ではなく、貴様の貧乏にやるのだ」（ロミオとジュリエット、第五幕第一場）。しかしロミオにとって、彼が払った四〇ダカットが薬屋のニーズ充足に役立ったかどうかは全く問題ではない。問題なのは、彼自身の表向きの非合理な自殺願望を満たすことができるかどうかである。

我々の選好や欲望、欲求が我々の利益に根ざしているという議論はありえるかもしれない（Thomson, 1987, ch. IV）。我々の欲求が我々の基本的ニーズと矛盾したとしても、我々の利益が我々の欲求を駆り立て、動機づけたのである。ロミオは死ぬことを望んだのだ！　そうしようとする彼の欲求はジュリエットへの愛に動機づけられていたのであり、正確に言えば、ジュリエットから離れなければならないことで、愛する者への彼のニーズが妨げられることこそ、彼の関心にとって障害だったのである（本書第1章参照）。フロイトが指摘したように、我々の欲求の目標と目的は必ずしも同じものではない（Freud, 2006; Stafford-Clark, 1965も参照）。

市場アクターの欲求は、選好や選択を通じて表現される。経済学者にとって効用が抽象的な算術関数でしかないことについては第3章で検討することにする。何かにどれだけ支払おうとしているのかがどれだけそれを求めているのかの尺度であると、彼らは論じている。しかしそうした過程は、実際に生きている人間が実質的な選択の自由を持っていなければ機能しない。新自由主義が国家福祉介入の考えを批判しているのは、まさにこの点からである。公共サービスの提供や福祉給付は、そうしたサービスや給付のための税を徴収することで自由にお金を使う他の人々の自由を拘束し（Nozick, 1974）、それらを受け取る人々の選択も拘束してしまう（Hayek, 1976）。この説明にしたがうならば、ヒューマン・ニーズの充足に必要な資源配分を効率的かつ公平に行うのは、自由で、規制のない市場である。実際のニーズは、自由な個人の強制されることのない選択によって表現される。自由な市場で、間違った選択を行ったために人々のニーズが充足されなかったとしても、不幸なことであるとしても、不正義ではない。市場が失敗し、不公平な形でしか機能しないのであれば（Le Grand et al., 1992, ch. 1）、そこに社会政策の一つの役割があることになる。しかしヒューマン・ニーズに関するこうした説明を強く支持する者は、これは最小限の役割と考えるだろう。国家の役割は本質的ニーズが満たされていない人にセーフティ・ネットを提供すること、市場がコントロールしえない外部効果を規制することである。国家が行う仕事は、この先にある、人間個人の自由な選択を守り、促進することである。人間は選択形成によって定義される、と考えられている。

内的原動力としてのニーズ

ヒューマン・ニーズに関する別の説明は、内的原動力や、そこから生まれる多様なニーズを中心に考察している哲学者や心理学者が支持しているものである。後の章でデカルト的二元論――人間の精神の「高次な」ニーズと、その対極にある人間の肉体の「基本的」ニーズを区別する哲学的伝統――の意義について考察してみることにする。本章では、人間諸個人を一定のニーズを持つ心理的存在と考える最も有力な説明を位置づけるために、哲学的伝統の紹介にとどめることにしたい。

そうした伝統は、人間の肉体の様々な部分は様々なレベルのヒューマン・ニーズを反映しているという前提のもとに、様々な人間的特性を呼びかけているプラトン（紀元前四二七〜三四七年）から始まる（プラトン、一九七四年版）。彼は、頭を知のニーズを持つ理性の場と考えていた。彼は、胸部を勇気のニーズを持つ意志の源と考えていた。彼は、腹部を自制のニーズを持つ食欲の場と考えていた。プラトンなどの合理主義者は、肉体と精神との古典的な二元論的区別を発展させたデカルト（一五九六〜一六五〇年）と同様、肉体や腹部要素を、嫌悪感を持ちながら観察しようとしていた（Assiter, 2000, p. 64）。デカルト的な二元論のポイントは、「本体的自己」――実際の私、あるいは実際の君――が肉体に存在するものではないということにある。しかし我々は、我々の肉体のさし迫った必要に見守られている。生物学的衝動を持つ肉体的自己と、高次の召命を持つ本体的自己との間の緊張はジグムント・フロイトの説明の核心にあたる。我々の欲求の目的と目標が必ずしも同じものでないとフロイトが考えていたことについてはすでに述べた。すなわち基本的ニーズは、状況に応じて、例えば、かなり創造的なものとなったり、あるいは逆に機能不全に陥ってしまうというような行動につながるなど、しばしば見せかけのものに変わることもあれば、「純化されたりする」こともある（Stafford-Clark, 1965, pp. 164-6）。肉体と精神の関係の複雑性の洞察は近年の心理学的説明の特徴である。

最もよく知られているのは、ヒューマン・ニーズの階層性の存在を指摘したアブラハム・マズロー（Maslow, 1943, 1970）である。最初の定式で、彼は、我々を動機づける五つの基本的ニーズがあること、そして彼はそれらをその有効性の観点から順序づけている。最初の、最も強いニーズは、酸素、水、栄養素、平衡感覚（ホメオスタシス）、排泄、睡眠、性欲など生理的なものである。二番目のニーズは、肉体的安全、資源、生活、家族や財産といった安全である。第三は、愛情と、帰属、すなわち関係、家族、友情、性生活である。第四は、自己アイデンティティや尊敬、確信そして他者からの尊敬といった自尊心である。第五のニーズは、自己実現、すなわち達成を通じた自己実現である。マズローは、亡くなる前に、認識的ニーズ（知識や理解を獲得するニーズ）と審美的ニーズ（美や構造の創造性と鑑賞性を目指すニーズ）の二つのニーズを追加した。階層性は表2-2に示されている。

表 2-2　マズローのニーズ階層

高次ニーズ	審美的ニーズ 認識的ニーズ	1970 年に階層に追加
↑	**自己実現のニーズ** **自尊心のニーズ** **愛と帰属のニーズ** **安全性ニーズ**	古典的な 1943 年の階層
低次ニーズ	**生理的ニーズ**	

そうした階層性はしばしば、頂点に向かってニーズが上昇していくというように、ピラミッド型の形をとって図示されている。このことは、高次のニーズに向かうほど一定の道徳的優越性を意味すると受け止められているが、マズローの意図は逆に、底辺の層にある潜在的なニーズが上部のニーズより優先しており、一人の人間が「進歩する」以前に充足されなければならないニーズがあることを強調することであった。この主張は、人は他人に対する愛情とか、社会的尊敬を得るために個人的安全を犠牲にすることもあることからすると、経験的にあてはまるというものではないかもしれない。豊かな社会では、低所

得の人々でも、「外見をよく見せるために」、ある消費形態を維持することで空腹のままいようとするかもしれない。しかしマズローのモデルは、長く影響力を保ってきた動機理論を提供している。そこで具体化されているのは、政策立案者がニーズを優先するという仮説である。それらは、例えば環境を育むニーズや、子供の成長を見守る重要性を強調する子供の健康政策や教育政策に具体化されている。

構築的特性としてのニーズ

最後に、本節で、ヒューマン・ニーズという場合のヒューマンとはどのような意味なのかに絞って、ヒューマン・ニーズについて説明してみよう。他の生物が持っていないニーズを人間が持っているということはどういうことなのだろうか？　最も重要な思想家はマルクスであるが、ただし彼の説明には若干の問題がある。何人かの解説者は、ヒューマン・ニーズに関するマルクスの説明には、初期マルクスと後期マルクスとの間に不連続要素や、一貫性の欠如、矛盾している部分があることを指摘している。マルクスの研究の二つの段階について、例えばアルチュセールは、史的唯物論のイデオロギー的説明から科学的な形態への転換という「認識論的断絶」（Althusser, 1994）があると見ていた。マルクスは初期の研究で、資本主義は人間の条件を発展させる一方、それは本質的に社会的人間性にとって疎外的で、対立したものとなっていることを論じた。彼は後の研究で、資本主義の下での商品形態や賃金関係の内在的論理を明らかにし、このことがヒューマン・ニーズの理解をどれだけ歪めているのかを明らかにしようとした。次章で後期の研究について議論することにするが、本章ではヒューマン・ニーズに関するマルクスの初期の研究を検討してみることにする。

しかしその前に、マルクスの初期と後期の研究に対立があるという主張を否定する研究者に注意しておく必要がある。マルクスの思想は複雑で、生涯を通じて発展してきたことは間違いない。それにもかかわらず、ゲラス（Geras, 1983）は、マルクスがヒューマン・ニーズに関する恒久的で、「超歴史的な」規範的基準を支持していたこと、その他にヘラー（Heller, 1974）は、マルクスが「真の」、あるいは「急進的な」ヒューマン・ニーズの全体的で、ダイナミックな説明を組み立てていたことを様々な形で論じている（Soper, 1981）。マルクスが、認識論的要素と規範的諸要素が補完的に組み合わさったヒューマン・ニーズの説明を行っていたとか、マルクスが二つの相互に関連した説明、すなわち「自然を人間化する」ニーズ（人間性に対する関心の中で自然世界を形成あるいは文明化する）と、「人間性を自然化する」ニーズ（自然と人間との統一の復活）の説明を行っていたと論じる研究者もいる（Benton, 1988）。こうした様々な説明について、より詳細な議論をしているのはヒューイットである（Hewitt, 2000, ch. 6）。

マルクスの議論の基礎にあるのは、デカルト的二元論に対する疑問である。マルクスは、「思想と存在が異なることは言うまでもないが、それらは同時に統一体を形成している」（Marx, 1844 [1975 edn.], p. 351）ことを論じた。人間的行為、つまり人間の歴史を特徴づけているのは思想と存在との動態的関係である。このことに従うならば、本章の前半で明らかにされたニーズの功利主義的、心理学的説明を拒否し、人間性と人間的投企に関して斬新なものは何かという主張に基づく議論が展開されることになる。「投企」とは、マルクスによれば、マルクスが生きた時代に勃興した製造技術だけでなく、ヒューマン・プロジェクトと呼ばれるもの、人間の利益のために（すなわち一般には人間性）自然の科学的理解や自己意識的な自然利用を指している。マルクスは、資本主義産業は人間と自然双方を搾取すること、しかしこのことは人間の歴史の特定の瞬間や段階を表していることを認めていた。

産業が本質的な人間の能力を実現する外的形態であるとすれば、自然の人間的本質や自然の人間的本質も同時に把握することができるようになる。人間の歴史、すなわち人間社会の生成の中で発展する自然こそ、人間の真の自然である。このように自然は、阻害された形態ではあるが、産業を通じて発展し、まさに類的自然となる。（*ibid*., p. 355）

マークス（Markus, 1978）などの人類学者は、マルクスの洞察に依拠していた。ヒューマン・ニーズに関するマルクスの理論は、人間種や「類的存在」の本質的特徴に関する理論である。その説明は、仕事、意識、社会性及び歴史的発展といった、我々の類的特徴や存在様式を用いてまとめることができる（Markus, 1978, pp. 37–41; Hewitt, 2000, pp. 129–31 も参照）。これらの特徴はそれぞれ、構成的な種的特徴であり、したがって、ヒューマン・ニーズを構成しているものである。そうした議論をかなり単純化し、視覚的に見たものが図2-1である。「仕事」、その中でも賃金労働は、非常に歪められた形態をとっているものの、彼らを取り巻く世界と人間の意図的相互行為の点

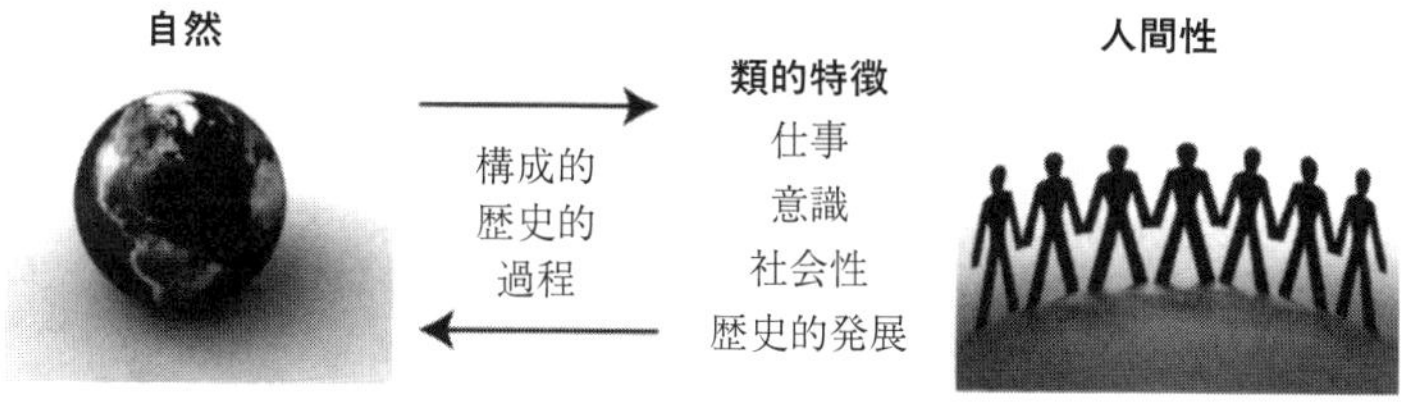

図 2-1　マルクスのヒューマン・ニーズの説明：略図

から理解することができる。仕事を通じて我々は道具的ニーズを充足できると同時に、人間性を定義する創造的スキルや批判的知識を発展させることもできる。「意識」は、人間と他の動物を区別するものであり、行為こそ意味を持つという点で人間行為を可能にしているものである。「社会性」は、すべての人間の行為の意義が社会的文脈（共有言語や慣習を通じて）や行為者の社会的関係（そのことを通じて人間のアイデンティティが実現される）から定義されるという点で、決定的に重要なものである。「歴史的発展」とは、我々が歴史の創造者であるという意味で人間存在の構築物である。「ヒューマン・プロジェクト」とは、歴史が自らを解放し、類的特徴を普遍化し、その可能性を実現し、すべてのヒューマン・ニーズを実現する人間の闘いであるという脱啓蒙的意味を言い換えた試みである。

　マルクス主義が「近代的な」プロジェクトや「大きな物語」として自由主義と共有することができるのは、我々の類的存在の最後の概念においてであるが、何人かの人が指摘しているように、そうした時代は今では過去のものであり、実質的中味などなくなっている（Fukuyama, 1992）。しかし我々は違いを見ることもできる。マルクスは、人間の歴史が、能力にしたがって各人にということから、ニーズにしたがって各人にという原理が支配する、より良い社会に帰結することで絶頂に到達するということを予言していた。最も単純な格言の中に複雑な議論が顔を出している。

社会政策の考え方

さて、古典的理論の説明から、社会政策評論家による比較的最近の説明に目を転じてみることにしよう。一九七〇年代中葉の社会行政（専門的な社会政策についてはすでに述べた）の有名な入門テキスト最新版は、「個人のニーズを充足する集団的給付概念が社会サービスの特徴である」ということを依然主張することができた。社会政策の課題として、「どのようなニーズを満たそうとしているのか」、「そのニーズが発生する理由は何か」、「政治的、道徳的、経済的など、どのような根拠から、社会はニーズを満たそうとしているのか、その政策の効果は何か、こうした文脈から効果を測る基準とは何か」などが議論された（Brown, 1977, p. 13）。一九八〇年代にニーズが論争課題となったことから見れば、一九七〇年代の学生テキストは結果的に、ニーズの議論を資源配分というもっぱら技術的分析に還元し、競合する主張に優先順位をつけようとしていたという批判を受けることになるだろう（Taylor-Gooby and Dale, 1981, p. 23）。政治的に優勢となったニューライト（Barry, 1987）は率直に、個人的ニーズのための集団的給付が必要なのかどうか、福祉国家を擁護する人々はヒューマン・ニーズの理解を修正せざるをえなくなっているのではないか、という問題を提起した。

福祉国家もしくは市場？

第二次大戦後、多くの先進国世界で出現した福祉国家が最も歓迎されたのは、イギリスの国民健康サービスに見られるように、人々の支払い能力より、彼らのニーズを基礎にしてサービスは提供されるという主張が行われた時であった。所謂福祉国家の危機（Mishra, 1984）は一つの課題を突きつけた。危機の中心にあったのは、福祉支出に反対し、ヒューマン・ニーズの充足手段として自由市場の効果を信ずる市場親和的な新自由主義的経済的オーソドキシーである。新自由主義的経済思想が優勢になった背景には、「ニューライト的」政治課題がある。脱稀少性という時代状況において、その課題とニーズ概念は対立するようになった。「ニーズ」という言葉を公共政策の議論からなくす必要があるということを何人かの研究者が主張するようになった（Williams, 1974; Plant et al., 1980, p. 19 から引用）。そのために社会政策内部で新しい議論が開始されるようになった。

福祉国家を擁護する重要性（防衛されるとすれば）を主張した論客は、福祉国家の本質的役割が苦境状態にある人々の救済にあるという前提から出発したロバート・グッディン（Goodin, 1988）であった。救済の過程で、他の不必要な機能を担っているとか、苦境状態にない人々にも給付が行われているなどの問題が生じたとしても、それはその後に考慮されるべき課題であった。最小福祉国家に求められたのは、社会の最も脆い構成員を保護すること、依存状態にある人々をその依存性ゆえに搾取されてきた状態から防ぐことであった。福祉国家の中心的仕事は言うまでもなくニーズの充足にある。しかしグッディンによれば、このことは、市場は人々の正当化しにくい欲求や欲望を満たすだけで、ニーズを充足するには福祉国家が必要であるという、対立した議論の存在だけを意味するものではなかった。福祉国家の道徳的正当性はニーズの欲望に対する優越性とは無関係である。グッディンはこのように議論の核心を詳しく検討した上で、ニーズが福祉給付の原理として欲望にまさっているわけではないこと、市場給付を補足することに国家給付の正当性があるわけではないと結論づけた。ニーズ要求と欲望要求を実際に分けることは不可能であり、他に対して一方が優っているという競争原理など存在しないのである。

しかし議論の途中で、二つの部分的譲歩がひそかに行われた。グッディンは、ニーズ要求が（貨幣など）再利用不能な有限資源と関連している場合、それらは資源によって充足されるいくつかの道具的欲望より優先しているわけでは必ずしもないと述べていた。しかし彼は次のことも認めていた。

> おそらく再利用可能資源というパラダイムの例は健康である。それは、様々な目標の達成のために必要な道具である。ニーズ表明がこの種の再利用可能資源について述べているのだとすれば、欲望に対するニーズの優越基準は正当化されことになる。（Goodin, 1988, p. 39）

第二に、彼は、基本的ニーズに対する国家給付が人格的自律を促すという議論に疑問を表明していたが（何故なら、それは最も低い共通基準を市民の生活水準に課すことになる）、グッディンは次のことも認めていた。

人格的自律の考慮は、特定の善を国家が人々に押しつける（そしてそれらを通じて特定の目的を）というより、必要な資源を国家が人々に提供する（そして「目的に対する一般化された手段として」見られる）という議論を提起するかもしれない。すなわち人格的自律の議論は、指令経済より福祉国家を支持する中で述べられるものなのかもしれない。（*ibid*., p. 47）

こうした留保すべき論点（ますます明らかになってきた重要性）がある一方、グッディンの議論の特徴は、ヒューマン・ニーズの普遍的概念に反対していることである。グッディンは限定的福祉国家を強く支持する一方、ヒューマン・ニーズ概念をはねつけようとした。

ドイヤルとゴフ

その概念を外から救い上げたのは、レン・ドイヤルとイアン・ゴフであった（Doyal and Gough, 1984, 1991）。彼らのヒューマン・ニーズ理論は一九八四年の『批判的社会政策』（*Critical Social Policy*）誌掲載の論文で前もって提示されていたが、一九九一年の書物でまとまった形で明らかにされた。

彼らの主要関心事はグッディンに対応することではなく、いくつかの啓蒙的伝統の要素を再検討し、歴史進歩のあり方について規範的概念をつかむこと、そして普遍的なヒューマン・ニーズの客観的定義を分節化することであった。したがって彼らの出発点は、先に述べた主観的ニーズ概念や、次章で述べるヒューマン・ニーズに関するいくつかの相対的理論を批判することであった。彼らは、基本的ヒューマン・ニーズを定義する魅力や可能性に強く反対するほとんどすべてのイデオロギーも、ヒューマン・ニーズの本質的概念（として私がここで特徴づけているもの）を暗黙の前提にしていると述べている。新自由主義者は、市場は失敗することもある、したがって最小限のニーズを満たす福祉国家によるセーフティ・ネットが必要であると考えていた。ネオマルクス主義者は、ニーズが必ずしもイデオロギー的構築物ではないこと、実質的ニーズは存在するのであり、資本主義がそれを侵してきたのだと考えていた。新しい社会運動は、女性、ゲイ、障害者、被抑圧エスニックグループなどの特定ニーズの承認を要求しつつ、人間的悲惨さに対する批判を通じて、ヒューマン・ニーズに普遍的要素があると考えていた。急進的民主主義者は、ニーズが言説を通して構築されたものであると主張する一方、実際には、完全な民主的市民研究に従って、一定のニーズ充足を保証するには公的規制が必要であると考えていた。最も極端な文化相対主義者でさえ、人間にとって害を及ぼすような、したがってそこから基本的ニーズを推定しなければならないような客観的な偶有性（戦争や飢饉など）は存在すると考えていた（Doyal and Gough, 1991, ch. 2）。

ドイヤルとゴフは、異なる文化や社会にも適用可能なヒューマン・ニーズの普遍理論や定義——明確な分配的結果をともなった——を展開し、擁護しようとした。こうした理論の中心にあるのは、肉体的健康や人格的自律が人間の行為や相互行為の普遍的前提となっているという主張である。グッディンが留保した論点（健康に対するニーズや、人格的自律を実質的に育む給付の適性は優先される）はドイヤルとゴフの理論にも現れており、健康や自律が中心的原理として位置づけられている。肉体的健康に対するニーズは、食べ物、住居、ヘルスケア及び安全な環境といった手段の供給と同時に、すべての人が弊害から守られる必要性を要件としている。人格的自律に対するニーズは、教育や訓練、生産かつ満足のいく仕事への展望、精神的健康や家族支援サービスを通じて、すべての人が知識、理解、ケイパビリティや機会、そして良好な精神的、情緒的健康を持つ必要があるというものである。健康や自律といった基本的ニーズは、社会経済的、文化的文脈に依拠した様々な手法で満たされる中間的ニーズに反映されている。ドイヤルとゴフは、経験的観察や検証可能な中間的ニーズリストをまとめている。表2-3にその要点が示されている。

ドイヤルとゴフが意図したのは、可能なかぎり最低限の最適水準で充足される中間的ニーズに対して、基本的ニーズは最適な状態で充足されなければならないということにあった。彼らは、ニーズ充足に必要な社会的条件の重要性を強調した。その場合彼らは、重大な弊害を回避し、社会的存在として最小限の参加しかできない場合でも適用される普遍的前提条件と、人々が批判的自律と選択した生活を営む自由を持つことができるようにするために適用される前提条件を区別した。前者の前提条件には、生物学的再生産や社会の更新に資する社会的諸条件、生活様式が常に維持しうる世代間の文化的転換のための機能制度、社会統治や意思決定のための政治的

表 2-3　ドイヤルとゴフのヒューマン・ニーズ理論：要点

基本的ニーズ	肉体的健康 人格的自律
中間的ニーズ	適切な栄養のある食糧や水 適切な住居 危険性のない労働環境 危険性のない物理的環境 適切なヘルスケア 児童の安全 一次関係の重要性 肉体的安全保障 経済的安全保障 安全な出産管理と育児 基本的教育

権威の諸要素といった、物質的生産や生活の維持の手段が含まれている(いくつかの種類の機能的経済)。後者の前提条件には、市民的、政治的、社会的権利など、いくつかの効果的なシチズンシップ形態が含まれている(この点は第8章で議論される)。この点で、ドイヤルとゴフが規範的に求めていたのは、最高の持続可能な水準で、可能な限り多くの人々が健康や自律を充足できるという要求であった(Doyal and Gough, 1991, p. 110)。

要約

●本章では、ニーズが人間主体にとって本質的と考えられている一定のニーズ概念が議論されてきた。それぞれの概念で前提となっているのは、人間や人格に関する異なる考えや理論である。

●本質的ニーズの古典的説明が探究された。それぞれの説明は、個人的ヒューマン・アクターが考察される方法の違いに由来している。

―人間が利己主義的功利的主体と見なされている場合、ニーズは客観的利益として構築される。人間にとって利益となるもの、あるいは害から守るものを求める。

―人間が企業的市場アクターと見なされている場合、ニーズは客観的利益として構築される。人間は、選択によって表現されるものを求める。

―人間が心理的存在と見なされている場合、ニーズは内的原動力として構築される。人間は、物的、精神的及び存在論的幸福に貢献するものを求める。

―人間が人間種の構成員と見なされている場合、ニーズは人間性の構築的特性である。人間を他の

「自然に」生きる動物から区別するものを求める。

●ヒューマン・ニーズの本質的概念を主張している専門的な社会政策の説明が探究された。そこでは、以下のことが明らかにされている。

—最初に、社会政策論争は、苦境状態にある人間の救済に果たす国家の役割の擁護と、そのことによって、市場では満たされないか、満たすことのできないニーズ充足に焦点が当てられてきたこと

—しかしこのことを受けて、社会政策の中で、ドイヤルとゴフによるヒューマン・ニーズの斬新な理論が現れた。その理論は相対主義を否定し、すべての人間は肉体的健康と人格的自律へのニーズを持っているということを基礎にしていた。そうしたニーズの充足は文化的に特定な充足手段によって行われており、社会政策の普段の関心はここにあること

議論すべき課題

●ヒューマン・ニーズを本質的に人間的なものとしているのは何か？

●本質的なヒューマン・ニーズの四つの「古典的」説明のうち、あなたはどれを、どのような理由から選ぶだろうか？

●ドイヤルとゴフのヒューマン・ニーズ理論はどの程度まで国家福祉給付の批判者に対する満足のいく回答となっているだろうか？

第3章
解釈されたニーズ

- 本章では，解釈されたニーズ概念について明らかにすると同時に，その説明が行われる．解釈されたニーズは自ずから本質的ニーズ概念と関連性があるが，そこには人間行為や社会の経験や観察による推察に基づいた様々な説明が含まれている．
- 取り上げられるのは以下の点であり，社会的慣習や消費型式を中心とした説明が行われる．
  —ニーズとは文化的に生み出されたものであると見なす分析
  —知覚されたニーズを虚偽あるいは幻想だとして退ける分析
  —現代消費社会が我々のニーズを形成した点について考察した分析
- 解釈されたニーズに関する社会政策の考え方では，以下の点について議論が行われている．
  —専門家，個人，世論，比較分析などから得られたニーズ解釈を対象としたプラグマチックな政策立案アプローチ
  —人々がニーズと呼んでいるものの発見に焦点を当てた参加アプローチ
  —ヒューマン・ニーズの社会的，象徴的意味を社会政策分析に関連づけた理論的アプローチ

本章では、私が本質的ニーズと特徴づけたものから解釈されたニーズと特徴づけたものへ主題が変わっている。本質的ニーズ概念は、個人的主体やアクターの理論、もしくはその構築を必要としている。ニーズは、属人的なものと考えられている。その場合それらは名詞である（Gasper, 2007, p. 55参照）。解釈されたニーズ概念は、主体やアクターに関するものではなく、ニーズを求める（needing）過程や、その発生、同定、そして／あるいはその対応のあり方に関するものである。ニーズは観察可能な出来事を伴っている。その場合ニーズは動詞となる（同右参照）。

正確な比較とは言えないかもしれないが、本質的ニーズと解釈されたニーズの違いは、物理学における量と重さの違いに似ている(1)。あるものの量はそれを構成している物質の量や密度と関係しているが、重さは重力がそれにかかる力である。あるものにとって量は本質的特性であるが、重さはそのものの文脈とか、宇宙のどこでそれが起こっているのかにかかっている。量の解釈はものの重さを通じて行われるが、ものの重さを評価、叙述する方法には多くの異なる方法がある（Box 3-1参照）。実際の日常生活で、ものの特性や特質の理解を生み出すのは、我々を取り巻くものの重さを通じてであり、その量ではない。我々がそれを取り上げる仕方や捨て方に影響を及ぼしているのは、あるものの重さであって、量ではない。これと同様に我々は、属人的ニーズと、これらのニーズが表明される社会的、政治的文脈や、実際の日常的目的のために、他の人々のニーズを理解し、それに基づいて行動したり無視したりするやり方を区別することができる。

我々は量を感じることはできないが、重さを感じることができる。量の実際を発見することを可能にするのは重さである。我々は自分のニーズを感じることはできるかもしれないが、他人のニー

Box 3-1　量と重さのアナロジー

重さが量を解釈するために様々な形で用いられている意味の例。重さは重力と関係している理由で量と同じものではないのと同様、解釈されたニーズは、それが社会的効果や文脈的違いに関係している理由で本質的ニーズと同じものではない。	量を解釈する	ニーズを解釈する
浴室の固いタイルに置いた安い体重計で測定すると一四〇ポンドであっても、寝室の柔らかい絨毯の上で同じことを繰り返せば一四三ポンドになるかもしれない（何故なら表面が平らでなければ正確には測れない）。	重さの測定は不正確かもしれない。	ニーズは間違って解釈される可能性がある。
宇宙の外では、全く重さを感じない。月での体重が二八ポンドであっても、火星では五三ポンド、木星では三三六ポンドになる。	重量測定は重力効果を考慮しなければならない。	ニーズ解釈は社会的プロセス効果を考慮しなければならない。
メートル法で体重を測ると六三・五キログラムでも、トロイ法では一七〇ポンドになる。古代ローマの浴場法で測れば一九五ポンドになるのに、古代ギリシャでは一四九マインズ、聖書時代には一一二ミナスになる。	重量の測定と比較は測定単位の任意的選択を必要とする。	ニーズ解釈は使用される基準や決まりに関する任意的選択をともなう。
体重と身長測定から、保健師は、私の体脂肪指標	量について判断するため	解釈されたニーズについ

（BMI）は良好と判定する。しかし身長が六インチ低ければ体脂肪指標は高すぎ、「オーバーウェイト」になってしまう。もし六インチ身長が高ければ体脂肪指標は低すぎ、「アンダーウェイト」になってしまう。	に、量は他の尺度と比較されなければならない。	て判断するために、いくつかの交差する社会的基準を必要とする。
私は平均サイズの（男の）人間である。平均サイズの象は一四〇ポンド以上あり、鼠はもっと少ない。私に関する情報が浴場法しかないとすれば、あなたなら、象よりかなり小さく、鼠よりかなり大きいと思うだろう。	一つのデータに基づく解釈は無意味となる可能性がある。	人間的文脈のない象徴を通じたニーズ解釈は無意味となる可能性がある。

ズを感じることはできない。我々はいくつかの方法でそれを判断しなければならない。そしてその判断は間違っているかもしれない。第2章で、本質的ニーズ概念を擁護するために、私は真のニーズと虚偽的ニーズ、あるいは実際のニーズと想像的ニーズを区別することはできないというヘラーの議論を引用した。ヘラーは、ニーズは実際のニーズでなければならないと主張している。リストは、「すべてのものをニーズと考えるならば、ニーズは何も意味しないことになる」（Rist, 1980, p. 241）と述べ、この議論に対応している。しかし解釈されたニーズは、それ自体人間が体感することのできるニーズではなく（ただし、人々がニーズについて述べたり、行ったりしているのは非常に関連性のある諸要素の間についてである）、観察や判断を通じて生まれるもの、例えば社会慣習、文化的象徴、価格、調査データ、言説分析とか、政治的要求に従って引き出されるものである。量

が重さを通じて自らを宣言するように、物的ニーズの実像が宣言されるのは様々な物証、象徴、流行とか要求を通じてである。そうすることで言うまでもなく、真のニーズと虚偽的ニーズの違いを議論することも可能となる。あるニーズはそれらが我々の本質的ニーズを隠蔽しているという点から解釈されるかもしれないし、他の解釈の場合もそれらを明らかにする可能性があるかもしれない。

ヒューマン・ニーズの解釈は多くの異なるレベルで行われている。本章の最初の部分で私は、ニーズが慣習、消費型式、「ライフスタイル」を通じて解釈されるという点を論じる。第二節では、実践と理論の双方から、社会政策の考え方を直接取り上げることにしたい。

慣習と消費

前章において私は、ヒューマン・ニーズの「相対主義的」概念について、ドイヤルとゴフが行っているいくつかの批判を概括的に述べておいた。本節において私は、ニーズの文化的説明、資本主義が生み出したニーズの批判的説明、「消費社会」のニーズ概念を力説する主な相対主義的主張を取り上げることにする。

文化的意味

人間の文明化過程（Elias, 1978）、慣習や文化の創造が、一方でヒューマン・ニーズに意味を与えている。イブン・ハルドゥーン（一三三二～一四〇六年）は、「人間は慣習や慣れ親しんだものの落とし児であり、自然の傾向や特質の産物なのではない」と指摘している（Callinicos, 2007, p. 11で引用）。ニーズは慣習に基づいているが、慣習を通じた表象方法は変化するかもしれない。勿論ニーズがすべて、慣習や言語を通じて表象されているわけではない。レデラーは、有名な日本人研究者との会話を再現しながら、日本には「ニーズ」という言葉がないことを指摘している（Lederer, 1980, p. 8）。英語には「欲望」とか「欲求」という言葉にあたるものがあるが、日本語には、「客観的」意味でニーズ概念にあてはまる決まった言葉がない。香港でも、同様の発見があったことをタオが研究報告している（Tao, 2004）。

ニーズ理解は文化的に依存しているだけでなく、文明化の過程を通じて新しいニーズが生み出される。ハルドゥーン後四世紀の間、人間は神の授かりものではなく、奴隷から這い上がってきたものだという西ヨーロッパを通じて見られた認識は、哲学者ルソー（一七一二〜七八年）を嘆かせた。彼の評価によれば、奴隷が文明化したことによって人工的で利己的なニーズが自然で利己心のないニーズにとって代わることになったのである（Springborg, 1981, ch. 3）。ルソーは、自然へ帰ること、「高貴な野蛮人」という想像上の無実を切望していた。自由主義経済学者アダム・スミス（一七二三〜九〇年）も同様に、「必需品」と人工的な「奢侈品」の違いを意識していたが、しかし彼は、文化や慣習が必需品を生み出すことを認めていた。スミスの知的遺産を継承した現代経済的自由主義が、ヒューマン・ニーズの最少主義的定義を試みる一方、人々が恥辱感を持たずにすむのであれば、非生活維持商品も必需品にあたるという主張を行っていたことは注目に値する。これらの必需品は慣習的なものであった。必需品は、歴史過程や、世界の様々な地域で多様な形態をとっている。

そうした多様性は検証可能である。Box3-2は、スミスの主著からの長い引用である。ここに見る主張が現代的貧困測定方法にとってとくに重要であることについては、第4章で見ることにする。

Box3-2　アダム・スミスの「必需品」の意味

必需品について私は、生活支援のために必要不可欠な商品ばかりでなく、その国の慣習が、最下層の人々も含め、信頼できる人なら、それがなければ好ましくないと考えられるすべてのものと理解している。例えばリンネルのシャツは厳密に言えば生活必需品ではない。ギリシャ人やローマ人は、リンネルのシャツを持たなかったけれども、非常に快適な生活を送っていた。しかし現在、ほとんどの地域のヨーロッパで、信頼できる日雇い労働者は、リンネルのシャツなしに大衆の中に現れることを恥ずかしいと考えるだろう。同様に、イギリスの慣習では皮靴は生活の必需品である。男性、女性に限らず最下層の信頼できる人は、それらを履かずに人前に現れることを恥ずかしいと考えるだろう。スコットランドの慣習は、最下層の男性にとってそれらを生活必需品にしたが、裸足で歩きまわる同じ階層の女性にとってはそうではなかった。フランスの場合、男性でも、女性でも、それらは必需品ではなかった。最下層であれば両方とも、時々木靴を履き、裸足で大衆の中に現れている。したがって、必需品について、私は、最下層の人々にとって必要とされているものだけでなく、人並みの生活という確立された規則からそうなっているものも含めたいと考えている。私が奢侈品と考えているものは、……。(Smith, 1776, p. 691)

幻想、虚偽及び浪費性

文明化や慣習的規範の進化がヒューマン・ニーズを形成したとすれば、多くの研究者が述べているように、資本主義の到来によってその過程は歪められた。

第2章で私は、ヒューマン・ニーズの理論が初期マルクスの研究に存在していることを論じた。とくに後期の研究に彼の様々な資本主義批判が現れており、そこで彼は人間としての諸個人の構築的ニーズにではなく、社会的ニーズや、ニーズが社会的に生み出される様式に関心を当てている（Heller, 1974; Soper, 1981）。資本主義の下で商品に価値が付加される様式の分析を通じて彼は、資本主義が虚偽的ニーズを生み出す基礎を指摘している。明白に経験したものであるにせよ、意識的に経験したものであるにせよ、一定のニーズは真のニーズというよりむしろ想像的ニーズである、しかしマルクス自身は必ずしもこうした言葉を使って表現しなかったことに注意しておかなければならない。彼の議論の本質（Marx, 1887）は次のように整理できよう。

- 財及びサービスの使用価値と交換価値を区別しなければならない。あるものの有用性はそれが充足するニーズの直接的反映である。しかし我々が資本主義の下で財やサービスを商品として交換するとき、我々がそれらに付け加える価値はその有用性とは無関係な等価概念と関連している。有用性のない奢侈品であっても、必需品より大きな価値があるかもしれない。
- 我々が商品に付け加える交換価値は、その有用性ではなく、それを生産する人間労働の量を反映している。炭鉱夫や、ダイヤリングを生産した宝石商の時間、努力、リスク、危険はパンを生産した農夫やパン屋のそれより大きいことから、ダイヤモンドは一切れのパンより価値があるものとして現れる。

●しかし資本主義の下で、労働力自体は賃金を見返りに販売される一つの商品である。第2章で私は、マルクスが仕事を種の特性と見なしていたということを説明した。すなわち、それが人間としての我々を定義づけているゆえに、我々は働くことを求めるのである。しかし、賃金のために働くとき、賃金は仕事の使用価値ではなく、労働力の交換価値を反映したものとなっている。自分のニーズの充足のために労働しないという意味で、我々は、我々が生産した財やサービスから「疎外されて」いる。

●資本主義は労働力の搾取に基づいている。資本主義的生産諸関係の下で販売される財やサービスの交換価値には、搾取に基づく「剰余価値」の要素が含まれている。剰余価値は労働者を犠牲にして資本家のために生み出されるものである。

●このことからマルクスは、人々をめぐる物的関係と、モノをめぐる社会的諸関係の終焉を論じている。我々が労働力を買ったり、売ったりするとき、我々はヒューマン・ニーズを充足しているのではなく、商品として振る舞っているのである。それは非人道的な過程である。同時に我々は、我々が必要としている財やサービスを評価するとともに、社会的に構築された特性すなわち他の人々がそれらを生産するために行わなければならなかった点からそれらを評価しているのである。

●マルクスが「商品の物象性」と名づけたものはこうしたことを基礎としている。商品世界は、搾取の性格を曖昧にするめちゃくちゃな世界である。消費者が支払わなければならない価格や、企業家が生産する利潤が市場状態に応じて変動することで、我々がモノに価値を加える方向性に基本的歪みが生じている点や、日常的なヒューマン・ニーズの認識が歪められている点が隠蔽されてしまう。資本主義的な社会的生産関係を通じた解釈が行われることによって、我々のニーズは我々から疎外されるようになった。

こうした分析は――誤解されやすく、誤った適用が行われてきたが――、いくつかの点で影響力を持っていた。とくに教唆や操作を通じて資本主義社会は「人々に虚偽的ニーズ」を植え付けるということをはっきりと宣言したのは、フランクフルト学派の理論家マルクーゼであった（Marcuse, 1964; Springborg, 1981, ch. 9も参照）。

この種の考察は、マルクス主義者ばかりでなく、進歩的自由主義者によっても行われた。一九世紀後半のアメリカ型資本主義を批判する中でヴェブレン（Veblen, 1899）は、「顕示的消費」という用語を編み出した。制度派経済学運動の創始者の一人ヴェブレンは、社会的、文化的変更の影響、とくに富者の表面的で浪費的な消費が、貧民を刺激しながら、実現することなどありえないファッションや基準が設けられていく過程に関心を当てた。それは、タウンゼントが後に「ライフスタイルの改宗」（Townsend, 1979, p. 366）と特徴づけた過程である。同様の見通しは、因習破壊的な説明を行っているケネス・ガルブレイスの『豊かな社会』（一九五八年）の中にも見られる。ガルブレイスはケインズ主義経済学者で、民主党アメリカ大統領F・D・ルーズベルト、ジョンソン、ケネディのアドバイザーを務めた。彼の議論は、資本主義の下で富の増大の結果稀少性がなくなったにもかかわらず、ヒューマン・ニーズが満たされることは全体的に見れば決してなかったということにあった。彼によれば、一部は寡占によって守られた権力のためにこのことが生じているが、勃興する広告産業によって生み出された新しいニーズや、すべての人が満足することのないニーズのためでもあった。

ハーシュ（Hirsch, 1977）も同様に、ニーズや欲望は経済成長とともに増大していくものの、そこに社会的限界があることは避けられないことを論じた。問題なのは物的稀少性ではなく、社会的稀少性であった。それは、超富裕層の目を見張る消費がすべての人が見習えるほど単純なものではなく、わずかな資産しか持たない人々が実際に関心を持つ新しく創造されたニーズの価値は彼らの稀少性に基づいているということである。一定の財は、最初にそれらを獲得した人々にとって有利であり、多くの人々が獲得するにつれて減少し、失われていくことから、「地位的財」という意味を必然的に持っていた。群衆の後にいる人々がつま先立ちすることで獲得する利益は、彼らの目の前にいる人びとが同じことをすることで即座に消えてしまう。同様に、ある国の最初の自動車製造業者が享受する自由や特権は、すべての者が車を求め、道路が渋滞するようになると、急激になくなってしまう。それはたんに奢侈的ニーズが通常化するということではない。それらは非持続的になるのである（Taylor-Gooby and Dale, 1981, pp. 230–1）。

消費社会

消費志向社会において、ニーズの象徴が消費にあるということを考察するには、文化や慣習の考察こそヒューマン・ニーズを理解する鍵であるという地点よりさらに先へ進まなければならない。本質的ニーズを扱った前章で私は、個人を市場アクターと考えた場合、主観的選好が一人の人間に内在するニーズを概念化する方法となることを明らかにした。経済学者にとって効用は抽象的な数学的関数である。「厚生経済学」ではヒューマン・アクターは不可視なものであり、ヒューマン・ニーズの指標や尺度となるのは、人々が経験する選好ではなく、財に支払われる価格である（Pigou, 1928, 1965）。ニーズ解釈の唯一有意義な方法は、人々がモノに対して支払うということにある。ソルボンヌの経済学徒の興味をそいだのは、かつて「自閉的経済学」（Monaghan, 2003（および www.autisme-economie.org/article142.html）と誤って呼ばれた極端に経済的なアプローチであった。この種の厚生経済学は、文字通り、社会的現実の動きと向き合おうとしていない。これでは社会的文脈に敏感に対応することなど不可能であり、価格メカニズムが提供するシグナルに反応しているにすぎない。マルクスは、価格を、交換価値の性質を隠ぺいした「表面的カテゴリー」にすぎず、そのためヒューマン・ニーズが黙殺されてしまうと述べている。しかし、厚生経済学のこうした強力な内部論理や価格シグナルの意味を重視するやり方は、影響力を持っていた。

同様に閉鎖的（軽蔑的な意味ではなく、文字通りの意味で）であるが、全く別の論理形態をとったのは、社会学者ボードリヤールの仕事である。ボードリヤールの仕事はかなり抽象的で、多くの読者にとって難解である。しかし彼の初期の研究（Baudrillard, 1970; 1980 も参照）は、他の思想家の研究に重要な代替アプローチを提供していた。彼は、マルクスを批判しながら、資本主義の機動力は生産ではなく、消費にあると論じている。消費者のニーズが先進資本主義社会の生産力として制度化されるようになった（Giradin, 2000）。ボードリヤールは、客体の価値を説明するための代替理論を提示した。マルクスが行った使用価値と交換価値の違いに対して、彼は象徴的価値（先資本主義的な贈与物の交換形態に基礎を持つ）と記号的価値（社会的に構築されたニーズ形態の内部にある客体の意味）の違いを強調した。愛や婚約の証としてダイヤモンドの指輪には象徴的価値がある。一切れのパンは、文脈に依拠して考えた場合、ライフスタイルを象徴していると言うことができる。イギリスの読者なら、広告や娯楽メディアから、伝統的なイギリスの黒パンは労働者階級の家庭で作られたパンを象徴しているものであり、流行りのイタリアのチャバタはスタイリッシュな中産階級のレストラン生活を象徴しているものと受け止めるだろう。ボードリヤールによれば、ニーズが我々に伝えるのはこうした象徴（価格ではない）なのである。

後の研究でボードリヤールは、「ハイパーリアリティ」と彼が名付けた、象徴と記号以外何もない無意味なスパイラルにまで象徴制度（あるいは「シミュラークラ」）が忍び込み、資本主義的価値の無限の可塑性が大量イデオロギー的コミュニケーションや情報技術の時代に実現されるということを論じた。我々はそこに行くことなど望んでいない！　ボードリヤールから学ばなければならない最も大事な考え方は、人間同士の交換がニーズの必然的機能であるとか、主要な機能ではないという点にある。象徴的交換に関する彼の人類学的説明は、前近代社会では、交換されるのは行為であって財ではないという土台から始まっている。すなわち食べ物とか飲み物ではなく、食べること、飲むことなのである。基本的生存も、モノの価値制度が確立されるまで、我々が現在理解しているような意味で、必ずしも「ニーズ」として認識されていたわけではなかった。彼の主張によれば、ニーズは完全に文化的発明である。ニーズは、文化的に生み出された象徴の社会的に構築された制度を通じて解釈されるものであり、それ以上でも、以下でもない（批判のためには、Hefner, 2000 参照）。

ジグムント・バウマンの「消費主義」の説明はボードリヤールの研究と共通点がある。（Bauman, 1998）バウマンの議論は、ポスト近代に、労働倫理は「消費の美学」にとって代わられるというものである（Bauman, 1998, ch. 2）。このようにボードリヤールと同様、彼は、ヒューマン・ニーズを特徴づけているのは消費であって、生産ではないことを論じている。産業経済からサービス経済への転換にともない、消費者は、完全雇用より、経済の健康に信頼を寄せている。またボードリヤールと同様、彼は消費が短命であるということに注意を払っている。消費は破壊である。しかしバウマンの関心は、消費の象徴ではなく、その「精神」に向けられている。タウンゼントがライフスタイルの改宗に関心を寄せているのと同様（前記参照）、バウマンは審美的嗜好の増大に関心を払っていた。消費者の飽くことのない探求心は永遠に満足を求める感覚と経験であり、ニーズに先行するのは「満足を求める約束と希望」なのである（Bauman, 1998, p. 28）。そこから派生するのは、飽きのくる仕事に満足は感じられないということであり、厳しい強制が人々を仕事に就かせるために必要となっているということの意味である。しかし貧民は、失敗した労働者ではなく、富者と同様、慢性的な不足感覚にとらわれ、嗜好を充足することのできない失敗した消費者である。

問題は、こうしたかなり理論的で、時には極端な説明において、ニーズが個人に内在したものではなく、消費社会の人工物であるということにある。

社会政策の考え方

そこで、社会政策の文献に見られる解釈されたニーズ概念について見てみよう。ニーズへの対応はどのように形成されたのか、あるいはそれはどのように形成できるのだろうか。ランガンは、ニーズが「社会的に構築され、歴史的に特定され、対立を含んでいること」、それらを理解するには、「資源や政策問題と同時に、より広い社会的、政治的文脈や、イデオロギー的、政治的対立を考察してみなければならない」(Langan, 1998, p. 7)と主張し、このアプローチの特徴を指摘している。ここには一つのアプローチの見方が示されているが、私が取り上げるのは、第一に、ニーズが満たされる根拠を決定するプラグマチックなアプローチ、第二に、ニーズを決定する手段としてサービス利用者の参加に基づくアプローチであり、さらに第三に、何人かの社会政策研究者が、ニーズの社会的あるいは象徴的構築方法について行っている理論的説明についても見てみることにする。

プラグマチックな解釈

公共政策立案者、政策担当者、サービス供給者は、右の議論を考察した上で、問題のありかを問おうとするかもしれない。専門的社会政策内部の古い社会行政の伝統は、ニーズにはなんの問題もない、「ニーズとは、簡単に言えば、国家が何を実現しようとしているのかという問題である」（Taylor-Gooby and Dale, 1981, p. 214）と考えていた。こうした伝統の内部から、ジョナサン・ブラッドショーは、『新しい社会』（*New Society*）で発表した有名な論文において、「社会サービスの歴史は社会的ニーズの承認や、それらを満たす社会の組織の物語である」と主張している（Bradshaw, 1972, p. 640）。これは明らかに同じことを繰り返しただけの循環論法にすぎない。ヒューマン・ニーズは我々が決めるものである。実際、ブラッドショーは、政策立案者、社会行政、サービス供給者がヒューマン・ニーズを決定する様々な方法について重要な指摘を行っている。

ブラッドショーは社会的ニーズについて簡単な分類を行っている（表3-1参照）。彼によれば、社会的ニーズとは、様々なやり方で社会的に解釈されたものである。彼はニーズを四種類に区別している。第一に、彼は、規範的ニーズを、文化的あるいは慣習的規範によって定義されたニーズではなく、人々が「規範的」かつ正当に求めているもの、どのようなサービスが提供されるのかに関して専門家や福祉専門家の判断について述べたもの、と述べている。第4章で貧困について議論する際、我々は、基本的ニーズとは何か、ニーズ以下にある人々の貧困線、閾値や基準をどこで引くのかという問題に関して、専門家が様々な考え方を持っていたということに出会うことになるだろう。第二に彼は、人々が求めていると主観的に信じている、体感的ニーズを明らかにしている。ブラッドショーは、人々の感覚がたんなる「欲望」とは異なる真のニーズを明らかにできるかという問題について、哲学的議論を展開しようとは考えなかった。彼が指摘しているのは、持つべきサービスについて人々がどのように感じているのかという点にある。第4章から我々は、貧困や剥奪閾

表 3-1　ブラッドショーのニーズ分類

	ニーズ解釈の基礎	決定の方法
規範的ニーズ	専門的判断	専門家による
体感的ニーズ	人々が体感するもの	世論調査/質的調査
表現されたニーズ	人々が要求するもの	選挙/請願/参加評価
比較ニーズ	他のすべての人が持っているもの	社会状況調査/サービス評価

値が、人々が必需品だと感じているものに関する一般的合意を決定する調査技術の活用によって定められていたということを理解するだろう。第三に、ブラッドショーが区別しているのは表現されたニーズである。必要だと感じているばかりでなく、実際に求めているニーズである。繰り返しになるが、ブラッドショーは、ニーズと需要の違いを明らかにしなかった。彼が指摘したのは、人々が個人的に求めているもの、投票、キャンペーンあるいはその他の参加形態を通じて給付やサービスの点から集団的に求めているものとの関連性だけである。ここでは、サービス利用者の参加について議論することとし、第8章、9章で、ニーズ要求が権利に、権利が要求にどのように翻訳されているのかという問題を考察してみることにしたい。

　最後にブラッドショーが明らかにしているのは、ある人あるいはある集団と、同様の境遇にある別の人あるいは集団が受け取るサービスに不足が見られる場合の比較ニーズである。ここで問題とされているのは、人々の間、そして彼らが獲得しているものとの間で行われる比較であり、また、資源やサービスの分配が不公平に行われている場合、人々は相対的ニーズの状態に置かれてしまうということについてである。実際、政策立案者は、その問題への対応を求められたとき、社会的、経済的不平等に関する様々なデータや、満たされていないニーズの根拠となっている不平等や格差を明らかにするために、既存の公共サービス給付を評価する研究や処置を活用することができる。このアプローチの諸要素はイギリスで最近行われている「満たされていないニーズ」に関する研究の中で再び見ることができる（Vale et al., 2009）[2]。資源をそうしたニーズ充足のために利用することができない時に比較ニーズあるいは相対的ニーズという考え方をサービス計画のための基礎として用いようとすると、批判対象とされる可能性が生じてくる。状況次第で、比較ニーズあるいは相対的ニーズアプローチではおさまりがつかなくなる。一方で、福祉国家ではニーズを充足することができないといった、際限のない、非生産的な期待に終始し、他方、資源が有限であるならば、そうしたアプローチを維持することもできなくなってしまうことになる。

第一の論点はロバート・グッディンが提起したもので、第2章で議論したニーズや欲望に関するものである。満たされていない相対的ニーズの充足のために、社会は資源供給の極大化を目指すという構想に、グッディン（Goodin, 1990）は問題を絞り込んでいる。ことがらの性格上、より多くということはより少ないという意味になる。バウマンと同様グッディンは、社会的不平等の拡大によって不満が蓄積し、満たされていないニーズが新規に発見されると、不満が需要を喚起することになると論じていた。政策立案者が基本的ニーズあるいは絶対的ニーズの充足は可能であるという立場から社会的、経済的不平等を制限しようとしている場合でも、すべての人の生活水準を中位まで引き上げることで相対的ニーズを満たせるなどと考えることはできない。これは逆に期待感を広げるだけで、不平等を確実に広げてしまうことになる。普遍的基礎に基づいて資源分配を最小限に抑えることの方が平等に近づくのであり、長期的な平等社会の実現につながると、グッディンは論じていた。

一般に政策立案者や社会行政自体は原理的な反論をしておらず、限られた資源に人々がアクセス出来る方法の発見に関心が絞られている。健康管理給付へのアクセスについて、先進国でとくに取り上げられているのは割り当て（rationing）である。フォーダー（Forder, 1974; Liddiard, 2007, p. 122から引用）は、ブラッドショーの四つのニーズカテゴリーに、それまでの分類にはなかった、新しい、しばしば費用のかかる給付形態のニーズと関連性のある「技術的ニーズ」を追加している。科学や技術の発展は現在、学校でのコンピューター、家庭のセントラルヒーティング（空調）や、最近の医療措置形態などをすべて必需品と見なすようになっている。割り当てに関する文献が多くの場合問題としてきたのは、重要な倫理的問題が発生する可能性がある医療管理との関連である。心臓移植、臀部取り換え、先進癌医療、試験管受精、ジェンダー割り当てなど、過去に想定出来なかったことがらも、現在、すべて可能となっている、その一方、予算制約から公的資金の裏付けのある健康給付を利用することができる状態にはなっていない。すべての人の比較ニーズを満たすことなど不可能である。イワン・イリイチ（Illich, 1977）など現代の健康管理の急進的批判者は、技術的に生み出されたこの種のニーズは、全くヒューマン・ニーズに当たらないと論じていた。福祉専門家の時間や、サービス支払のための資金が不足している状況では、日常的なサービスでさえ、その利用のために、公式、非公式に限らず、どの場合でも、割り当てが行われる可能性があるのかもしれない（Foster, 1983; Klein et al., 1996）。

参加アプローチ

ブラッドショーの第三のカテゴリーは表現されたニーズであるが、人的サービス利用者は様々な参加を通じて彼らのニーズを表現している。自らのニーズを表出し、ある人のニーズ充足に関する熟慮過程に参加する能力は、それ自体ニーズであり、シチズンシップに基づく権利であると見なしてよいかもしれない。この点は後の章であらためて見てみることにしたい。差し当たりここでは、ニーズ評価に対する参加アプローチの適用問題を取り上げることにする。

参加は当然、望ましいものと思われるかもしれない。しかし、協議の実施や管理テクニックは様々である。アーンスタイン（Arnstein, 1969）は、八つの参加「階段」（rungs）やレベルを持つ参加「階梯」（ladder）を提案している。最初の階梯は実際には参加と呼べないものである、何故なら、サービス提供者は人々の意見や行動の操作、変更、情報提供以上のことを行わないからである。次の階梯は、諮問活動とか懐柔的パブリック・ミーティングといった、申し訳程度の参加形態である。より高い階梯になると、意思決定過程に共に加わるとか、より直接的で、有意義なシチズンシップ統制など、協力体制や派遣を通じて、人々に様々な程度の権力が与えられる。ここで重要なことは、参加が人々を解放し、差異を明確にするというニーズの表出を可能にする場合もあれば、彼らから権限を奪い、ニーズ表出をあらためて形成するか、沈黙を余儀なくされてしまう場合もある、という点である。

広義な意味で参加について言われているのは、民主的アプローチと消費者的アプローチという二つのアプローチがあることである（例えばCroft and Beresford, 1992; Bochel and Bochel, 2004, ch. 7参照)。この指摘が重要であることは間違いないが、同時に、それぞれに異なる淵源があり、あるアプローチが開発したテクニックを他のアプローチが借り受け、そのために植民地化されてしまうなど、混乱を招く場合も見られる。民主的アプローチは伝統的あるいは「アソシエイティブな」ものであり、消費者アプローチもコミュニティ志向的になったり、市場志向的にもなったりする可能性がある。どちらも、アーンスタインの異なる水準あるいは異なる階梯で機能しているものである。

民主主義には多くのバリエーションがある(Held, 1987)。古代アテネで確立された「古典的な」民主的統治は、すべての市民に自らの統治への参加を求めるという意味で急進的なものであった。しかし実際に参加できるのは貴族男性エリートだけであり、女性や奴隷のニーズは無視されていた。そうでなければ、アリストテレス(紀元前三八二〜三二二年)が指摘したように、「民主主義では、貧民は富者より権力を持つことになっていた(ことだろう)」。何故なら彼らは数で勝っていたからである(Held, 1987, p. 19で引用)。そうした可能性は、多数者の権力が様々な選挙過程を媒介することで排除されてきた。先進西側諸国における普通選挙の拡大は、労働者階級が権限を獲得し、ニーズ表明の機会を獲得するという点で重要な役割を果たしていた(Bottomore, 1992)ものの、権力仲介機能は代議制民主主義によって果たされていた。憲法による抑制と均衡、現代国家権力や不透明な政党政治機構によってニーズの日常的表現は閉じ込められ、希薄化され、そらされてしまっている。民主主義は多くの場合、選挙過程に頼らず、公共審議会機構を通じて、意思決定の正当化を試みてきた。しかし大規模で、複雑な社会の場合、諮問文書の発行や公聴会を開催したからといって必ずしも効果的な協議手段になるとはかぎらず、声を上げることのできない人や、これまで効果的に発言してこなかった人々に権限を付与するのと同様に簡単に権限を剥奪することができる。確かに特定の政策課題に関する住民投票や市民陪審員制度といった斬新な民主的協議や熟議のメカニズムが、ニーズ表出のために認められている。しかし住民投票は脆い基盤しか持たない少数派のニーズと対立しかねず（Box3-3参照）、市民陪審員といった装置は相反する結果をもたらすこともあった（Beresford and Croft, 2001; Goodin and Dryzek, 2006）。

一九七〇年代以降の市民社会行動主義や新しい社会運動の勃興（Scott, 1990）には、伝統的な民主的方法に対する挑戦や、程度の差はあれ抽象的代替案の議論が含まれていた（Walzer, 1983; Keane, 1988）。おそらく最も説得力のある代替案は、自発的グループや自助グループが、伝統的な代議民主主義が生み出した官僚的で、非反応的な制度にとって代わるという、ハーストの提起する「アソシエイティブ民主主義」（Hirst, 1994）である。そこで強調されたのは、新しく出現しつつあるサービス利用者運動、自発的組織や自助組織内部におけるコミュニティや「草の根」レベルの直接参加（Hadley and Hatch, 1981）や、社会政策アプローチにおける多元主義への転換（Johnson, 1987）である。しかし、非政府組織や市民社会組織の成長と拡張は、そうした組織的性格を持つ社会的企業が説明責任を果たし、構成員の積極的関与を保証する方法を持たないかぎり、それ自体、民主的不足を克服するものにはなりえない。

こうした傾向は、社会開発やコミュニティ開発領域の活動と重なり合っている。世界の南の国々の社会開発や、北の国々の衰退した都市近隣のコミュニティ開発に対する伝統的なネオコロニア

Box 3-3　有名な住民投票――多数派の私益対少数派のニーズ

カリフォルニアの提案13――一九七八年

アメリカ・カリフォルニア州は、州法の中に住民投票に関する規定を設けている。州法は、財産税などの問題を管轄している。提案13（財産税を制限する「人民の」イニシアティブ）は、一九七〇年代に、豊かな地域で課税された財産税が貧しい地域の公共サービスを助成することを目指した財産所有者連合によって成功裡に進められたものである。その提案は財産価値の一％に財産税を制限し、上昇を年当たり二％までに抑えるというものであった。さらに、州の法立案者の活動範囲を新税の制定に限定した。全体的効果は財産税を五七％削減することであった。自治体サービスや公立学校は、その結果歳出削減問題に直面することになった。マイノリティや貧しいコミュニティは、最悪の影響を受けると考えられた。提案13以降、カリフォルニア州立学校の生徒一人当たりの支出は他の州より少なくなった。私立学校の生徒が高所得家庭で増加し、豊かな地域の公立学校は保護者からの寄付によって資金を集めることができた。そのイニシアティブは、アメリカ全土で広範な課税反対運動の発生を予想させ、一九八〇年のドナルド・レーガンの大統領選挙の勝利につながった（Smith, D., 1998参照）。アメリカ最高裁判所は、その方法の遵法性とその後の廃止、あるいは実質的修正の試みを支持した。提案13の支持者は、より効率的サービスが行われること、カリフォルニアの経済競争力が増すようになることを主張した。反対者は、こうした表面的な民主的イニシアティブでは裕福層や中間層の資産家がコミュニティの最下層の人々のニーズを踏みにじってしまうことになると論じている。

スイス障害者法――二〇〇六年

スイスは、市民に、法律の発議申請や、法律の廃止を求める住民投票申請を認めている国である。一九六〇年代以降、移民の数を制限することを求める右翼政党あるいは団体が進める六つの発案権運動が存在した。こうした運動はいずれも、スイス経済が外国人労働者を必要していたことから敗北に終わった。しかしスイスには、国連難民高等弁務官や人権ウォッチによる法の厳格さに対する批判が渦巻き、移民法や障害者法を強化する法改正が続いていた。二〇〇六年、中道左派政党、労働組合、教会、支援組織連合が精神病院改革に反対して住民投票を求める申請を行った。結果的に、住民投票は敗北し、その時まで人道主義的原理を支持し、難民の強い制限に反対していた大多数の有権者のほとんど七〇％までがその改革を支持するようになっていた。この結果には、二〇〇七年に議会第一党となり（二四六議席中六九議席）、外国人の国外退去を強く求めていた極右政党スイス人民党の影響が反映されており、人種差別ではないにしても、明らかに外国人を嫌い、スイスの紋章を載せ、黒い羊を白い羊の群れが蹴り出すポスターを貼るなどのキャンペーンが行われていた。世論の動きは明らかに変化していた。直接民主主義は、何人かの人が論じているように、難民化する可能性のある人々の人権を踏みにじる決定につながる可能性がある。

ル・アプローチは、ヒューマン・ニーズの特定の解釈を前提としていた。ポスト・コロニアル時代に社会開発機関が採用した基本的ニーズアプローチ（Wisner, 1988）は、トインビー・ホールやケンブリッジ・ハウスなど、一九世紀の大学セツルメントが基金提供をした都市コミュニティ開発に対する対案と考えることができる。前者には、文化的に多様な人々の基本的ニーズと不足の確認と実現を求める西側の支援労働者が関与していた。後者には、荒廃した労働者階級地域のニーズや社会生理学を調査対象とした恵まれた学生（初期に）や中産階級（後になって）が関与していた（Cockburn, 1977, ch. 4）。基本的ニーズアプローチは参加評価原理に基づいたアプローチに次第に代わるようになり（Chambers, 1977; World Bank, 2001）、そのことで発展途上国の村々やコミュニティのニーズの解釈方法に関心が寄せられるようになった。イギリスのような国では、大会社スタイルの地方当局が、近隣管理の制度化や、社会対立を管理するためにコミュニティ・レベルの試みを促すなど、計画提案や住居政策に関して地域コミュニティに諮問したことを確認する協調した試みが見られた（Cockburn, 1977）。こうした傾向はどちらの場合でもニーズ解釈を民主化する可能性を持っていたものの、本質的にトップダウン的で、テクノクラート的という、二つの性格を兼ね備えていた。介入や、サービスの実際的あるいは潜在的受領対象としてコミュニティは、参加や、国家との協力、重要サービスの積極的消費者となることが求められていた。

こうしたテクノクラート的傾向は二〇世紀の終わりに興隆し、社会福祉給付の「市場化」、ビジネス化、市場原理の試みとつながることで、明確に市場志向的消費者主義の色彩を強めるようになっていた（Le Grand, 1990a）。しかし、福祉サービスの市場化と同時に、「ニュー・パブリック・マネージメント」（Hood, 1991; Clarke and Newman, 1997）が、特定のパートナーシップや参加概念を伴うプロセスとして、次第に「近代化」を求めるようになっていた。ニュー・パブリック・マネージメント原理は、欧州連合（EU）や世界銀行など超国家的機関で機能していると考えられ

表 3-2　参加を通じた表出

	伝統的民主主義	アソシエイティブ民主主義	コミュニティ消費者主義	市場消費者主義
潜在的なエンパワーリング	選挙を通じた間接参加	自助組織を通じた直接参加	コミュニティ自治／サービス利用者参加	消費者憲章や不服申し立て手続き
曖昧なテクニック	住民投票/市民陪審員	参加型ニーズアセスメント		消費者フォーカスグループ
潜在的な権限剥奪	公共諮問	アソシエイション会員/消極的参加	操作/推薦	顧客満足調査

ている（例えばPorter and Craig, 2004参照）。こうした「近代化」傾向の中心にあるのは本質的に、社会政策がニーズへの一つの対応であるように、非政府組織、ビジネス組織、消費者組織、コミュニティ組織がパートナーシップを結ぶ中でニーズが定義されるという、脱政治化の動きである。福祉サービス利用者は「顧客」であり、彼らのニーズの充足は、不服申し立て手続き、主要団体との協議、顧客満足調査など、顧客憲章、品質保証メカニズムによって保証される。より明確なコミュニティ志向的参加アプローチと同様、こうしたテクニックには、情報を持ち、思慮深い行動をするサービス利用者はニーズを伝える機会がある一方、それらを持たない脆い「顧客」は表面程度の参加しか行えないというもう一つの側面がある。

　参加を通じたニーズ表出の広がりに関する右記の議論は表3-2に要約されている。ニーズを参加の視点から評価する試みと重なり合っているという点を中心に議論が組み立てられているが、全体的議論からすると、ニーズは、それが満たされていない人々の解放、権限付与あるいはエンパワーする過程であると同時に、任命、コントロール及び権限の剥奪に向かう過程であると見ることもできよう。

ニーズの社会的、象徴的構築

最後に、ヒューマン・ニーズの社会構築主義的説明を行っている社会政策論者を取り上げてみることにしよう。ここで取り上げるのは、ヒューマン・ニーズを、消費社会が生み出した構築物や象徴にすぎないというボードリヤールやバウマンの社会学的説明である。同時に、社会的言説や人間活動、すなわち我々を取り巻く世界を解釈することでコミュニケーションを図り、行動の過程で、生み出され、強められていく意味を通じて、我々を取り巻く世界が間主観的意味を獲得していく方法を探究してきた、ポスト構造主義伝統と呼ばれる著作家もいる。我々は、我々や我々の先人達が真実を要求してきたという点だけで、世界の真実を理解することができない——あるいは議論はそのように行われている——。こうした伝統で最もよく知られている理論家はミシェル・フーコーである（Foucault, 1977, 1979; Fitzpatrick, 2005 も参照）。そうした理論家達は、それらの土台となっている社会政策、制度、権力や統治技術の重要性を明らかにするという点で多くの仕事を行ってきたが、ヒューマン・ニーズを暗に取り上げることはあっても、その概念を明白な形で取り上げることはしてこなかった。

しかし社会政策が、ヒューマン・ニーズへ対応する代わりに、ヒューマン・ニーズの定義や再定義を繰り返し行ってきたのは、フーコーの思想をそれに当てはめようとしてきたからである。社会政策はヒューマン・ニーズに関する我々の理解とつながっている。このことは、ニーズテストが権原の条件となっていた事例にとくにあてはまる（Squires, 1990; Dean, H., 1991）。救貧法下のワークハウステスト――イギリスや西欧諸国で多く見られた――は、「劣等処遇」原則に基づいて運営されていた。すなわちワークハウスに入って、最貧の独立労働者より劣等な扱いを受けてもかまわないという申請者のニーズが大きい場合にかぎって救済を受けられたのである。救貧法が現代の社会保障制度にとって代わられるとともに、ミーンズテストがワークハウステストにとって代わられるようになった。ミーンズテストでは、ニーズテストもかすかに行われたものの、申請者に対する詳しい調査が実施された。家庭要件や権原条件を特定するには、最低生活水準、生活体制、家族依存性や仕事条件に関する判断を必要とした。社会政策の立案や執行は、ニーズの特定と、ニーズ充足方法に関する統制を行使する権限を与えている。ヒューマン・ニーズを抑え込む解釈をする社会政策を、「反社会政策」と呼ぶことができるかもしれない。

マーティン・ヒューイット（Hewitt, 1992）は、ヒューマン・ニーズが社会的、イデオロギー的に構築されたものであることの社会政策における意味を、別の点から考察している。ヒューイットは、心理分析理論家ジャック・ラカン（Lacan, 1977）のありそうにもない議論を引き合いに出しながら議論を展開している。ラカンは、ヒューマン・ニーズと欲望（desires）が相互に影響し合っているという、かなり抽象的な議論を展開している。我々の真のニーズは想像的ニーズのためにぼやけたものとなっている（イデオロギー的な誤った象徴）、しかし真のニーズについて進化した認識を可能にするのは、他者との交流を通じて行われる日常的コミュニケーションの中で我々が用いる象徴を通じてである。ヒューイットは、この種の議論と、「理想的発話状況」という強制されることのない交渉を通じて、人々が自分や相互のニーズを承認・合意することのできる可能性を追究したハバーマス（Habermas, 1987）の概念との比較を行っている。中心的論点は、社会政策が ヒューマン・ニーズの解釈に対する競合イデオロギーとの関連性を無視できないこと、我々が本質的ニーズの性格について発見・合意できるのは交渉過程を通じてだけであるという点にある。ヒューイットは、注だけであるが（Hewitt, 1992, p. 193）、この議論とナンシー・フレイザーの「ニーズ解釈の政治学」概念に共通点があることを認めている。この中心的論点については第9章であらためて見ることにしよう。

ヒューイットが行った重要な貢献は、イデオロギーや言説、人々が信じていることがらの重要性や、ヒューマン・ニーズを語る方法を明らかにしたことにある。第2章で探究された本質的ニーズ概念を明らかにするには、本質的ニーズに関する我々の考えを媒介、不明瞭化もしくは歪曲化する解釈的説明を考察する必要がある。我々がここで対象としているのは、リベラリズム、マルクス主義、フェミニズムなど、壮大なイデオロギー的物語だけではない。ヒューマン・ニーズの一般的理解が生み出されるのは、日常生活における「道徳的レパートリー」においてである（Dean, 1999）。人類学者メアリー・ダグラス（Douglas, 1977）は、歴史と同時に、個人の生活過程の中から形成される日常的実態の自然な象徴を指摘している。彼女は、世界や、我々が所属、発展及び改革する社会的「集団」の強さを分類するために「グリッド」という用語を用いて、これらを説明している。ダグラスのグリッド／集団分析は、イギリスの一般的言説の中に反映されている人間の福祉に関する複雑で矛盾した理解の説明の手助けとなる（Dean, 1999; 及び本書第7章を参照）。人間はすべて異なる存在であるが、彼らは、ここで「言説」と呼んでいるもの、すなわち我々の社会的現実に対する考え方を実現する言語や表現形態を通じて参加することができるのである。彼らはニーズを様々に解釈することができるが、そこにはニーズについて共有した、共通の解釈の広がりがある。

注

（1）これが何人かの人々にとって合理的なアナロジーであるが、だからといって他の人々にもうまく機能するというわけではない。その点が本質的だというわけではないが、それを有効と考えている人々のために私はそれを含めている。

（2）執筆の時点で、この研究は完成されていなければならない。

要約

●本章は、ニーズが経験され、構築されたものであるという、社会的過程の解釈に基づくヒューマン・ニーズの理解について考察している。

●そうした解釈は、文化的に構築されるか、いくつかの方法で人為的に生み出されたニーズを対象としている。我々が検討したのは以下の点についてである。

―人間社会は、どのように生きるべきか、何をすべきかで、どのようにそれらは現われるかという検証可能な規範や期待、すなわち慣習的ニーズを生み出しながら進化していく。

―資本主義は、いくつかの説明によれば、一連の明確な期待と、歪曲したニーズ理解を発生させる対極的象徴を生み出してきた。

―豊かな国々で顕著に見られる「消費社会」は、消費に象徴的意味を付与し、その結果幻想的ニーズと呼ぶものを生み出している。

●社会政策内部の解釈的アプローチを対象として、以下の点について考察が行われた。

―解釈的アプローチは、まず、政策立案者や政策アナリストが社会的規範や期待に対応できるのか、どのニーズを取り上げるのかをプラグマチックに取り上げてきた。

―直面する問題のうち、ヒューマン・ニーズや、人々が自らのニーズ解釈を政治的に表現する程度に対する参加型アプローチについて議論が行われた。

―ニーズの社会的構築に関して、社会政策内部で関連性のある理論論争が行われている。異なる人々のニーズが異なって理解もしくは構築され、またヒューマン・ニーズに関する共通の、合意した理解の到達方法が社会政策の課題の一つとなっているという点で、この最後の議論はとくに関連性がある。

議論すべき課題

●本質的ニーズと解釈されたニーズの違いや両者の関係をどのように考えるべきだろうか？　これは必要で、有意義な区別と言えるだろうか？

●ヒューマン・ニーズが文化的に相対的なものであるならば、それらは我々の想像による社会的想像物あるいはたんなるフィクションにすぎないということを必然的に意味するのだろうか？

●社会政策立案者は、一人の人間のニーズ解釈についてどのように考えるべきなのだろうか？

第4章

貧困，不平等及び資源分配

- 本章では貧困及び不平等概念について考察する．どちらもヒューマン・ニーズ問題と関連性があり，それぞれのやり方で，満たされていないニーズの程度や，ニーズが満たされないかもしれないリスクについてテストする方法や，その測定方法を提示している．
- 以下の点を中心に，貧困をめぐる様々な表明の中で行われた論争が検討される．
  ―貧困の定義と測定に関する諸問題
  ―貧困の意味と結果に関する諸問題
- 同様に，本章では，以下の点に関して，不平等とニーズが充足あるいは経験される方法との関係を考察する．
  ―不平等の定義と測定に関する諸問題
  ―不平等の意味と結果に関する諸問題

さて我々の関心を、ニーズ概念や理論から、それと関連した貧困と不平等の概念に向けてみることにしよう。そこには、実質的な資源分配問題と関連した、より実践的で、応用的な概念が存在しているかのように見える。そのことからすると、貧困と不平等は、ヒューマン・ニーズの問題と分かちがたく結びついた問題であり、それ自体まさに論争概念となっている。

貧困――その定義と測定、そこからの救済と予防――はこれまで、社会政策の中心にある優先課題のひとつとなっていた。ヒューマン・ニーズとウェルフェア・ライトとの関係についてどのような議論を行うとしても、本質的背景には貧困がある（Dean, 2002, p. 20）。しかし測定あるいは定義された貧困の存在は、社会政策や社会的シチズンシップ効果の「限界例」と見なされるかもしれない（Roche, 1992, pp. 7, 55）。例えばそれは、ヒューマン・ニーズの充足状況を明らかにするリトマス試験のようなものである。リトマス試験は、最初期の錬金術師が発達させたもので、酸化状態を明らかにするために、地衣類から抽出した自然に発生する染料混合物を用いて行われる。リトマス試験紙は、アルカリ性の場合青色に変化し、酸性の場合赤く変色する。貧困が、満たされていないヒューマン・ニーズの潜在的腐食効果を警告する危険兆候であるという意味で、リトマステストは適切な例えと言えよう。

不平等と貧困は同じものではない、しかし貧困リスクに結びつく点で関連性がある。「不平等」は何気なしに用いられている場合が多く、そのためセンが「何の不平等か？」（例えばSen, 1992を参照）を取り上げたことはよく知られている。人間は、不平等な所得や物質的結果、不平等な公式機会や不平等な実質的生活機会を経験する可能性がある。我々は第5章でこの問題に対するセン自身の回答を取り上げることにする、しかし本章では、ニーズ充足の不平等について議論してみることにしたい。どのような人間社会でも、ニーズ充足のための資源が完全に平等な形で配分されることはなく、そのために機能障害をおかし、非持続的で、簡単に言えば道徳的に受け入れられないところまで不平等が進んでしまう場合もある。貧困が満たされていないニーズが存在するリトマス試験であるならば、不平等は、社会の構成員の必要物が奪われているリスク警告でもある。

すでにみたように、ヒューマン・ニーズに関する議論は、哲学的かつイデオロギー的対立の領域へと我々を誘うことになるが、貧困や不平等の議論は、ニーズ充足の程度の測定や、社会構成員の一部のニーズが剥奪される可能性へ目を向けさせることになる。測定は多くの問題を抱えている。第3章の最初のところで測定に関わる問題を取り上げ、限定的意味ではあるが、物的対象（重さや量）の知覚可能な特性と自然特性との結合が、ヒューマン・ニーズの解釈された理解と本質的理解との関係になぞらえられることについて述べておいた。貧困と不平等を測定したからといって、ヒューマン・ニーズのすべてがわかるわけではなく、人間社会における充足程度について重要な部分を示唆するものでしかない。それらはニーズ解釈の間接的手段を提供している、しかしそこにはニーズの本質的性格に関して暗黙の前提がある。

測定はふだん、ラフで、手短に行われている。例えば規模や量の測定は、手を伸ばすとか、ふだん使っているカップの大きさといった目分量で行われている。一般的に科学的測定はもっと正確に行われている。それらは、特定の金属棒とか特定の粒子振動といった特殊なものを用いて行われ、特定のものや現象の定まった特性との関連で標準化されている。貧困や不平等の測定は、ヒューマン・ニーズの性格や、洗練された社会的科学的方法に関するラフで、手短な政治的仮説に基づいて行われている。測定によって、異なる社会集団、異なる地域や国の異なるニーズを比較し、結論に至る方法が示される。それらによって、ニーズの変化や、諸個人のライフコースや、歴史過程の中で社会政策がニーズ充足の成否にどの程度関わっているのかを時系列的に比較し、観察することができるようになる。

ユニセフ（UNICEF、国連児童基金）報告が述べているように、「何かを改善するには、まず測定してみる」という当たり前の公理がそこには見られる。

> 測定することを決定することで、何を測定するのか、すなわち何が進歩を構成しているのかについて一定の合意を求めることで、方向性や優先課題の設定に役立つ。目標に向かって努力し、注意を喚起し、失敗も成功もあることを早くから警戒し、主張を明確にし、説明責任を研ぎ澄まし、資源をより効果的に配分することで、測定は、長期間、社会政策の手すりの役割を果たすことになる。（UNICEF, 2007, p. 3）

ここで述べられていることがらは間違いなく正しい、しかし我々が用いている測定方法が社会秩序の重要な特徴となっており、ある程度、我々の宇宙や、我々のヒューマン・ニーズ理解に影響を及ぼしているということも想定しておかなければならない。さらに、最も大きなニーズを抱えている人々がそのニーズ評価に「納得」しているとはかぎらない。政策立案者がヒューマン・ニーズの数量化や評価方法を工夫し、それを採用しようとするとき、彼らは人々の生活に対して権力をかなり行使できる立場にいる。この点の初期の実例はBox4-1からもわかる。ミーンズテスト（資産調査）は、現代社会政策の装置の一つとして、社会の最も恵まれない人々のニーズの評価方法であるという前提の下で行われている。

貧困と不平等概念を通じて、ヒューマン・ニーズの異なる意味を明らかにできるようになるかも

Box4-1　スピーナムランド資産調査とニーズの測定

ミーンズテストはヒューマン・ニーズを測定する方法の一つである。最も早く行われた体系的ミーンズテストは、イギリス・バークシャーの農村教区スピーナムランドの治安判事が一七九五年に行ったものである（de Schweinitz, 1961）。治安判事は、貧民救済行政に携わっており、生活水準が農業労働者の賃金を上回る経済不況期に、労働者賃金を補足するために、公的基金の支出によって地方の農場労働者やその家族の貧困に取り組もうとした。この目的のために、彼らは、労働者家族の評価要件にしたがって救済が算定されるという「普遍的活動表」を策定した。成人男性の賃金と家族の生活のために必要な最低額との差が救貧税から支出される。救済額を算定する尺度は、パン一ガロンの費用と、その額にどれだけ掛け合わせるべきかに関する治安判事の裁定に基づいていた。

その制度はイングランド各地に広がったが、一八三四年新救貧法によって廃止された。しかし、普遍的活動表はニーズ測定に関する大づかみではあるが、整備された方法となり、その後、二〇世紀に「低所得世帯」の貧困測定が行われた際の基本的叩き台となった。

しれない。貧困は観察困難な概念であり、自己や他者のニーズにともなう非難や恥辱と関連した深い象徴的意味を持つ言葉である。不平等は物的財や物的有利を測定することのできる分配と結びついた概念であるが、社会的地位や社会的差異の認識やその意味と基本的関連がある要素の一つでもある。本章の残りで私は、貧困と不平等の順で、最初に定義と測定問題を、第二に、社会的意味の問題について考察してみることにする。

貧困論争とニーズの充足

絶対的ニーズと相対的ニーズの違いは、貧困の性格に関する、長く、飽きがくるほどの論争の中に映し出されている（Lister, 2004; Alcock, 2006）。貧困も、ニーズと同様、絶対的もしくは相対的定義づけが可能なのかもしれない。貧困の絶対的尺度は、理論的に言うと、社会の既存の資源配分に配慮しなくとも決定可能である。実際、絶対的貧困は、食料、衣服、住居などの個人的な物的ニーズを充足することのできない人々の状況を述べるために広く用いられている言葉である。貧困の相対的尺度は、理論的に言うと、社会の既存の資源分配を特別に配慮することで決定される尺度である。実際、相対的貧困は、社会で受け入れられる必要のある生活水準を実現できない人々の状況について述べるために最も広く用いられている言葉である。両者の区別は、難しいことでも、固定しているものでもない。ジョージとハワード（George and Howards, 1991）は、絶対的貧困についいて、肉体的ニーズの考慮事項に依拠しつつ、厳密な「飢餓」基準や、より寛容な「自給」基準を参照することで定義されるものだと述べている。相対的貧困は、社会的ニーズに配慮しつつ、厳密な「対応」(coping）基準、あるいはより寛容な「参加」基準を参照することで定義することができるかもしれない。サハラ砂漠以南のアフリカで飢餓による犠牲者が極貧状態で苦しんでいる一方、北米や西欧の公営住宅で社会福祉給付を受けながら生活をしている片親は、それとは質的に異なる貧困状況に苦しんでいる。しかしそれも貧困であることに変わりはない（Seabrook, 1985)。

シーボウム・ロウントリー（Rowntree, 1901/2000）が一八九九年ヨークで最初の貧困調査を行ったとき、彼は、専門家の判断にしたがって、「第一次貧困」状態にあると考えられる人に、「最低限の肉体的効率性」の維持に必要な一週間分の財を持つことができない絶対的基準を当てはめた。そこでは新聞とかビール、煙草といった奢侈品は明らかに除かれている。しかし、一九三六年に調査を再開した際、ロウントリー（Rowntree, 1941）は、いくつかの項目に考慮することを決めた。ロウントリーは絶対的貧困の考え方をいとも簡単に変えたということなのだろうか？　あるいは、こうした再評価を必要としたのは、社会慣習、文化的期待そして相対的生活水準の変化があったためなのだろうか？　ロウントリーは同時に、低賃金による「第一次貧困」と、十分な所得を持ち、非効率で分別なく費消している家庭の「第二次貧困」を区別している（同様の区別は、もう一つの貧困研究創始者チャールズ・ブースも行っている—Box 4-2参照)。ロウントリー自身は、第一次貧困で測定した生活水準が質素すぎるということを十分に認識していた。彼の意図は「第一次貧困」の程度や不平等を証明することにあった（Kincaid, 1975, pp. 49-56; Veit-Wilson, 1986)。

しかし貧困を定義、測定しようとするこうした初期の試みには二つの基本的矛盾が見られる。第

Box4-2　チャールズ・ブースの貧民分類

一八八六年と一九〇三年にロンドンで行われたブースの貧困研究はロウントリーのようなヒューマン・ニーズの数量化と同程度の正確な方法を用いていないものの、学区記録、警察簿、雇用者、労働組合幹部、宗教関係者との面談、個人家庭を訪問する調査助手の判断に基づいた世帯分類にしたがって行われている。彼は、ロンドンに住む人々を八つのクラスに分類し、そのうち最底辺の四つのクラスがロンドンの人口の三〇%を占めていること、東ロンドンではそれが三五%に上昇していることを明らかにした。彼は貧民を次のように定義した。

階級	記述	東ロンドンの人口割合（%）
A	臨時労働者、怠惰者、半犯罪者	一・二五
B	臨時所得―「非常に貧しい」	一一・二五
C	断続的収入 }ともに「貧しい」	八
D	少額の定期的収入 }ともに「貧しい」	一四・五

ブースの記述

私が言う「貧しい」（分類C及びD）とは、生活必需品を獲得し、両方の目的を満たすために闘っている生活を指している。それに対して「非常に貧しい」（分類B）とは、慢性的欠乏状態で生活している状況を指している。そうした状態になっているのは、自分の欠点によるものかもしれないし、他に問題があるのかもしれない……。最下層（分類A）は……、有意義なサービスを行わず、富を生み出すこともなく、しばしばそれを破壊している。
出所：Booth, 1898（Court, W., 1965から引用。Charles Booth Online Archiveも参照。http//booth.lse.ac.uk）

一に、社会的に受け入れられる生活水準に基づいた定義と、肉体的充足基準に基づいた貧困の定義との間の矛盾、第二に、貧困を、経済的に機能せず、社会的に受け入れることのできない行為の問題に帰す意味と、貧困を資源の不十分性と考える意味との間の矛盾である。

貧困の定義と尺度

絶対的貧困と相対的貧困の周知の区別や、異なるニーズ概念との結びつきは、ごく最近の国際連合の定義にも反映している（Box 4-3参照）。

これらの定義は、貧困の測定方法を生み出すために、様々な方法で活用しうるものである。本書でこれらを詳細に考察するつもりはないが、現代的関連性のある主な方法について概括的に見ておくことにしたい。

実際の貧困測定で最も広く用いられているのは人々の所得である。しかしその方法はいずれも、どれだけの所得があれば十分なのかという問題を引き起こさざるをえない。一般的に使用されている最も粗い尺度は、国際連合が採用している一日二ドルと一ドルである[1]。前者は発展途上国の「貧困」尺度として用いられ、後者は「極貧状態」の尺度となっている。これらの基準によれば、世紀

Ｂｏｘ４－３　国連の貧困定義

絶対的貧困　「基本的ヒューマン・ニーズが厳しく剝奪されていることを特徴としている状況」。
全般的貧困　「持続可能な生活を保証できる所得や生産資源の不足など、様々に表現されている。同時に、意思決定や、市民的、社会的、文化的生活への参加の不足を特徴としている」。

出所：UN, 1995

転換期において、世界人口のほとんど半分（四六％）が貧困状態にあり、五分の一が極貧状態にあることになる（Pogge, 2002, p. 2）。しかし貧困所得水準の要因を決定する方法はかなり複雑である。

貧困水準を決定するために必需品費用を用いたロウントリーのアプローチについてはすでに述べた。現代福祉国家がイギリスで確立された時、ロウントリー自身、ミーンズテスト付き社会保険や、セーフティネットの給付水準に関して助言を求められたことがある。彼の助言が完全に活かされることはなかったものの、一八世紀のスピーナムランド制度の「普遍的活動表」に匹敵する第二次大戦後の基礎が提起された（Ｂｏｘ４－２）。それ以降、イギリスのミーンズテスト付き社会保険水準は定期的に引き上げられてきたが、しかしそれは非科学的で、でたらめな基礎に基づくものでしかなかった（Veit-Wilson, 1999）。それは今でも、現代の専門家が決定した「低コストであるが受け入れ可能な」生活水準でさえかなり下回る状態となっている（Parker, 1998）。しかし長年、こうした社会保険ミーンズテストの目的からすると十分と考えられてきた任意的家庭所得水準が貧困所得水準として扱われており、「低所得家庭」（ＬＩＦ統計）という分類で生活をしている人々の数を算定するために用いられてきた。アメリカやオーストラリアなどいくつかの先進国では、予算基準アプローチを若干修正することで公式の貧困線が決定されるようになっているものの、同様のアプローチは他のところでも用いられてきている。

しかし、現在先進的世界で最も広く用いられている尺度は、国全体の平均所得より一定割合以下の世帯数もしくはその割合を算定するためのものである。これは明らかに相対的貧困の尺度であり、したがって以下の理由から、全く異なる結果が生み出される可能性があることに注意しておかなければならない。

- どの平均所得割合を用いるか（例えば五〇％あるいは六〇％）
- 所得をどのように平均化するか（例えば平均値をとるのか、中央値をとるのか）
- 子供や他の扶養者など、様々な世帯構成員のニーズに対する所得分配がどのように行われているかに関する仮説（すなわち、異なる構成の世帯をどのように「同等視するか」）
- その尺度の基礎となっている調査データの正確性と包括性

イギリスでよく知られている平均所得以下世帯（ＨＢＡＩ）尺度は、以前の低所得家庭尺度に代わるものであり、同種の尺度は欧州連合（ＥＵ）でも、また先進国の貧困測定のために国連開発プログラムでも採用されている（本章後掲の表4-2参照）。

一九六〇年代以降、さらに洗練されたもう一つの貧困測定方法が開発された。その方法は、ピーター・タウンゼントがイギリスで始めた革新的研究に由来する。タウンゼント（Townsend, 1979）が試みたのは、剝奪経験の可能性がある世帯の所得を下回る所得閾値を明らかにすることであった。彼は剝奪概念を、財の集合アプローチではなく、住居、雇用、健康、ライフスタイル、サービス・アクセスなど、生活水準アプローチに基づいて広義にとらえようとしている。このアプローチは後にブレッドライン・ブリテン・アプローチ（Mack and Lansley, 1985; Gordon and Pantazis, 1997）や、貧困・社会的排除ミレニアム研究に具体化された（Pantazis et al., 2006）。こうした最近のアプローチの中心にあるのは――それは他のいくつかの国でも試みられている（Gordon, 2006, pp. 44-5）――、生活必需品とはどのようなものか、どのような種類の、どれだけの人々が、非自発的な形で「社会的に認識されている必需品」を剝奪されているのかを、現在の世論の大多数の「同意」によって決める方法である。イギリスでは一九九九年に、二三％の世帯が中央値世帯所得の六〇％以下の「貧困」状態にあるものとして分類され（住居費控除後、AHC; DWP, 2001 参照）、社会的に認識されている必需品の二つもしくはそれ以上が剝奪されている基準にしたがって、イギリス国民の二六％が貧困状態にあると評価されていた。しかし我々の目的にとってとくに興味深いのは、その後の調査によって、ヒューマン・ニーズに該当するものの社会的認識の進化的な性質が見られることである（表4-1参照）。

これらのデータによれば、先進国で受け入れ可能な生活水準の構成要素の期待は変化してきている。この方法に批判的な者は、それらがニーズというより選好でしかないと批判している。社会が

表 4-1　社会的に認識されている必需品：ブレッドライン・ブリテン参加者の割合／必需品項目を確定する同意方法研究（人々が持つべきであるか，なくてはならない財，道具あるいは行動）

	1983	1990	1999
50% 以上の参加者が常に同意した項目			
リビングの暖房	97	97	95
空調のある住居	96	98	94
冷蔵庫	77	92	89
祝事	60	74	83
洗濯機	69	73	77
祭日	63	54	66
家族や友人への贈り物	63	69	58
50% 以上の参加者が最近同意した項目			
電話	43	56	72
子供にお茶を飲める友達ができること	37	52	59
50% 以下の参加者が常に同意した項目			
車	22	26	36
外国旅行	—	17	20
家庭用コンピューター	—	5	11
食洗機	—	4	7

注：ここに掲げている項目は調査の一部を抜粋したものである．50% もしくはそれ以上の参加者が同意した項目だけが社会的に認知された必需品と見なされている．
出所：Pantazis et al., 2006, p. 108.

「必需品」より「非必需品」と考えているものへの支出例がこれに該当するかもしれないが、我々は、この点に関してすでに議論をしてきた（McKay, 2004）。問題は、このデータの中に、ニーズの複雑かつ異なる解釈が反映されているという点にある。明らかなのは、世論が全体的に安定しているわけでも、合意に達しているわけでもないことである。しかし、イギリスの世論が一貫して、いくつかの物的ニーズ（車とか家庭用コンピューター）より社会的ニーズ（特別なお祝い事や家族や友達にプレゼントをする）

を優先しようとしていることも明らかとなっている。

貧困測定にはさらに別の方法がある、またすべての測定で同一人物が貧しいと算定されることはないとしても（Bradshaw and Finch, 2003; Dorling et al., 2007）、かなりの程度重なりが見られる。貧困測定に使われる複合的指標もある。例えば個々の近隣者のニーズを確認・比較するために、イギリス政府は、所得、雇用、健康、教育、住居、犯罪及び環境に関連する七つの領域指標によって構成される、地域多元的剝奪指標を活用している（ＩＭＤ）。グローバルなレベルで、国連は二種類の複合的な人間貧困指標を用いている（UNDP, 2008）。

- 四〇歳まで生存する住民の余命、成人の識字率、清浄な水を利用できる世帯割合及び体重不足児童の割合に基づく、発展途上国の人間貧困指標（ＨＰＩ-1）。
- 六〇歳まで生存する住民の余命、機能的識字水準、所得中央値の五〇％以下の世帯割合及び長期失業率に基づく、先進国の人間貧困指標（ＨＰＩ-2）。

人間貧困指標はすべての国の単一スコアをコンピューターに入力し、貧困との闘いにおけるパフォーマンスによって世界の国々のランク付けを行うことができるよう工夫されている（本章後掲の表4-2参照）。

測定を超えて――意味の問題

貧困測定は充足性や非充足性の様々な概念に基づいて行われている。しかしこれらの概念と並行して、すでに見たように、受容可能性、非受容可能性概念がある。同意による貧困測定は、受容可能な生活水準の構成要素を議論するための方法である。しかしその方法を用いたからといって、受け入れることができない生活水準を経験することの意味や、貧困が受容不可能なものと見なされる感覚が伝わるわけではない。貧しさは、ある人の生活水準の受容可能性とか、ある人の顔つきや振る舞いといった受容可能性の点で、他の人々と区別されるものである。

第3章で我々は、ヒューマン・ニーズの象徴的意味や、ニーズが社会的に構築される概念を取り上げたが、貧困の場合、象徴的意味や社会的構築プロセスは概念だけでなく、明白な結果をともなっている。貧困がニーズの満たされていない状態を意味しているとすれば、人類史において貧困が確認されたという言説は、ヒューマン・ニーズに対する認識の変化を物語っている。イエスは「貧しき人々はいつもあなたがたとともにいる」（Matthew 26: 11）と言ったと伝えられているが、そのことは、一世紀の間パレスチナにおいて、一定レベルで満たされないニーズが存在した時代があったということである。中世ヨーロッパでは、托鉢修道士、巡礼者、学者の貧困は尊敬され、真面目な労働者の貧困も、ある種敬われる存在であった（Lis and Soly, 1979）。しかし、たいていの場合、人口の大多数の現実の生活は「醜く、野蛮で、短く」（Hobbes, 1651）、貧困は完全に日常化されていた。近代――産業資本主義の出現――は貧困を新しい性格の問題として構築した。農業労働者の土地離脱や新しい産業都市のスラム街の勃興は、社会秩序や公衆衛生から見ると明らかに脅威であった。かつて存在していなかった満たされないヒューマン・ニーズはある意味で可視化されるようになった。貧困は近代国家の介入を通じて管理されなければならない問題となった（Dean, H., 1991; Dean, M., 1991）。近年のグローバル・コミュニケーション時代に、我々は、多面的で、増幅された貧困イメージに包まれている。しかし逆に、満たされない人間性のニーズを解決しようとする修辞的コミュニティにもかかわらず（UN General Assembly, 2000）、世界的規模で、世界の貧困を黙認しようとする傾向も見られる（Pogge, 2002）。

世界の豊かな国々において、貧困は、より貧しい住民でさえ、自分以外の人々にしか起こらない問題と広く受け止められている（Dean, 1999, ch. 2）。貧困は、遠くにある不安材料ということなのだろうか。おそらく、外国の見知らぬ人々の満たされないニーズという意味で空間的に異なり、過去の物語でしか描かれない貧しい歴史的特徴と関連しているという意味で時間的に遠い存在であり、ホームレス、失業、福祉への依存や居住場所といった理由で社会の主流から排除されている問題としてしか考えられていない。貧困がそれほど遠くにはないということであれば、貧困は、客観的貧しさを超えた何かを表現する、軽蔑的様相を持つようになる。すなわちそれは、汚れており、危険で、非難に値する何かに変わってしまう。現代の貧困はルース・リスターによって取り上げられている（Lister, 2004, p. 8）。彼女は、実践的苦難の物的核心を表現するハブと、よく言えば「他者性」、悪く言えば「スティグマ」と結びついた地位としての貧困の象徴的側面を表現するリムを用いて、「貧困の歯車」を描こうとしている。

貧困で避けられないのは、科学的数量ではうまくつかまえることのできない道徳的要素があるということである（Piachaud, 1981）。第1章で我々は、経済主義的、道徳-権威主義的、温情主義的、人道主義的という，ヒューマン・ニーズに対する四つの幅広い対応を明らかにした。これらの対応は，四つの異なる道徳的思潮に対応して，四つの独特の貧困理解へ翻訳される。こうした異なる理解の区別は概念的に行われているが，それらは，大衆思想あるいは「言説」研究の中で経験的に明らかにすることができるものであり，また明らかにされてきたものである（Dean, 1999）。

●ニーズに対する経済主義的対応は，大づかみな言い方をすれば，「企業家的」道徳的言説と呼ぶものを根拠にしている。この言説では，我々はそれぞれ，我々自身のニーズを可能なかぎり充足する市民的義務を負っていることが想定されている，重要なことは，我々がそうする機会，すなわち学び，働き，成功する機会を持っているということである。人々のニーズが満たされていない場合，彼らの貧困は遂行的失敗のためである。どのような理由であれ，彼らは行為主体としてニーズ充足に失敗したのである。機会の不足のために成功できなかったか，利用可能な機会をうまく活用できなかったか，いずれかの理由による。

●ニーズに対する道徳-権威主義的対応は，大づかみな言い方をすれば，「生き残り主義」言説と呼ぶものを根拠にしている。この言説では，実践的現実や日常的「常識」のレベルで，我々はそれぞれ，我々のニーズに注意を払わなければならない。人々のニーズが満たされていない場合，貧困は運が悪いか，行為が悪かったかのどちらかのためである。善き人々は彼らのニーズが満たされるだけの価値がある。悪い人はそうではない。しかし人生は公平ではない。我々が価値のあるものを得られるかどうかは，予期せぬ運命と道徳的正義の結びつき方にかかっている。我々はみな、最善を尽くして生き残るために競争する一方、規則に従うことも求められている。

- ●ニーズに対する温情主義的対応は、大づかみな言い方をすれば、「恭順的」道徳的言説と呼ぶものを根拠としている。この言説では、ヒューマン・ニーズが最終的に満たされることを保証する社会の能力に信頼を寄せる一方、我々はそれぞれ、社会秩序の道徳的義務に従わなければならないということが想定されている。ある人々のニーズが完全に満たされないということは残念ながら避けられない、だからこそ彼らの貧困はまさに、社会的関心や、同感あるいは慈愛をもたらすのである。
- ●ニーズに対する人道主義的対応は、大づかみな言い方をすれば、「改良主義的」道徳的言説と呼ばれるものを根拠にしている。この言説では、我々はそれぞれ、人間として、集団的にお互いの福祉に責任を持つ一方、基本的ニーズの充足に対する権利を持っていることが想定されている。ある人のニーズが満たされない場合、彼らの貧困は社会組織や社会正義の失敗による。

それぞれの対応において、「貧民」は、失敗、堕落、不運あるいは犠牲として構成されるかどうかにかかわらず、彼らのニーズが満たされていないばかりか、ヒューマン・ニーズが一般に構築及び理解されたものであるという理由からその違いが生まれると見なされている。

不平等

ある意味で、貧困についてこれまで指摘されてきたのは、貧困が受け入れがたい不平等の側面を表わしているということにあった（Tawney, 1913）。不平等はある程度まですべての社会に存在している、しかし不平等は、道徳的に正しいとは言えず、社会的に非持続的だというところまで進んでしまう場合がある。ヒューマン・ニーズが不平等な形でしか満たされなければ、前節でみた道徳的言説が呼び起こされてしまうことになる。しかし不平等は必ずしも道徳的に非難されるものではないという議論もあるかもしれない、そこでのもう一つの関心は、不平等が機能障害につながるのかどうか、またそうだとすると、それはどの地点においてなのかということにある。

一定の不平等は、人間の多様性の不可避的結果であり、ある程度までなら、どの複雑な社会であっても求められるものと言ってよいかもしれない。不平等があるからこそイノベーションや起業精神という自己改善に向けた動機付けが行われるのであり、不平等は人間社会にとっての機能であり、必要物であるという指摘さえ行われている（Davis and Moore, 1945）。しかし同様に議論されているのは、不平等が怒りを引き起こし、人々の自尊心に与えるダメージによって、活力が奪われ、破壊的影響を持つようになるという点である（Wilkinson, 1996）。ヒューマン・ニーズが社会的に構築されたものであるとすれば、ニーズ充足における体系的不平等はニーズを理解する上でひとつの役割を果たしているということになるのかもしれない。社会的不平等は、人々の社会におけるアイデンティティ、地位あるいは位置を特定し、決定する基礎でもある。不平等を理解し、それに対応する方法は、社会秩序や社会的結合の維持に決定的役割を果たしている。

不平等を測定する

最初に、社会的不平等を数値化する主な方法を考察してみることにしよう。先述した貧困の議論と同様、ここで行うのは採用可能な様々なテクニックを包括的に説明することではない。この問題が複雑であることは、これまでの議論から（そして私が不平等を多元的に議論している事実から）も明らかであろう。ほとんどの測定技術は経済的不平等と関連している、しかし不平等の理由や「発生原因」には、経済領域とは別の文化的、政治的、感情的領域が含まれており、そのことが、数値化や測定をかなり難しくしている（Baker et al., 2004, ch. 4）。我々が関心を寄せるのは、資源配分の不平等や、ニーズを充足するための資源アクセスの不平等についてである。

最も単純で、最も広く用いられている分配不平等の尺度はジニ指標（しばしばジニ係数と呼ばれる）と十分位分配の二つである。これらの簡単な説明はBox 4-4で行われている。

通常、これらの不平等尺度は所得、支出あるいは富の分配を明らかにするためのものであり、ニーズ充足の指標というより、人々のニーズが充足されているかどうかに関する重要な「尺度」（proxy）もしくは間接的指標となっている。これら二つの不平等尺度は、本章前節で議論された二つの貧困尺度に沿う形で、表4-2で活用されている。表4-2は、世界の最富裕国と最貧国の貧困や不平等を比較したものであるが、同時に他のいくつか重要な国々も含めて作表されている。一

Box 4-4 不平等の尺度

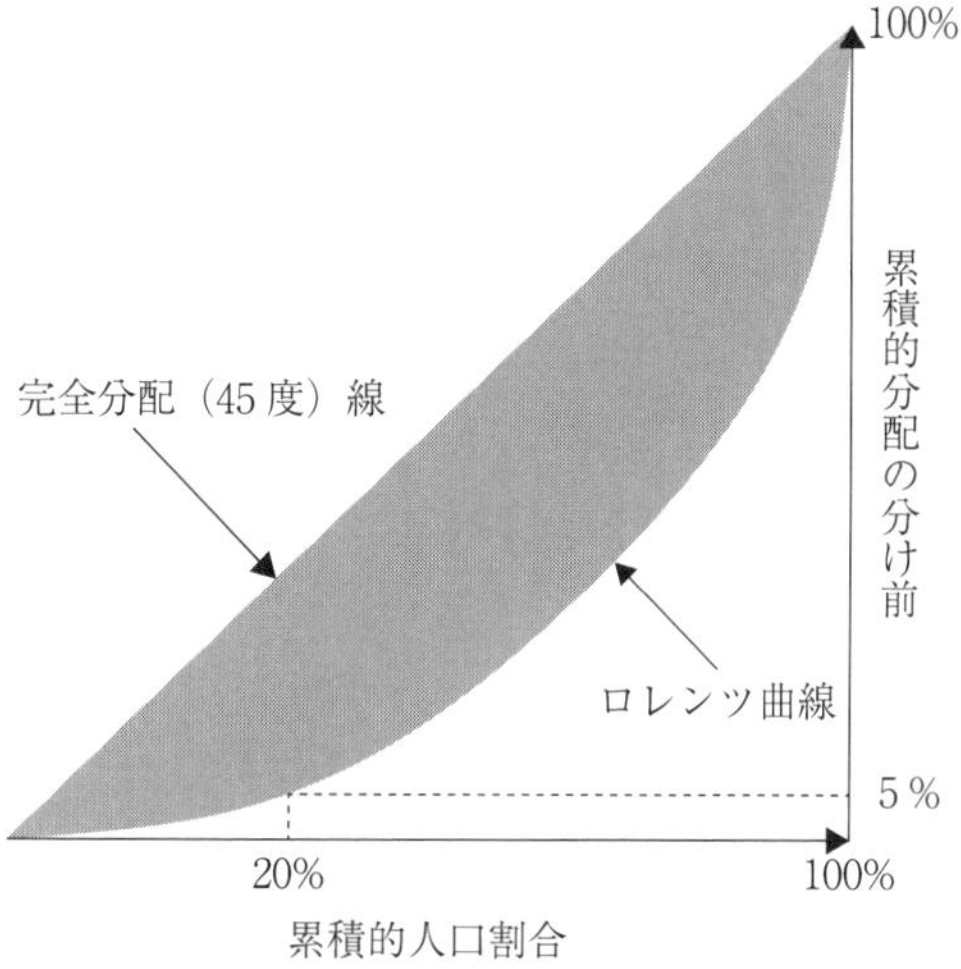

ジニ係数

平等あるいは不平等のこの尺度は、ある人口内の累積的分配を明らかにすることを目的として、アメリカの経済学者マックス・ロレンツが開発した手法に基づいて編み出されたものである。人口の異なる割合が持つ所得、富、特定の財の割合を、所得、富、特定の財の全体的な分配と比較する図を作成してみると、その結果はロレンツ曲線と呼ばれる図で示されるような曲線となる。例えば、本図では、最も恵まれていない二〇%の人々が当該所得や富、あるいは財の五%だけしか享受していないことが曲線で示されている。所得、富、財が完全に平等に分配されているならば、四五度の直線を描くことができるだろう。ジニ係数は、完全分配の線と図の垂直軸によって定められた三角形の割合を、完全分配の線とロレンツ曲線に囲まれた部分で示している。分配が完全に平等な場合、ジニ係数はゼロとなる。完全に不平等な場合、ジニ係数は一〇〇（百分率で表せば）

もしくは一・〇（単純割合で表せば）となる。

十分位分配（あるいは「10／10」）割合

この尺度は、ある人口の最上位一〇％（最富裕層）が享受している所得、支出、富、あるいは特定の財の平均割合が人口の最下位（最貧層）のそれより何倍大きいのかを表すものである。同様の尺度――五分位分配（あるいは「20／20」）割合――は人口の最上位二〇％と最下位二〇％の格差を示している。

人当たり国内総生産（GDP）で測定された相対的富を基準にそれぞれの国が並べられている。貧困と不平等の関係は複雑であるが、この表から、非常に多くの事がらを読みとることができる。その中でも、

●世界の最富裕国アメリカは、世界の最貧国であるいくつかの国よりも相対的に不平等な国である。

●ブラジルは非常に不平等が大きい国である一方、多くの他の途上国よりも貧困状態が低くなっている。他方タンザニアは相対的に低い不平等となっているが（イギリスより低い！）、非常に高い貧困状況となっている（半数以上の人々が国連の「極貧」レベル以下で生活している）。

このように、各国比較だけでは、全体的な世界の不平等の程度をつかまえることができない。ジニ係数による世界の所得不均衡は六二から六六の間にある（Milanovic, 2007）。専門家はこのよう

表 4-2　貧困とグローバルな不平等

1人当たり GDP (2005年 PPP ドル)			貧困尺度		不平等尺度	
			貧困率（50 中位所得以下の人口 %）	HPI－2 ランク（データ利用可能 19 カ国のうち）	所得シェアの割合（最貧層 10 % に対する最富裕層 10 % の割合）	ジニ係数
人口 2500 万人以上の「最富裕」国	アメリカ	41,890	17	17	16	41
	カナダ	33,375	11	8	9	33
	イギリス	33,238	13	16	14	36
	日本	31,267	12	12	5	25
	フランス	30,386	7	11	9	33
	ドイツ	29,461	8	6	7	29
			貧困率（1日1ドル以下の人口 %）	HPI－1 ランク（データ利用可能 103 カ国のうち）		
他の主要移行国及び途上国	ロシア	10,845	—	—	13	40
	ブラジル	8,402	8	23	51	57
	中国	6,757	10	29	22	47
	インド	3,452	34	62	9	37
人口 2500 万人以上の「最貧」国	ウガンダ	1,454	—	72	17	46
	ケニア	1,240	20	60	14	43
	ナイジェリア	1,128	71	80	18	44
	エチオピア	1,055	23	105	7	30
	タンザニア	744	58	67	9	35
	コンゴ	714	—	88	—	—

注：1人当たり GDP の点で「最富裕」国はルクセンブルグである（ただし人口 50 万人しかおらず，世界の主要都市より少ない），また 2005 年の「最貧」国はマラウィであった．HPI-2 指標の第1位の国はスウェーデンで HPI-1 の最下位の国はギニアであったが，それぞれ人口が 900 万人の小国である（本表は，人口約 6000 万人のイギリス，フランスと，1億 4000 万人のナイジェリア，3億人のアメリカ，13 億人の中国を比較している）.

出所：UNDP, 2008.

なデータの正確さやその解釈方法について議論している（Held and Kaya, 2007）が、しかし世界的レベルで、人間性のニーズが不平等な形でしか充足されていないことについては議論の余地がない。表4-2に示されていることがらの以前にダイナミックな世界的傾向があり、こうした短い章では語り尽くすことが出来ないだけの解釈の可能性がある。しかし経済的発展によって絶対的貧困と闘うことはできても、不平等と闘うことはできないのである。

開発理論は、世代を越えて人々が求めている資源を獲得するために、「持続可能な生活」（Chambers and Conway, 1992）という概念を導入した。人々が完全に自給的生活を送れない以上、所得自体は目的のための手段にすぎないとはいっても、人々は一般に所得を求めることになる。最も基本的なものとして、人々は食料や水の持続可能な供給を求める。彼らは様々な種類の資産や資源を持つために、それらにアクセスしようとするだろう。これらの資源の中には、健康給付や基礎教育が含まれる。しかし世界的に、アクセスの不平等は続いている。世界の最富裕国では、すべての人が衛生設備やきれいな水にアクセスできるし、ごくわずかな人（二・五％以下）しか栄養失調になることはないのに対して、サハラ以南のアフリカでは、衛生状態がよいのは僅か三七％の人々で、たった五五％の人しかきれいな水を利用できず、三二％の人が栄養失調状態に置かれている。経済協力開発機構（OECD）加盟先進国では一般に、一〇万人に対して二〇〇人以上の医者がおり、小学校通学者は九六％にもなる。しかし、マラウィとかタンザニアといったサハラ以南のアフリカでは、一〇万につき僅か二人の医者しかおらず、平均小学校通学者は七二％にすぎない（いくつかの国では五〇％以下）（UNDP, 2008）。

そうしたデータは基本的レベルのヒューマン・ニーズ情報を我々に提供してくれる。ニーズ充足の不平等に関するより詳細なデータは膨大な量で存在する。例えば、幼児体験について直接的かつ間接的情報を提供してくれるデータがある。これらのデータのいくつかは、第6章で議論する福利の概念に基づいている、しかしユニセフ（UNICEF, 2007）は、それぞれの国の子供たちの間の経験の不平等を記録するだけでなく、経済的に最も発展した二一の国のランク付けのために、物質的福利、健康と安全保障、教育上の福利、家族と友人関係、行動とリスク、主観的福利など六つの領域で福利を測る複合的指標を用いて、そうしたデータを包括的に選んできた。六つの領域すべての平均ランクで、オランダとスウェーデンが上位に、アメリカとイギリスが下位にきている。

別の測定では、世界比較や国際比較ではなく、イギリスのような経済的に高度に発展した国においても、子供時代のニーズ充足の不平等から不平等なライフチャンスが生まれるという点に焦点を当てている（Febian Society, 2006）。子供の発育は適当な栄養状態に、彼らの認知発達は初期の安全で刺激的な環境にかかっている。しかしイギリスでは、幼児期あるいは幼児前であっても、ニーズ充足の程度によって、人々のライフチャンスに基本的ギャップが生じていることが資料から確認されている。両親の所得が低いと、以下のような事態をともなうことが、様々な調査データから明らかになっている。

- 妊娠時の貧しい食事やストレスは胎児の生育や子供の健康に逆効果となること
- 貧しい住居状況、幼児期の貧しい栄養状態や親の精神的健康は、児童の肉体的、精神的健康に

逆効果となること

●幼児期に、協力的で、刺激的な環境が少ないと、児童の認知発達に逆効果となること

●低い教育テストの点数とか、若い時期に警察と接触するようになると、成人になっても、所得、雇用及び住居の点で、子孫に逆効果を及ぼすことになること（Hobcraft, 2002; Waldfogel, 2004; Febian Society, 2006参照）。

これらの相関関係からだけでは、複雑で、多面的な原因連鎖を明らかにすることはできないが、人生の最も早い時期にニーズ充足の不平等が生じると、そうした結果を招いてしまうことがわかる。

意味と諸結果

このことは、社会的不平等の測定ばかりでなく、その社会的意義の批判的考察にもつながっている。社会的不平等の意味を広義に捉えようとする場合、二種類の解釈がある。一つは階級分析から引き出されるもの、もう一つは社会的差異に関するフェミニストや他の新しい社会運動の分析から引き出されるものである。

階級分析は、労働市場の過程や、労働市場との関係から、人々の不平等状況を対象として行われている。その分析ではヒューマン・ニーズの普遍的理解が暗黙のうちに採用されており、ニーズ充足の不平等の原因が職業的な階級差異にあると考えられている。ヒューマン・ニーズも、基本的に同じように考えられており、充足の程度や様式は階級的地位と関連づけられている。階級分析のあ

り方の一つはマルクス主義に起源を持っており、マルクスは、「これまでのすべての既存社会は階級闘争の歴史である」と主張していた（Marx and Engels, 1848, p. 16）。彼が意図したのは、資本主義的生産関係の下での賃金労働制度が特定の階級搾取の歴史的形態、すなわち資本家による労働者の搾取を実現していたということにある。その特徴は、労働者がその労働に対して不平等な形で（また不公平に）しか報酬を受けとっていないということにある。ニーズ充足や生活水準の不平等は報酬の不均衡から生まれている。

階級分析に代わるのは、ウェーバーの思想に起源を持ち（Scaff, 1998）、社会的経済的差異と社会文化的差異との相互連関を取り上げ、職業上の階級的差異を社会的地位や権力の不平等と結びつけようとする立場である。こうした認識から生じる問題は、生活水準の不平等というより、安定した社会秩序におけるライフスタイルの多様性である。何人かの理論家は、先進国の福祉国家社会の階級的差異が生産関係における人々の社会的位置にではなく、消費関係に結びついていると論じていた。第3章でバウマン（Bauman, 1998）の研究を検討することで、我々はこうした理論の一つを取り上げた。バウマン以上に議論となるのは、かつてサウンダーが行った分析である（Saunders, 1984）。彼は、福祉国家社会でますます顕著になっている社会的分化によって、市場と無関係にニーズ（住居、交通、ヘルスケア及び教育）を充足できるのかどうか、あるいは劣悪な公的給付形態に依存しなければならなくなっているのではないかという指摘を行っている。

ニーズ充足の不平等に関するもう一つの解釈は、人間の多様性から生じる人生経験やライフチャンスの実質的差異に焦点を当てたものである。人間は、性、性的志向、生物学的特徴（肌の色、体つき、顔の特徴など）、年齢、健康状態、機能的能力といった生物学的差異を特徴としている。しかしこうした生物学的差異の前提となっているのは、ジェンダー、性、エスニシティや「人種」、高齢化や障害に基づく社会的に構築された差異や不平等から生まれる社会的意味である。そうした認識に基づくアプローチは、不平等を促進する労働市場の役割に関して必ずしも明確ではないが、しかし、報酬の不均衡と並んで、労働市場へのアクセスの不均衡が強調されている。それらは同時に、普遍的ヒューマン・ニーズよりむしろ特定のヒューマン・ニーズの理解に由来する他の不均衡の原因を強調している。したがって問題の核心は「承認」の不均衡との関連である（Fraser, 1997, ch. 1）。従属的社会集団の特定ニーズは完全に承認されることも、適切に満たされることもない。この点の重要性は次章で詳しく検討することにするが、承認の不平等が資源分配の不平等と結びついていることは明らかであり、あらかじめここでも触れておくことにしたい。

　議論の中心は、女性と男性が異なる側面がある一方、平等であることを論じた、一八世紀のフェミニスト、メアリ

平等（2004-06年）

人種／エスニシティ					障害者	
パキスタン	バングラディシュ	黒人系カリビヤン	黒人系その他	中国その他		
60		31	50	36	26	
46	41	68	67	57	50	
6.25		7.33		7.60	男	女
					11.28	9.46

DRC (2007). これらのデータは様々な公的資料に依拠しているが，基準年，人示唆的である.

表 4-3　イギリスの不

		ジェンダー					
		男	女		白人	混血	インド系
貧困リスク％(UK)[1]		19	21		20	37	27
雇用率％(GB)		79	67		76	59	69
時給 £(UK)	正規	14.08	11.67	中央値	8.00	7.60	8.41
	パート	9.81	8.68				

注：1)　住居費控除後 60％ 中位所得以下の家庭のリスク．
出所：これらのデータの出所は以下の通り．DWP (2007); EOC (2006); CRE (2006) and
口数に若干のバラツキがある．しかしそれらを幅広く比較してみると，その結果は

ー・ウォルストンクラフト（Wollstonecraft, 1792）にまで遡ることができる。男性支配社会で女性が陥るジレンマは、男性との平等な扱いを求めることで、女性が異なるニーズを持っているという事実が否定され、特定ニーズを充足する要求が平等に扱われなくなってしまうということにある。現代の「第二波」フェミニスト（例えばPateman, 1989を参照）はこの議論を拡張し、また他の新しい社会運動理論家は、それを、ゲイ、レズビアン、バイセクシュアル、トランスセクシュアル、少数エスニシティグループ、高齢者や障害者が経験する制度的不利の分析へ適用しようとしてきた（Lewis et al., 2000）。我々はすでに「貧困状態」を定義づける根拠として「他者性」を検討したが、人々が「他者として扱われ」、排除され、差別されるという社会的過程にこそ実質的社会的不平等の根拠があるのかもしれない（Lister, 2004）。

この点は、福祉国家の再分配効果や保護効果にもかかわらず、イギリスで、女性、少数エスニシティグループや障害者が、男性、白人、非障害者と比べていかに歓迎されて

いないかを示す統計からも明らかである（表4‐3参照）。貧困リスクや、労働市場への参入と労働市場での報酬という二つの点で、不平等が存在する。ジェンダー、エスニシティ、障害といった要因が相互に重なり合い、何人かの人々にとって年齢、性差、他の不平等領域にその効果が広がることで、一連の単純統計が明らかにしている以上に、不平等のあり方はかなり複雑になっている。そうした統計では、家庭内の男女間の不平等や、ある少数エスニシティグループ（イギリス国内のパキスタン人とかバングラデシュ人など）が厳しい生活状況にあるという情報を我々に提供してくれることはなく、標準的な貧困尺度では障害者が障害のために生活費用がかさんでしまうという物質的剥奪を完全に捉えることもできない。こうした問題を理解するには、男性、女性それぞれの家計に対する要求のジェンダー的解釈の意義（Pahl, 1989）や、困窮状態に陥っているパキスタン人やバングラデシュ人のコミュニティがイギリスに定着した際の状況が生み出した特定ニーズ（Law, 1996）、そして障害者が充実した尊厳のある生活を送るのに必要な支援などについても検討してみる必要がある（Oliver and Barnes, 1998）。

不平等は、健康や教育成果、住居、交通、娯楽施設へのアクセスなど、多様な顔を持って現れる。しかし問題の中心は、人々の差異が社会的に構築され、それが一般に理解される方法によって、人々が実際に経験する不平等を招いてしまうということにある。なぜならその理由の一つに、人々がどのように体系的に扱われるのか、彼らが他者の手によってどのような明白あるいは隠然とした差別に合うのかという影響が挙げられるからである。しかし同時に理由の一つとして挙げられるのは、それを自覚して初めて不平等が人々にとって意味を持ち始めるようになるという点である。

この最後の点は、一九六〇年代にランシマンがイギリスで行った相対的剝奪に関する古典的な社会学研究を通じて探究してきたものである（Runciman, 1966）。ニーズ充足の水準に関する人々の体感が主に比較対象に依拠しているということを明らかにするために、心理学的文献に依拠してランシマンが採用したのが「参照集団」概念であった。人々の社会的地平は限定されており、同じ状況にある集団とだけ比較すれば、彼らは、ニーズ充足の水準に満足するか、抵抗するかのどちらかとなるだけである。ランシマンの新たな発見（イギリス社会態度調査など、最近の社会態度調査によってずっと支持されている。この点については、www//natcen.ac.uk/natcen/pages/p-social-attitudes.htm 参照）は、人々が社会の社会経済的不平等にほとんど気づいていないということにある（Dean, 1999 も併せて参照）。ほとんどの人が不正義や抗議の感覚を持っていないのはこの点に無知であるからである。経済的な階級ヒエラルキーの最下部やその周辺にある人々でさえ、必ずしも剝奪されていると感じていない（Runciman, 1966, p. 192）。不平等が社会的に続くのはこのためである。しかしランシマンが研究を通じて発見したのは、すべての人間が彼の運命に満足しているということではなく、参照集団間の不平等に満足しなかった人々と参照集団内の不平等に満足しなかった人々との違いである。彼は、前者について、労働者階級の「有愛主義」があること、後者について、中産階級の「エゴイスト」があることを明らかにした。しかし、こうした非常に一般化された分析の底流にあるのは、経済的に発展した国の住民が、ニーズについて様々な解釈あるいは構築を試みており、これらが不平等に関する彼らの認識や知覚に基づいているという推定である。

ニーズ充足の不平等に関して異なる理解を提示しているのは、社会疫学者リチャード・ウィルキンソンである（Wilkinson, 1996, 2005）。ウィルキンソンの中心的命題は、簡単に言えば、健康の不平等は経済的発展ばかりでなく、所得の相対的平等や、社会内部の社会的結合の程度と関連があるということである。豊かな国の住民は貧しい国より寿命が長いが、豊かな国同士では、より平等な国の方がさらに寿命が長いことが資料から明らかとなっている。寿命は北欧より南欧で高く、日本やアメリカではさらに高くなっている。死亡率はイギリスよりスウェーデンで低くなっている。その理由は複雑である。ウィルキンソンは心理学的要因が働いていること、社会的地位の不平等が良好な健康にとって逆効果となっていることを指摘している。こうしたことが起こる要因の一つは、すでに議論したように、発育段階における不平等な幼児経験である。しかしそれは、社会的地位の不平等に関連した自尊心の欠如によるストレスやうつ効果、不平等社会における相対的な社会的孤立や帰属意識の欠如と関連した存在論的不安定性とも関係している。健康を基本的ニーズと考えるならば（Doyal and Gough, 1991）、不平等は、たとえ機能メカニズムがうまく働いたとしても、ヒューマン・ニーズの実現と対立してしまうことになる。

注

（1）測定は「購買力平価」における米ドルの価値を基礎にして行われている。ただし、方法そのもの、そしてその適用（とくに非貨幣経済において）には明らかに限界を抱えている。

要約

●本章は、ヒューマン・ニーズの理解との関連で、貧困と不平等について議論してきた。貧困と不平等を対象とした文献は多いが、ここで我々が行ったのは、貧困とは満たされていないニーズの一つの表明であること、不平等とは誰かのニーズが満たされないというリスクの指標であるということの考察である。

●本章は、周知の貧困の絶対的定義と相対的定義の区別を再検討している。そうした区別の基礎には、資源の充足性と、生活水準や活動の受容可能性と結びついた問題がある。我々が検討したのは以下の点である。

―所得ベースの貧困尺度と、生活水準ベースの尺度との間に重要な違いがあること、

―同時に、貧困は、ニーズと同様、社会的構築物であること、すなわち、「他者性」を象徴することができるという点で特定の意味を持つ構築物であること。本章では、第1章で述べられた四つのニーズ・アプローチに対応して、経済主義的、道徳-権威主義的、温情主義的、人道主義的という、四つの貧困理解を明らかにした。

●不平等の経験的尺度は、国や国際的双方における、不平等と貧困の複雑な関係を表している。我々は以下の点を明らかにした。

―とくに重要なのは、所得の不平等だけでなく、生活や生活機会の不平等であること、

―人間種の多様性を前提とするならば、知覚された社会的差異を受け入れることによる意味によって実質的結果に影響を及ぼすことができ、また、影響を与えていること。階級、ジェンダー、民族性、障害などによる、社会的分化は一定程度社会的不平等に反映する。同時に、不平等に関する人々の主観的認識は、社会的剝奪として対象化される不平等の経験の程度に関係している。社

会的不平等は人々の健康に逆効果を持っていることが資料から確認されており、したがってニーズ充足と直接関連性があることを示す証拠がある。

議論すべき課題

●貧困と不平等は、相互に関係づけられると同時に、ヒューマン・ニーズの問題に結びつけられなければならない問題であり、これまで十分研究されてきた現象である。しかし、我々は両者の関係をどのように説明すればよいのだろうか?

●世界の北の「先進」諸国の貧困は世界の南の「発展途上」国の貧困と同じやり方でヒューマン・ニーズと関係づければよいのだろうか? その違いとはどのようなものだろうか?

●万人の基本的ヒューマン・ニーズが考慮に入れられてきたとすれば、何故我々は社会的不平等に関心を払わなければならないのだろうか?

第5章
社会的排除，ケイパビリティ及び承認

- 本章は，ヒューマン・ニーズ問題との関連性から，現在の議論において，ある程度，ヒューマン・ニーズ概念にとって代わる可能性のある3つの比較的最近の概念——社会的排除，ケイパビリティ及び承認——を紹介する．
- 「社会的排除」という用語は，人々がニーズ充足から排除されるかもしれないということと関連性がある．社会的排除に関する議論内部の異なる立場について議論してみることにしよう．
- 「ケイパビリティ」という用語は，人々が彼らのニーズを充足する自由を持つことと関連性がある．ケイパビリティ概念の影響とその適用方法を議論するとともに，その概念に対する批判を検討してみることにしよう．
- 「承認」という用語は，諸個人や社会集団，及び彼らの特定ニーズが承認されることと関連性がある．誤った承認が彼らのニーズに関する公共的熟議へのアクセスをどれだけ否定することになるのかを議論するとともに，ケアニーズの充足に対して承認がどれだけ重要なのかを検討してみることにしよう．

前章では、ヒューマン・ニーズと強いつながりのある貧困や不平等概念を考察した。本章では、社会的排除とケイパビリティという二つの概念について検討するとともに、前章で触れた承認概念についても議論を進めたいと考えている。貧困や不平等概念は資源配分問題と直接的つながりがあるが、排除、ケイパビリティ及び承認概念はそれほど直接的つながりがあるわけではない。しかしそれらはすべて、ヒューマン・ニーズと決定的な関連がある。

- 社会的排除は、様々な社会的参加形態や、したがって一定の充足されるべきニーズから排除されるかもしれない過程に関心を当てた不安定な概念である。
- ケイパビリティは、人々が望んでいること、したがって選択しようとする方法を用いてヒューマン・ニーズを充足しようとすることがらを行う自由や、その自由を持ちえているかに焦点を当てた説得力のある概念である。
- 承認とは、すでに見たように、人々や彼らのニーズがどれだけ承認されているのか、また、人間がどれだけ相互に配慮し合うかに焦点を当てた概念である。

社会的排除と参加ニーズ

「社会的排除」という用語の起源と概念は曖昧である。その言葉にはいくつかの用法や意味があるが、参加様式は全く異なるとしても、人間はお互いに参加することを求めているという点で共有された概念である。第1章で私は、経済主義的、道徳‐権威主義的、温情主義的、人道主義的という、ヒューマン・ニーズに対する四つの異なる種類の対応を整理した。第4章でも、これら四つの異なるアプローチが貧困の異なったアプローチに反映していることをみた。これらは、社会的排除に対する四つの異なったアプローチにも反映していると見ることができる。

以下の説明は、厳密に系譜的な正確な説明ではなく、そのことが意図されているわけでもない。ここで私が指摘したいのは、社会的排除概念が二つの明確な方向から現れてきたということである。一つは、社会的排除に対する道徳‐権威主義的で経済主義的な理解、もう一つは、排除の温情主義的、人道主義的理解である。

道徳‐権威主義的理解から経済主義的理解へ

ヒューマン・ニーズに対する道徳主義的対応と経済主義的対応（第1章表1‐2参照）は、人間個人と社会との関係の個人主義的理解という点で共通している。それらは、人間関係を、悪く言えば万人の万人に対する闘い（Hobbes, 1651 参照）、良く言えば自由な交換主体とのアソシエーションと見ていた（Smith, 1759）。道徳‐権威主義的なホッブス的筋書きによると、社会秩序は、他者の略奪から臣下を保護するために課せられた規則に道徳的に従うということを想定しているのに対して、スミス的筋書きは、自由市場経済の中で生まれる自然な「感情と情熱の調和」（*ibid*., p. 72）に依拠している。社会秩序の失敗例として社会的排除は、道徳‐権威主義的筋書きでは、人々が社会の必要な規則に従うことができない失敗例であるの対して、経済主義的筋書きでは、自由経済の生産的社会的循環の中に人々を統合することができない失敗例である。

社会的排除に対する道徳-権威主義的アプローチの最も良い例は「アンダークラス」概念の中に見出される。社会的排除とアンダークラス概念は一般には全く異なるものと見なされ、前者は西欧で一般的に用いられているのに対して、後者は北米で用いられている。しかし実際には、それらはともに共通した過程を共有していると言うことができる。「アンダークラス」という言葉は比較的新しいが、「ルンペンプロレタリアート」(Marx and Engels, 1848)、「はみ出し者」(Booth, 1889)、「問題家族」(Macnicol, 1987 参照)など、過去にも様々な表現で同様の言葉が存在していた。すべての場合でその言葉は、社会から切断されているという意味が込められた道徳的退廃と、その存在が広範な労働者階級や一般貧民の利益にとって危険で、厄介なものとなっている社会階層を述べるために用いられてきた。ミュルダールが「アンダークラス」(Myrdal, 1963)という表現を最初に用いたのは、とくにアメリカの貧しい黒人アフリカ系アメリカ人の状況を述べるためだったが、後にアメリカのジャーナリスト、ケン・オウレッタがその用語を広めた時には、「アメリカの衰退と恥辱」を構成する、怠慢で依存性の強い社会的のけ者という意味が混じり合った、街中を頻繁にさまよい、路上に座り込む長期福祉受給者、ストリート犯罪者、外傷のある酔っ払い、放浪者、住所不定で買い物袋を提げて放浪する女性とか　精神患者を含むところまで拡大するようになった(Auletta, 1982, pp. xvi-xvii)。

アンダークラスについて同様の洗練された定義は、極右政治学研究者、チャールズ・マレーが一九八〇年代に行ったものである。マレーは、労働市場の拡張が見られなくなり、アメリカ（一九八四年）だけでなくイギリスにおいても（一九九〇年、一九九四年）、社会秩序の脅威となっている「非正規性」（すなわち非嫡出子）や犯罪性――福祉国家の非道徳的側面に基づいて非難したもの――がアンダークラスを生み出しているということを論じた。マレーは、彼が非難対象とする人々の退廃的生活や、満たされていないニーズの深層にある構造的原因を突きつめることより、「犠牲者を非難」しようとしていると批判された（例えば、Walker, 1990 を参照）。彼は、「非難という概念をあらためて導入すること、人々を「犠牲者」と呼ぶことを止め」ようということをためらいなく認めていた（Murray, 1990, p. 71）。後に出版した書物の中でマレーは、アンダークラスを「新しい暴徒」のようなものだと述べている（1994, p. 12）。別の著述家は「アンダークラス」という概念を別のやり方で使用していたが（Field, 1989; Runciman, 1990）、それは主に、社会の保護規範から自らを排除している、――実質的に満たされていないニーズを含め――社会の縁にいる様々なマイノリティを明確に非難するために用いられていた。

しかし、アンダークラス概念がアメリカで生まれ、そこから世界に広がっていった同時期に、以下で簡単に見るように、西ヨーロッパで社会的排除という別の概念が生み出されていた。しかしここでは差し当たり、「社会的排除」という用語が、イギリスでは経済的「脱落」という独特の意味を込められるようになった点に絞って考察してみることにしたい。「社会的排除」という用語について広く認められているのは、保守党内閣が貧困の存在を認めなかった時期に、貧困の同義語として用いられ、一九九〇年代前半にイギリスの政策立案論議の中で受け止められるようになったことである（Burchardt et al., 2002）[1]。その結果、ＥＵでその用語が採用され、二〇〇〇年の社会的包摂プロセス協定へとつながっていった（Marlier et al., 2007）。そのおおよそのプロセスはＢｏｘ５−１に示されている。

しかし社会的排除という用語は融通無碍な性格を持っている。融通無碍という理解に共通に見られるのは、レヴィタス（Levitas, 1996）が言う「新しいデュルケム主義的ヘゲモニー」である。とくにそこに見られるのは、労働市場への参加を通じて社会的統合を促進するという中心的共通イニシアティブである。その頃までにＥＵ社会的包摂プロセスが導入され、「新生」労働党政府が政権についた一九九七年には、社会的排除問題に対応する省庁横断的な社会的排除ユニット（SEU）が設立された。そこで採用された社会的排除の定義は、ほとんど同義反復と言ってよいほどプラグマチックなものでしかなかった。

諸個人あるいは地域が、失業、スキルの不足、低所得、劣悪な住居、高い犯罪環境、劣悪な健康や家族崩壊など、様々な問題の結びつきに苦しむことによって生まれる状況を簡潔に表現したもの。（SEU, 1997）

したがって、社会的排除という「簡潔な」表現の下で、どのような特定の社会問題を中心に置くのかはイギリスの政策立案者の課題となっていた。最初に取り上げられたのは、路上生活者、一〇代の母親、失業中にもかかわらず教育や職業訓練を受けていない若年者など、隅に追いやられ、常軌を逸した行動をする社会集団であった。「道徳的アンダークラス言説」の要素の一部は社会的排

Box 5-1　欧州連合の社会的包摂プロセス

●そのプロセスは（社会的排除との闘いを目標とした）一九七七年アムステルダム条約と一九八〇年代にジャック・ドロール委員長の下で開始されたヨーロッパ社会的アジェンダに起源を持っている。
●社会的包摂戦略は、二〇〇〇年リスボン欧州理事会で発表され、二〇一〇年までにヨーロッパにおける貧困の根絶を目標としていた。この目的のために、ヨーロッパ全体における、「競争的で、動態的知識を土台にした経済」の発展が優先された。
●当初の目的
1　雇用への参加と、すべての人が資源、権利、財及びサービスへのアクセスを可能にすること
2　排除リスクを防ぐこと
3　最も脆弱な社会集団を支援すること
4　適切なガヴァナンスを促進するよう、すべての関連団体（政府機関及び非政府機関）を動員すること
●加盟諸国は、評価プロセスを受けることを条件とした二年ごとの国家行動計画（NAPs）の策定が義務付けられ、合同報告書によって「適切な活動」を加盟国間で共有する開かれた政策調整方法（OMC）にしたがって実施される。
●その戦略は二〇〇五年に再検討された。OMCは規模が縮小され（現在三年ごとの国家行動計画が求められている）、当初の目的は幾分変更されている（その結果、より一般化され、特定の政策介入領域あるいは特定の困難を抱える社会集団を強調することがなくなっている）。もっぱら強調されるようになったのは、労働市場の積極的活用、児童貧困の根絶、すべての人に「居ごこちのよい」住居の

提供、障害者、エスニックマイノリティ、移民に対する差別との闘い、金融排除や累積債務の取り組みである。

●社会的包摂プロセスは、ヨーロッパ全体のニーズの充足に関する重要なデータとして一連の相対的結果指標を開発した。二〇〇一年ラーケン欧州理事会で合意した最初の指標は相当手直しされたが、二〇〇六年には簡素化された社会的包摂指標に合意し、そのうちのいくつかは依然検討中である。「基本的」指標の中には以下の点が含まれている。

1 貧困リスク
2 貧困の継続
3 貧困の強度
4 長期失業
5 失業世帯で生活をしている人口
6 教育あるいは訓練からの早期退学者
7 移民の雇用ギャップ
8 物的剥奪
9 住居
10 ヘルスケアに対する自己申告的な満たされていないニーズ
11 子供の幸福

出所：Marlier et al., 2007.

除の政策課題へと吸収された（Levitas, 1998）。それと同時に，有給雇用を通じた包摂手段として，社会的排除言説の要因が福祉から就労への戦略展開を正当化するために用いられた。再分配の多くは実際上，低賃金労働世帯に対する報償化のために選択的税控除を通じて行われていたが，所得再分配を正当化するために用いられたのが社会的排除という言葉であった。この場合社会的排除は，排除された者を社会の経済的な生産構成員として従事させようとするアプローチとして具体化されている。そうしたアプローチの諸要素はEU全体で影響力を持つようになり，他の所では積極的労働市場政策や，いくつかの国の創発的税控除計画に反映するようになった。

社会的排除や社会的包摂概念を適用した関連概念は，ソーシャル・キャピタルである。その概念を最初に提案したブルデュー（Bourdieu, 1997）は，様々な資本形態――金融，物的，インフラ，人的，文化的及び社会的――が相対的利点や欠点を相互に生み出す可能性について社会学的分析を試みていた。ソーシャル・キャピタルの不足はどの程度社会的排除につながるのだろうか（Piachaud, 2002 参照）？　ソーシャル・キャピタルは，諸個人の選好規範や，付き合いを深めなければならない人々の信頼を引き出す社会的ネットワークや環境の「累積」効果を説明する経済的概念となっている。（Becker, 1998）。その概念の最大の信奉者であるロバート・パットナム（Putnam, 2000）は，ソーシャル・キャピタルを，コミュニティの質や市民社会の強靭さを評価する方法にまで昇華させた。ソーシャル・キャピタルの批判者は，その概念が普及した理由を，経済理論によって社会理論が喪失してしまっていることに求めた（Fine, 2001）。社会的排除概念は世界各地で様々な解釈を生む一方，世界銀行でも，社会的包摂や社会的結合と互換的意味を持つものとしてソーシャル・キャピタルが受け入れられるようになってきている（Johnston and Percy-Smith, 2003参照）。社会的排除に対する経済主義的アプローチはソーシャル・キャピタルを構築的ヒューマン・ニーズと見ている。

温情主義的理解から人道主義的理解へ

ヒューマン・ニーズに対する温情主義的対応や人道主義的対応（第1章表1-2参照）は、人間個人と社会との関係を連帯主義的に理解する点で共通している。温情主義的伝統の内部において人間関係は、逆境や外的脅威にさらされながら生きるために闘う、脆弱だが、協力し合う者同士の秩序のある協力と見なされていた。それに対して、人道主義的伝統において人間関係は、高度に複雑な社会における互恵的義務の完遂や集団的幸福を促進する個人主権の集積場と理解されている。温情主義的筋書きにおいて社会秩序は、すべての個人の帰属や、社会の中で自らの運命を受け入れることができるかどうかにかかっている。人道主義的筋書きでは、社会秩序は社会的生産物の分け前に対する平等な権利にかかっている。社会秩序の失敗例として社会的排除は、温情主義的筋書きの場合、結合の失敗、個人の社会からの疎外と理解されている（Durkheim, 1893参照）のに対して、人道主義的筋書きでは社会正義の失敗、社会的人道性から個人が疎外されている状態と理解されている（Marx, 1845参照）。

社会的排除概念が広がる以前に使われていたのは「マージナル化」という言葉であった。パークは、貧しい少数派エスニック移民が白人プロテスタントのアメリカに同化出来なかった状況に「マージナルな人々」という言葉を当てている（Park, 1928）。同様の表現は後に、とくにラテンアメリカ（例えばGermani, 1980）で使用されるようになり、先進国の移民に対してではなく、参加が許されず、経済的、政治的及び文化的進歩への参加を妨げられている発展途上国の人々の「後進性」を捉えた言葉として広がりを見せるようになった。そした表現は、農村や都市の住民が、彼らの従属的地位や文化的差異のために、公式経済や政治的、社会的メインストリームへの同化を妨げられていることに関心が当てられている。「マージナル化」という言葉が西欧で登場し、国際労働機関（ＩＬＯ）など国際組織を通じて国際議論の輪が広がるようになって以降、最近ではほとんどの場合「社会的排除」という言葉が使われるようになっている。排除（*les exclus*）は最初、ルノワール（Lenoir, 1974）がフランスの社会的保護制度の網をすり抜けてしまう人々に対して使用した表現であった。大陸ヨーロッパの社会保険制度は伝統的に、十分な保護を受けられずに排除されていた人々を無視し、労働市場に組み込まれている人びとを保護してきた。排除という表現や、それに由来する社会的排除概念が使われるようになったのは、すべての市民の包摂に国家が失敗したことに対する古典的な共和主義的課題が認識されるようになったためである。しかしその概念は同時に、社会的諸権利や社会的シチズンシップ概念に対するヨーロッパ社会民主主義の支持とも重なり合っていた。それは国際労働機関によって取り上げられると同時に、国連開発計画（ＵＮＤＰ）の中で、社会的諸権利から排除されている発展途上国の脆い少数派ではなく、基本的なヒューマン・ニーズの充足に対する権利から排除されている人々が多数いることを強調する方法として関心を集めていた（Rodgers et al., 1995）。

社会的排除の構成要素がシチズンシップの社会的権利からの排除であるとか、国際的な人権フレームワーク（第8章参照）の中で認められている社会的権利からの排除であるという考えは、前述した社会的排除の狭い定義と比較するとかなりの違いがある。このことは、社会的排除概念自体に実質的価値があるのだろうかという問題を惹起する。社会的排除の考えはヒューマン・ニーズに対する様々な対応と結びつかざるをえない、つまり様々な人間社会の構成員がニーズを充足するための資源からどのように排除されているのかに関する様々な理解に貢献している。

ケイパビリティとニーズを充足する自由

ケイパビリティ概念――ノーベル賞受賞者アマルティア・センと関連がある――は、社会的排除概念を裏返しに見たものである。人々が資源あるいはニーズの充足過程から排除されているとすれば、自動的にそこには、それらに自由にアクセスできないという意味が含まれている。排除を人々の自由の否定と考えるならば、個人的エイジェンシーの問題とつながりがあることになる。社会的排除概念は、何からの排除かという問題だけでなく、誰によって排除されているのかという問題をつきつける。しかしその問題は、人々が望むままに自由に生きようとすれば、彼らは自分たちのニーズをどのように定義し、実現しようとするのかという、更に深刻な問題とつながっている。不平等を扱った第4章で、私は、センが提起する「何の不平等か？」という課題を取り上げた。センの答えは、問題は資源やその結果の平等や不平等にあるのではなく、「ケイパビリティ」と呼ぶもの

商品空間とその特性 ⟹ ケイパビリティ空間：することと，あることの自由 ⟹ 機能空間と主観的最終状態

図 5-1　ケイパビリティ空間を位置づける

の平等や不平等であるということである（Sen, 1985, 1992, 1999, 2005）。

ケイパビリティとはたんなる機会以上のものである。その言葉は人々が選択し、行為する能力について述べたものである。しかしケイパビリティと能力は同じものではない。その言葉は、人々の行為能力ではなく、彼らが有意義だと考える生活に導く自由について述べたものである。センはこのことから、貧困をある人のケイパビリティの客観的減少とあらためて定義し直している。センの理論の中心的要素は、大まかではあるが、図5-1に要約されている。彼が取り上げているのは、いかに我々人間が財やサービス及び他の資源を、すること、あること、我々の人間性を特徴づける有意義な活動へ転換することができるのかという問題である。したがって、本質的にセンは、「商品空間」と呼ぶものの中に存在するニーズと、「機能空間」の中で我々が認識しているニーズを区別している。前者は、商品特性の点から定義できるのに対して、後者は有意義な達成や「最終状態」の点から定義できるものである。商品空間と機能空間との間にケイパビリティ空間が存在しており、ヒューマン・ニーズの最も本質的なもの——あるいは実質的自由——はそうした空間の中にあることになる。

私は、最初にこうした抽象的ではあるが魅力的な概念の影響を取り上げ、二番目にその限界について議論してみたい[2]。

ケイパビリティ概念の影響

その概念の影響力はとくに、絶対的ニーズと相対的ニーズとの区別をうまく乗り越えようとしている点にあった。

センが意図したのは、貧困が、商品空間では相対的であるのに対して、ケイパビリティ空間では常に絶対的であるという点にある。人々は必ずしも思うままに自由な生活を営むことができるわけではない、したがって平等な資源が平等な達成を生むわけではない。結果として機能から得られる商品の効用や幸福が一連の介入的社会経済的、文化的、歴史的及び地理的、気候的要因によって決定、媒介されているのに対して、人間のケイパビリティは絶対的な必要物となる。絶対的貧困と相対的貧困といった具体的区別は、一九八〇年代にセンとタウンゼントの間で議論された（繰り返しTownsend, 1993 参照）。センは、タウンゼントの相対的剝奪概念が貧困と不平等を混同していると主張した（前記第4章参照）。タウンゼントは、貧困の「絶対主義的核心」を明らかにするというセンの主張では狭い生活手段を基準とした貧困概念が恒久化されてしまうと主張した。どちらの主張も成立しがたいが、しかしその論争は示唆的である。タウンゼントは、「相対的」剝奪によって、人々が社会に参加することが本質的にできない地点を明らかにしようとしていた。センは、アダム・スミスが行ったように（Box 3-2参照）、人々が恥辱なく機能する能力が「絶対的に」剝奪されている状況に関する解釈を試みようとしていた。センもタウンゼントも、ニーズの社会的性格を認識していたものの、「絶対的」と「相対的」については異なる理解をしていた。すでにみたように、絶対的ニーズと相対的ニーズの違いは、もう一つのより本質的な違い、すなわちヒューマン・ニーズの本質的概念と解釈されたニーズ概念の違いと重なり合っている。

センのケイパビリティ・アプローチは、選択にまかせて実質的に自由な生活を営むことができる、単一の、すべてを包含したニーズ基準を提示しようとしているところに特徴がある。このようにこのアプローチは、一方で平等な機会アプローチ、他方で基本的必需品に対して積極的な権利を推奨するという、別の進歩的な自由主義的立場に基づいた発展を提起している（例えばRawls, 1972参照）。ケイパビリティ・アプローチは、有意義と考えられる、すること、あることに対する個人の実質的自由に焦点を当てることで、人間の多様性や状況の複雑性の適切な調整を可能にする（Burchardt, 2006a）。しかし、その概念は、様々なやり方で解釈及び再解釈されてきた。批評家や政策立案者は、貧困や不平等を深刻化する基本的な原因について同意していないにもかかわらず、ケイパビリティという言葉なら採用することができてきた。後に見るように、ここに基本的弱点がある。

第一に、ケイパビリティ概念は専門的社会政策の内部で重要性を増してきている。それは、ドイヤルとゴフ（Doyal and Gough, 1991）のヒューマン・ニーズ理論に明らかに影響力を及ぼしていた（第3章で論じられた）。しかし、いくつかの点で、ドイヤルとゴフのヒューマン・ニーズの特定は、ケイパビリティというより、資源や機能に焦点を当てようとしていた。ケイパビリティ概念は、人間開発及びケイパビリティ・アソシエイション（www.capabilityapproach.com参照）の中心人物であるマーサ・ヌスバウム（Nussbaum, 2000b）によって適用、発展されてきた。ヌスバウムは、人間ケイパビリティの暫定的リストを明らかにするという点でセンの先へ進もうとしていたが、そのことはどのような特定リストが普遍的に適用可能なのかという問題を惹起している。ヨーロッパのレベルでみると、ケイパビリティ概念は、EU第六次枠組み統合プログラム計画（例えばSalais and Villeneuve, 2004参照）に盛り込まれた、CAPRIGHT（資源権利とケイパビリティ――ヨーロッパの社会的基礎を求めて）をめぐる包括的議論の焦点の一つとなっていた。

第二に、その概念は、国連レベルにおいて、人間開発指標の開発やミレニアム発展目標の普及など、いくつかの点で重要な影響を及ぼすようになった（UN General Assemly, 2000; UNDP, 2003）。センは、近年、『人間開発報告』の寄稿者となっている。二〇〇〇年報告で彼は、人間開発の過程を人間ケイパビリティの増進として理解すべきだと述べている（UNDP, 2000, ch. 1）。しかし国連開発プログラムや世界銀行は、人間開発の効果的実施が「人的資本」の増進より、より経済的な仮定を採用する傾向にあったという理由で、必ずしもこうした前提に応じようとしなかった（Dean, 2002, 2008aも参照）。センは、人的資本とヒューマン・ケイパビリティは同じものではない、何故なら「人間はたんなる生産手段ではなく、行為の目的であるからである」ということを明確にしていた（Sen, 1999, p. 296）。このことをみても、ケイパビリティ概念はこれまで誤った理解の仕方をされている。

最後になるが第三に、イギリスにおいてケイパビリティ・アプローチを平等測定フレームワークの構築に当てはめてみようとする試みが行われている（Burchardt et al., 2008）。この試みは、性的均等、「人種」の均等、障害者の均等を促進し、性的、人種差別や障害者に対する差別の申し立てを調査する権限が与えられた、平等機会委員会（Equal Opportunities Commission, EOC）、人種均等委員会（Commission for Racial Equality, CRE）、障害者権利委員会（Disability Rights

Commission, DRC）という既存の三つの機関の個別機能を吸収した二〇〇六年均等法の下で設置された特殊法人（擬似非政府機関）均等・人権委員会（ＥＨＲＣ）によって行われている。新しく設置された機関には、年齢、宗教、信仰、性的志向や性転換の地位に関する均等法の執行との関係で新しい権限が追加された。均等・人権委員会の基礎を整えるために、イギリス政府は独立均等レヴューを設立したが、その最終報告書は、明らかにケイパビリティ・アプローチの構成要素から「平等社会」の定義を引き出している（Equalities Review, 2007; Burchardt and Vizard, 2007; Vizard and Burchardt, 2007）。均等・人権委員会は、「イギリスにおける人々の不平等の原因と効果について資料に基づく理解」の発展を求められた（EHRC, 2009, p. 7）。この目的のために、委員会は、国際的な人権フレームワークに由来する、一〇の「重要なケイパビリティ領域」を機能させるケイパビリティ測定フレームワークを用いて、不平等状況を監視する方法を編み出そうとしている。本書の執筆時点で、均等・人権委員会の守備範囲がどこまでなのか、またケイパビリティ・アプローチを適切に機能させることが適切なのかどうかは明らかとなっていない。

ケイパビリティ概念の限界

ケイパビリティ概念は本質的限界を抱えているという議論が行われるかもしれない。ケイパビリティは、本質的に抽象的な自由主義的‐個人主義的概念にとどまっている。三つの潜在的な批判を挙げることができる。ケイパビリティは、ニーズを定め、それを要求する人間個人の自由と関連している一方、

●ニーズを定め、それを要求することは、公共圏への参加の同等性を必要とする。
●ヒューマン・ニーズは、他者との相互依存性の文脈の中で充足されなければならない。
●資本主義的生産関係の下で、ニーズ充足手段は、人間労働の搾取の直接的あるいは間接的結果から完全に自由になることはできない。

これら三つの批判のうち最初の二つは、相互承認やケアの諸問題と関連しており、本章の最終節で議論することにしたい。差し当たり、これらの問題がケイパビリティ概念にとって持つ意義を見ておくことにする。

センは、「公共理性がケイパビリティを定義する上で果たす」役割を認めていた（Sen, 2005）。ケイパビリティ概念は、個人がすること、あることに、価値やその理由があるという観念に基づいている。個人にはそうしたことがらに価値を見出す「適切な」理由がなければならない。しかし適切な理由を誰が決めるのだろうか？　承認は、その価値にどのように加わるのだろうか？　そうした判断が偶有的で、相対的であるのは避けられない。ケイパビリティ概念が公共政策の特徴であるとすれば、自由主義的理想は、価値に関する熟議や、ケイパビリティを機能させる公共フォーラムを求めることになる。アテネやローマの古代民主主義において、公共フォーラムは文字通り論争の場であった。近代自由主義思想においてそれは形而上学的領域でしかない。ハバーマスは、自由主義的理想としての公共圏が、「自由」市場の機能と国家が別物であることを想定しつつ、世論という象徴的裁判所の前で説明責任を果たす社会秩序の正当化の役割を果たすことになると指摘している（Habermas, 1962）。

センは自ら、基本的ケイパビリティをリスト化しようとはしなかった（Nussbaum, 2000b; Alkire, 2002; Burchardt and Vizard, 2007）。しかし彼の弟子の何人かの研究者は、公共的熟議の過程を通じて、人間的ケイパビリティのリストを一定程度可視化できると主張している。勿論彼らは、公共的熟議への参加を中核的ケイパビリティの中に含めている。ヌスバウムの人間の機能的ケイパビリティ・リストには、「人の生活を支配する政治的選択へ効果的に参加することができるようになること」が含まれている（Nussbaum, 2000b, p. 80）。しかし何人かの研究者は、「公共圏の解体」が進行していると主張している（Clarke, 2004）。公的熟議の過程――公的諮問、市民陪審員、参加型貧困評価とか目標集団を通じて――で実現した、最も「民主的な」共感的合意でさえ、深刻な社会対立や隠れた抑圧形態を黙殺しているかもしれない。そうした熟議の過程で効果的な「参加の同等性」を実現することなど不可能である（Fraser, 1997）。そのような状況では、どのような生活に我々が価値を置き、どのようなニーズが承認されなければならないのかについて、支配的仮説以上の考察を行うことはできないだろう。

公的熟議や論争フォーラムが自由主義思想の形而上学的抽象でしかないのと同様、センの「ケイパビリティ空間」もそうした特徴を持っている。私は、第1章で、ヒューマン・ニーズを人間の相互依存性の文脈の中で考察する必要性について言及した。ケイパビリティ概念の自由主義的基礎は、個人を独立した全体と考えるところにある。ヒューマン・ニーズに対する個人主義的対応は、依存性を「問題にし」ようとしている。それは、人々を、生活ステージ上の他者とは別に機能している個人的アクターであるとか、彼らを取り巻く人々の吸引力によって影響を受けない孤立した原子と見なしている。その結果、自由主義的態度は、人々が相互に依存しているという点に関して、曖昧さを残してしまっている。そこに道徳的批判を受ける一種の依存性（ただ乗りといった）を見てとることができるが、逆に、生活手段を得るために雇用者に、あるいは日常的ケアのために家族に依存していることを、一種の「独立形態」と見なすことにもなっている。独立は自給自足性と同義で、むしろそれに合体してしまっている。現代西側社会はあまりにも個人主義的倫理で彩られているために、人間のライフコースの様々な段階で依存状態が避けられず、人間が生存する上で本質的で包括的な社会的相互行為がある場合でも、人間の相互依存性に注意を払わなくなってしまっている。他人の依存性は非難するのに、自分の依存状態は否定することで、愛する者、近隣者や友人に対する自らの依存可能性については賞賛してしまうのである（Dean and Taylor-Gooby, 1992; Dean and Rodgers, 2004）。

ケイパビリティ・アプローチのこうした結果は、デニューリンやスチュワートが指摘してきたものである（Deneulin and Stewart, 2000）。彼らは、センの言うケイパビリティの可能性や制約、そして個人的アイデンティティや、センが言う「機能」を価値づける意味のフレームワークの構成要素であるという理由から、社会構造を問題とすべきだと論じている。社会的存在であるということは、家族、コミュニティ、社会の内部に属する条件が、すること、あることの自由と同じくらい問題となり、他者からの完全な自由などありえないということを意味することになる。ケイパビリティ・アプローチに対するフェミニスト支持者は、必ずしも自律的個人に主な関心を当てているわけではない。例えば、ヌスバウムは、彼女が作った中心的な人間の機能的ケイパビリティ・リストの中で、他者とともに、そして他者に向けて生きることのできると「連携」を含めている（Nussbaum, 2000b, p. 79）。彼女は、「極端な依存時代にケアの必要性」（2000a, p. 48）や、他者に完全に依存するということと、道徳的人格の従属とは同じものではないということを明確に意識している。その結果彼女は、最も傷つき、依存性の高い人々であっても、愛情や尊敬を交換することのできる空間創出を目標とすべきであると述べている。ヌスバウムの主張は、「人は、他の人々の状況に想いをはせ、その状況に同感することができるようになるべきである」ということにある（2000b, p. 79）。しかし、その人も、「他者も」、例えばセルマ・セヴェンヒュジセンが言う「関係の中の自己」にではなく、ケイパビリティの抽象的担い手としてしか構成されていない（Sevenhuijsen, 2000, p. 10）。他者の状況に対して「想像」、「同感」することができるということは、実質的なつながりではなく、最初から切り離されていることを意味している。その人と「他者」は、隠喩的な「ケイパビリティ空間」の中でしか相互交流を行っていない。人間的アイデンティティや道徳的人格性は、直接的及び実質的な意味において、人間アソシエイションに依拠している。最後の分析において、抽象的なケイパビリティ空間の中で自律した自己の存在は概念的幻想にとどまってしまっている。我々の人間性が我々を定義している以上、境界線は我々の自由に基づいて引かれている。

ケイパビリティ概念に対する第三の批判は、その抽象的な定式にではなく、資本主義と関連した人間の自由に対する制度的障害に沈黙してしまっているという点である。飢餓と貧困は自然の失敗ではなく、人為的失敗によるものであるという点でセンの立場は明確であるが（Sen, 1999）、彼は資本主義的生産様式の批判者であるわけではない。ケイパビリティ・アプローチが「真の人間的機能」(Nussbaum, 2006, p. 85) を促進しようとする以上、仕事が我々の「類的存在」を構成しているというマルクスと共鳴している部分がある（前記第2章参照、併せてBull, 2007参照）。しかしケイパビリティ・アプローチは明らかに、マルクスの晩年の著作に見られるような資本主義理解から距離を置いており（本書第3章参照）、資本主義の下で支配的労働形態としての賃金労働が社会的人道性から我々を疎外している点について何も語ろうとしていない。ケイパビリティ・アプローチの意義は、人間開発と資本主義の発展が――少なくとも潜在的に――共約可能になっている点にある。

マルクスの共産主義ビジョンには人間と自然は統一体であるという社会構想が含まれていたが、マルコム・ブルは、丸裸のケイパビリティから完全な人間的機能への転換が必ず普遍的なものになるというわけではないことを指摘しつつ（Bull, 2007, p. 25）、ケイパビリティ・アプローチが人間開発の一つの道筋に相応しいビジョンであることを指摘している。セン（1999, p. 6）は、自由で公平な市場取引の原理や、財やサービスの交換市場が明らかに人間の目的に合致している点を擁護しようとしていた。しかし市場経済において、ヒューマン・ニーズが適切に満たされるという保証はない。子供や障害者に対するケア、学習、ボランタリー・ワークやコミュニティ参加といった必要かつ有意義な機能に市場価値があるわけではなく、市場で報償化されるわけでもない（たとえばMooney, 2004参照）。

ケイパビリティ・アプローチの擁護者は、市場化することのできない諸機能の「価値」を促進しようとしていると言うだろう。ヌスバウムの中心的人間的機能リストには、例えば、「感覚を駆使し、創造し、考え、……笑い、余暇活動を楽しむことができる」（Nussbaum, 2000b, pp. 78-9）ということが含まれている。しかしあらためて言うならば、個人は、自由や、そこから理想的な形で生まれるケイパビリティの抽象的担い手としてしか構築されていない。ケイパビリティ・アプローチは、選択のための実質的自由を求め、有意義なケイパビリティの構成要素について高いビジョンを提供しているかもしれない、しかしそれは市場経済の必要性との調和が求められるアプローチでしかない。ケイパビリティ・アプローチに対するピーター・タウンゼントの批判――ネオマルクス主義の視点からの――には、ヒューマン・ニーズの拡張概念というより、最小概念を正当化するために用いられる懸念が反映している（前記参照）。そうした批判は、センの議論の論理に対する正当な評価となっていないかもしれない、しかし資本主義的市場経済が不平等を駆り立てているという問題に対する挑戦はケイパビリティ概念にはなく、ヒューマン・ニーズの充足と同時に、それを損ねてしまうかもしれないということを考えるならば、そうした懸念は正しいと言わなければならない。

承認とケアのニーズ

我々は、第4章で、経済的不平等が多様なやり方で様々な集団に影響を及ぼすということを検討してきた。本章でも、不平等が社会的包摂の失敗、あるいは個人的自由の失敗として解釈されるということを見てきた。そうした違いが人間社会内部の多様性や差異とどのようなつながりがあるのかを理解するために、承認概念や承認の不均等がニーズ充足の不均等に影響を及ぼすという考えをあらためて検討してみる必要がある。承認概念や「承認をめぐる闘争」はヘーゲル（Hegel, 1821）にまで遡る。彼の哲学は、人間存在の間主観性を強調するローマ哲学の個人主義から出発している。我々は、他の人間によって求められるか、否定されるかといった承認を通じて定義される。承認とは、我々の誰もが社会から断念されることはないということである（Gaarder, 1996, p. 307）。同時代の作家は、植民地の主体や抑圧された土着マイノリティが「誤った承認」の犠牲者であることを議論するために、ヘーゲルの承認概念に依拠しようとしてきた（Fanon, 1967; Taylor, 1992）。

承認や誤った承認概念をヒューマン・ニーズの議論に引き込もうとするならば、人間はその一部を生物学によって定義づけられていることを想起しておかなければならない。我々は肉体的ニーズを持つ具体的な創造物である（Ellis and Dean, 2000）。しかし人間は本質的な生物的特徴を共有する一方、同時に生物学的にお互いに異なる存在でもある。このことは我々が年齢を重ねるにつれ部分的に生じてくるものである。我々が生涯で遭遇するかもしれない様々な肉体的リスクを経験しつつ生き延びるのであれば、早い時期に長引く発達段階を経験し、後の時期に様々な脱世代化の時期を経験することになる。我々は、性やセクシュアリティの点で、また同一表現特性、肉体的及び肉体的特性や障害という点でお互いに異なる存在である。しかし我々は我々の生物学だけではその一部しか定義されない、何故なら、人間にとって生物学的差異は社会的意味に基づいているからである。我々は差異に付託する意味にしたがって認識可能となる。このことから起こる様々な興味深い

Box 5－2　差異の社会的構築

●女性が子供を抱え、男性がそうでないことから、女性と男性は、社会の中で異なる意義や権力の程度と同時に、異なる社会的役割を持っていると考えられてきた。男女間の生物学的差異は社会的に構築されたジェンダー概念に包摂されている。

●性的関係は、生物学的再生産ばかりではなく、人間を対象とした様々な性的動因や方向性が社会的構築物であるセクシュアリティ概念に包摂されている人間的絆や社会的諸関係の再生と結びついている。

●表面上の差異（例えば皮膚の色）は、世界の様々な地域の様々な社会集団間の、偶有的あるいは僅かな順応性といった生物学的偏差の結果であり、それらは、移民や定住、侵略や征服、服従とか奴隷といった人間の歴史過程における社会的意味や重要性を帯びている。人間の表面上の差異は異なる人種に属するとか、ある人種は他より勝っていることを示すとかつては誤って信じられていた。そうした信念が差別的で、抑圧的活動に翻訳されるかぎり、それらは人種差別をともなう差異に結果することになる。

●人間が彼らの直接の祖先と共有している遺伝的特徴は、他の人間と区別するものであるかもしれないが、そうした特徴は、人々のエスニシティを構成する著しい文化的、言語学的、そして宗教的差異も含めた、社会的特徴を必ず伴い、文脈化されることになる。

●何人かの人々は遺伝子的障害を持って生まれる。他の人々は、彼らの生活過程で、彼らの機能の障害となる病気、怪我あるいは退行的条件を経験する。障害は物理的性格を持っているものかもしれないし、精神的問題や学習困難と関係しているかもしれない。何人かの人々の生活は、苦痛、物理的不快や精神的苦痛によって妨げられる。しかし、生物学的要因が機能障害を誘発する一方、障害の構成要因は同時に、社会的に受容されるか、社会的に課せられた通常性の基準との関連で定義される。歩いたり、見たり、聞いたりすることができなかったり、他の人々の声を聞いたり、関係したりすることが難しい人々は、彼らを取り巻く社会規範によって他からも妨げられているのである。生物学的影響は社会的に構築された障害概念に包摂されている。

●人間の生活過程は、成長や、時に退化をともなっている。しかし、年齢を重ねることが生物学的過程である一方、様々な段階で加えられる意味は社会的過程によって形成されている。「児童」とか「若者」は生物学的に定義されたものではない。彼らは、社会慣習や実践、政策的優先課題や法的基準によって定義されている。「退職」という概念は、もっぱら現代の政策的構築物であり、「高齢」についての我々の理解は主に社会的、文化的文脈に依存している。我々が生涯に経験すると考えうる相対的脆弱性、強さ及び弱さは、例えば社会の様々な年齢グループの相対的未成熟、知恵とか老齢化に関する社会的に構築された（そしてしばしば予言通りの）期待や、文化的に特定された仮説と重なり合っている。暦年齢は社会的高齢化に組み込まれている。

簡単な事例はＢｏｘ5-2に示されている。

人間は、彼らのニーズを適切に満たすために、他の人間による承認という最も重要なニーズを持っていると言われている。しかし、女性、ゲイ、レズビアン、バイセクシュアル、トランスセクシュアル、人種及び／あるいは少数エスニック・グループの構成員、障害者、若年者及び高齢者は、一定の状況下で、あるいは一定の目的のために、彼らの「他者性」によって承認されていると言ってよいのかもしれない（Lister 2004）。したがって、特定のヒューマン・ニーズと同時に、普遍的ニーズを持っているという点からすると、彼らは誤って承認されていることになる。我々はみな、生活過程で、移ろいやすい、重なり合う社会的アイデンティティを経験するという前提に立つならば、我々はある地点で誤承認にさらされている。ここにおいて我々は、前述したケイパビリティ・アプローチの批判のうち、最初の二つの論点との関連性をあらためて取り上げることができる。人々は公共圏において承認されずにいるために、彼らのニーズを定めることも、要求することもできなくなっている。人々は人格的アイデンティティや社会的ケアが依拠する相互承認を否定されることもある。

公共領域における承認

承認に対するこのアプローチに関連しているのは、被抑圧者や排除された社会集団の参加の平等を保障する社会的正義をめぐる闘争には、資源の再分配や承認をめぐる闘争の両方が必然的に含まれるという、規範的レベルの議論を行っているナンシー・フレイザーの研究である。この点については第9章で、ナンシー・フレイザーの研究の規範的側面をあらためて取り上げてみることにしたい。差し当たりここでは、承認概念に関する彼女の独特な解釈に焦点を当てることにする(Fraser, 1997, ch. 1; Fraser and Honneth, 2003, ch. 1)。フレイザーにとって、誤った承認は損なわれた主観性の問題ではなく、不正義や「地位の従属」の問題である。「承認は不正義を正すことであり、一般的なヒューマン・ニーズの充足の問題ではない」(Fraser and Honneth, 2003, p. 45)。フレイザーは、脱産業時代への突入とともに政治の性格が変化していることを明らかにしようとする分析視角を、多くの理論家と共有している。大まかに言えば、階級政治からアイデンティティ政治への転換である。

先進国経済において、ヒューマン・ニーズに対する給付が公共セクターから民間及び／あるいは個人的セクターへ転換してきていることを背景に、公的領域や国家領域の「空洞化」が進む一方（例えばJessop, 2002参照）、自己に執着し、自己に責任を持つ個人的な市民‐消費者の倫理的領域として民間領域の開拓が進んできている（Bauman, 1993）。階級や経済的再分配という「現代政治」の活動場所として公的領域は信頼を失うとともに、縮小を余儀なくされ、その結果、文化的アイデンティティや承認、尊敬といった「ポストモダン」政治学が登場してきている。こうした新しい政治学は、自己の個人的領域や私的領域の内部で活発になり、そこに閉じこめられてしまっている（Taylor, 1998参照）。それは新自由主義的イデオロギーの復活が生み出した動きであると同時に（Rose, 1999）、第二波フェミニズムや、人種主義、年齢差別、同性愛嫌悪や、障害やエスニシティに焦点を当てた新しい社会運動から生まれた批判的説明という、全く別の方向から生み出された動きでもある（例えばAnnetts et al., 2009参照）。階級以外の社会的差異を正す動きは歓迎されなければならない、しかしアイリス・ヤング（Young, 2008）が指摘しているように、特定の社会集団が経験する構造的不利に起因する「地位上の差異」（Box 5‐2参照）と「文化的差異」は区別されなければならない。ヤングは近年、後者の政治的偏見のために、前者の関心が隠れてしまう状態について嘆いているが、言うまでもなく両方が問題なのである。

ナンシー・フレイザーが取り上げたのは、個人的領域と私的領域との間の適切なつながりが失われていることについてである。彼女は、この点を、公共圏に対する自由主義的理想の批判を通じて行っている（Fraser, 1997, ch. 3）。ケイパビリティの意義を構成するものを定義するには公共理性が必要であるというケイパビリティ・アプローチが潜在的に抱える問題点を取り上げるために私が依拠してきたのはこうした批判である。「公共圏」とは、一般的な意味で言えば、市民が共通に抱える問題をある意図を持って熟議する空間もしくは諸空間のことである。自由主義的理想に対するフレイザーの批判には四つの要素がある。

●第一に、自由主義的理想は、市民を形式的に自由かつ平等であるものとして構成し、公共圏への参加が同じ条件ですべての者に開かれているということを想定している。フレイザーが議論しようとしているのは、社会階級や集団の多様性を排除し、彼らの参加に妥協をはかろうとする自由主義社会の体系的不平等の影響を無視することはできないことについてである。このことがとくに当てはまるのは、世界中で（一部の例外を除いて）、立法レベル、執行レベル双方で公式の民主的過程から体系的に排除されている女性である（表5-1参照）。しかしこのことは、氷山の一角でしかない。とくに貧しい人々、少数

表5-1　公式の民主的過程への女性参加

	女性議員割合 2007年（%）	女性閣僚 2005年（%）
スウェーデン	47	52
イギリス	20	29
アメリカ	16	14
ロシア	10	0
日本	9	13
ブラジル	9	11
インド	8	3
ナイジェリア	6	10

出所：UNDP, 2008.

エスニックグループ、障害者など、不利な状況にある社会集団は、どの社会でも、公式及び非公式レベルの双方で、権限を持った地位を代表できずにいる。

●第二に、自由主義的理想は、単一の、差異化されていない公衆の存在を想定している。公共的熟議の目的のために、すべての市民あるいは参加者は、（中年男性、貧しくない、マイノリティグループに属していない、障害を持っていない）主な参加者の特徴が接近しているなど、同じ鋳型の中に入っているものと想定されている。実際の社会は、競合し、重なり合う利害を持つ公衆から構成されている。権力を持つエリートの関心は共通の関心を守るという名目で発展していくかもしれないが、従属集団に関心は払われることはなく、無視されている。

●第三に、自由主義的理想は「私的な」問題と共通の問題を区別し、前者の考察を排除しようとする。経済的で家庭内の問題が主に「私的」と見なされてきたことからすると、このことは階級的抑圧とジェンダー的抑圧双方の性格に関する議論の排除か抑制につながることになる。公的領域において個人は、個人的なニーズが満たされないか、脆弱性を残したままの、自律的参加者としてしか位置づけられていない。貧困とは私的な恥辱状態を指している。すなわち文化的ニーズは私的な問題である。家族による介護や介護ビジネスは公的問題ではなく、閉じられたドアの向う側にある問題でしかない。

●最後に、自由主義の理想は、長年にわたって、国家と市民社会、技術的政策決定過程と公共的関与や論争といった広がりを持つ場（forum）の形式的分離を求めてきた。労働組合やコミュニティ組織の会合、パブやカフェ、バスの待ち時間とか学校の門前、職場や居間で行われる議論などは、選出議員による公式に制度化された議論とは区別されるものである。フレイザーの言う「弱い公衆」（1997, p. 90）の声は世論の背景音にすぎず、公共的熟議の一部となっていない。こうした分離を厳格に行うことで、ヒューマン・サービスの提供者である国家の説明責任が曖昧にされてしまうことになる。

勿論こうしたことは、ある程度、自由民主主義の下でこれまでも見られたことである。脱フォーディズム、脱コミュニズム、そしてグローバル化に向かう脱工業化の動きが国民的福祉国家の役割と折り合いをつけ、自己中心的な文化的多様性認識やアイデンティティをたきつけるならば、公共圏に関する自由主義的理想はますます空疎なものになってしまう。右記の分析の核心にあるのは、公的領域が、社会的多様性との調和、地位の違いや特定ニーズを承認することができずにいるという認識である。後の仕事でフレイザーは、経済的、文化的そして政治的領域それぞれを考察しながら、誤った分配、誤った承認、そして誤った表象との頭韻的区別を行おうとしている。彼女は、誤った表象という項目の下で、右記の分析の諸要素をつかもうとしているかのように見える（Fraser, 2007）。しかし承認や誤った承認はそれ自体、特定の人間集団のヒューマン・ニーズがいかに満たされていないのかを理解するための必要な概念となっていることは間違いない。

相互承認と社会的ケア

幾分異なる承認理解を提起しているのはアクセル・ホネットである（Honneth, 1995）。フレイザーとホネットは彼らの違いについて論争しており（Fraser and Honneth, 2003）、再分配と承認をめぐる闘争が必然的に結びついていると論じたフレイザーに対して、ホネットは承認が再分配に先立つ条件であるという前提に立って、ヘーゲルが承認をめぐる闘争と呼んだものを優先させている。彼のアプローチは、間主観的承認を求めるという点から人間を特徴づけようとしたヘーゲルの初期の仕事に基づいて立論された熟議の試みである。ヘーゲルは家族、市民社会及び国家を三つの「承認領域」であると述べている。ホネットは、ミード（Mead, 1934）の社会的、心理学的影響に依拠しながら、「倫理的生活」の三つの要件が愛、連帯、権利といった相互承認の三つの段階や様式に具体化されると主張することによって、承認の再定式を試みている（Dean, 2004, ch. 10 参照）。

●すべての人間は愛を必要としている。ホネットによれば、愛は、他者の中で、他者を通じて自らを発見し、自ら存在するようになる。それは自己アイデンティティにとって必要なものである。しかし、最も親密なケア関係の感情的実質として、愛は同時に、我々がお互いに求め合う存在として承認、調整及び尊敬するようになる基礎でもある。

●すべての人間は連帯することができる。我々は何者なのか、我々は何を行うことができるのかを我々が確立すること、また我々が集団的アイデンティティを確立し、自尊心を達成できるのは、コミュニティや社会集団における参加や他者との連帯を通じてである。しかし重要なのは、連帯が目標を共有し、社会の他の構成員との理解を必要とすること、親しい者と同時に、見知らぬ者に対する共有した責任を理解することができるようになることである。それは、我々がおたがい同士、差異によって定義されているものとして、承認、調整及び尊敬するようになる基礎でもある。

●すべての人間は権利を持っている。我々が自分自身のための権利を行使し、他者の権利を尊重する過程を通じて、我々自身が承認されることを求めているのと同様、相互に承認しようとする。権利を持つことは、自己尊敬にとって必要なものである。相互に権利所有者として承認し合うためには、相互に要求し合う能力、すなわち普遍的で、構築的であることを理解し合わなければならない能力の尊重を必要とする。権利は、我々が我々を人間として特徴づける普遍的能力の担い手として、相互に承認、調整及び尊敬するようになる基礎でもある[3]。

ホネットは、承認の議論をヒューマン・ニーズの問題に明確な形で結びつけようとしているわけではないが、彼の議論は、人間の相互依存性を認めていること、すなわち自己アイデンティティ、自尊心、自己尊敬に対する存在論的ニーズばかりでなく、存在ニーズを主張する人間にとって承認が必要な条件となっていることを認めているところに意義がある。倫理やケアに関して、ホネットの議論と最近のフェミニスト理論との間に共振しあう部分がそこにある。

ケアに関するフェミニスト倫理論争は、ケアに対する女性の道徳コードが男性の道徳的理性コードに一貫して従属してきたというキャロル・ギリガンの主張（Gilligan, 1982）から始まった（例えばEllis, 2004参照）。彼女の議論によれば、ケアの道徳的コードは、日常的現実の権利や規則、正義や平等といった抽象的原理にではなく、互恵的責任や関係に根ざしているものであった。後の評論家（Friedman, 1993; Clement, 1998）は、ケアの倫理を再活性化しようとする中で、人は親密な者と同時に見知らぬ者との相互依存性を含めることを止めてはならないという点に関心を当てるようになった。正義や平等の原理は、我々が権利や規則を持ち、そのことで、遠くにいる他者を承認し、彼らを尊重しようとするかぎり必要なものである。しかし、諸個人は、ケアのネットワークの中で、他者を通じて、また他者とともに存在することができるだけである（Tronto, 1994, Sevenhuijsen, 1998）。ヒューマン・ニーズの充足は、生産手段を社会がどのように組織するのかということだけでなく、構成員がお互いのために、またお互いについてどのようにケアするのかということにも依存している（Parker, 1981; Kittay et al., 2005）。そうした見通しは、古代汎アフリカ哲学であるウブツの前提と重なり合っており、必ずしも新しいというものではない（Ramose, 2003）。しかしそれは、日常生活には対立、交渉、闘争が伴うという、具体的な人間生活の実態を想起させる。我々がお互いのためとか、お互いについてケアする方法は、世代や時間をまたがり、そうした関係の中で社会的に交渉されてきたものである（例えばFinch and Mason, 1993 参照）。ケアの実質的関係は、脆弱性を共有し、求め合う主体同士の相互承認に基づいて交渉されなければならない。

注

（1）重要なことは、その用語に柔軟性があることから、多くの研究者や貧困研究者がタウンゼント（Townsend, 1979）の相対的貧困の定義と同様のやり方で定義することを可能にさせていることである（Hills et al.,

2002 参照）。

（2）この議論の詳しい説明はディーン（Dean, 2009）参照。議論の一部はそれに基づいている。

（3）先の研究（Dean, 2004, ch. 10）において、私は、人間の普遍的な本質的能力概念とセンのケイパビリティ概念との間に近似性があることを指摘した。現在はその点に確証があるわけではない。熟慮してみた結果、ホネットの権利概念は、センのケイパビリティ概念と異なり、愛や連帯を必要としていると考えている。

要約

本章は、ヒューマン・ニーズに関してそれぞれ直接的意義を持つ、三つの異なる概念を取り上げている。

●社会的排除は、社会における諸個人や社会集団が一定のニーズの充足を否定されるかもしれない過程を取り上げた概念である。その概念は、採用されるアプローチにしたがって様々な受け止められ方をしている。最初に第1章で明らかにされたヒューマン・ニーズへのアプローチを用いるならば、道徳-権威主義的アプローチは社会的排除をアンダークラス概念とにつなげている概念と考えられるかもしれない。経済的アプローチは、ソーシャル・キャピタルの不足と社会的排除を結びつける概念に、温情主義的アプローチは、社会的結合や社会的統合の失敗と社会的排除を結びつける概念に、人道主義的アプローチは、社会的諸権利の否定と社会的排除を結びつける概念につながっている。それは論争概念である。

●ケイパビリティ概念は、人々が彼らのニーズを自由に充足する程度を問題としている。それは貧困論争に影響を与えた概念で、国連ミレニアム発展目標や、平等測定フレームワークを構築する試みなどに適用されている。しかしここでは、その概念が、人間の相互依存性との本質的な緊張関係、彼らの自律の程度あるいは性格、また資本主義の下での市場関係の本質的あるいは潜在的な搾取的性格といった、重要なケイパビリティをめぐる熟慮のためのフォーラムとしての自由民主主義的公共圏の限界が否定されていることが議論された。

●承認概念は、人々のニーズがどのように承認もしくは誤って承認されるのかという点を問題にしている。その問題は、第4章の不平等議論との脈絡で考察された社会的差異の問題と関連性がある。ヒューマン・ニーズの充足は、資源配分ばかりでなく、被抑圧マイノリティのニーズの承認や大衆的熟慮におけるマイノリティの代表とも関わりがある。ヒューマン・ニーズの実現は相互承認やケア関係にかかっている。

これら三つの概念の議論に共通しているのは、人間の相互依存性と、相互依存性が自律的エイジェンシーと対立している程度についてである。効果的参加が認められるという点からすると、人間が社会的に包摂されるということはありえるだろうか？　人間は思うままに生活する自由を持ちえるだろうか？　人間は神聖な平等基礎に基づいて相互承認を実現することなどできるのだろうか？　ステナーなどが指摘しているように、「我々は希望通りの自由を持っているわけでも、恐怖を感じるほど運命づけられているわけでもない」と言わなければならない（Stenner et al., 2008, p. 412)。我々は、社会的ニーズに関する理解を、特異性のある個人や社会的存在としての相互つながりとして、我々のアイデンティティとの関係の中に位置づけてみなければならない。

議論すべき課題

- 社会的排除概念の様々な解釈のうち、どれをあなたは支持しますか、またその理由は何ですか？　また、どの解釈をあなたは支持しませんか？
- ヒューマン・ケイパビリティ概念の基本的な利点と欠点は何ですか？
- 承認概念は、我々のヒューマン・ニーズ理解に何をもたらしますか？

第6章

人間の福利の薄さと厚さ

- 本章は，ヒューマン・ニーズの「薄い」概念と「厚い」概念の著しい違いを紹介する．
- ヒューマン・ニーズは，人間の福利の快楽主義的概念と呼ばれる「薄い」ニーズ概念と結びついている．このことを行うために，以下の点について考察する．
  - 一哲学的功利主義の発展と，厚生主義及び費用効果分析に対する現代的アプローチにおける表現
  - 一社会科学における幸福研究の出現
- ヒューマン・ニーズは，人間の福利の幸福論的概念と呼ばれる「厚い」ニーズ概念と結びついている．このことを行うために，以下の点について考察する．
  - 一「善き生」の哲学的概念が，人々の生存ばかりでなく，繁栄とのつながりを目指した政策に翻訳されてきた様々な方法
  - 一人間の幸福に対する社会心理的領域の探究
  - 一ヒューマン・ケイパビリティの構成要素に関する厚い解釈を生む試み
  - 一人間の福利の社会的文脈に関する様々な分析

第2章及び第3章で、我々は、本質的ニーズと解釈されたニーズの違いを探究した。本章では、ニーズの「薄い」解釈と「厚い」解釈といった別の違いを探究する（Soper, 1993 参照）。これは、絶対的ニーズと相対的ニーズ、基本的ニーズと「高次」ニーズ、またニーズの手続き的定義と実質的定義、あるいは生存のためのニーズと豊かになるためのニーズなどの区別とは異なる、もう一つのやり方である。私が意図している区別は、民族人類学者が人間生活の薄い叙述と厚い叙述との間で行おうとしている区別と重なっている（例えばGeertz, 1973 参照）。厚い解釈が薄い解釈より常によいものだと考えるべきではない。それらはより豊かで、より繊細で、より複雑なものかもしれないが、必ずしも正しい結果につながるわけではなく、他の解釈以上に誤った方向に導いてしまう可能性がないわけではない。マイケル・ウォルツァー（Walzer, 1994）は、薄い道徳性と厚い道徳性を区別するために、同様の考えに従っている。彼は、多元主義世界の中で、厚い（あるいは最大主義的な）道徳性の基礎に必ずつながっているという理由からではなく、異なる人間理解への貢献や、様々な道徳的信念を持つ人々の間で同意した行為を生み出すプラグマチックな可能性という理由から、薄い（あるいは最小主義的な）道徳性が重要であることを明らかにしている。ヒューマン・ニーズを理解するには明確な道徳的領域が必要であり、この点はニーズ概念の意味の多元性を考える方法の一つとなっている。

　私が薄い解釈と厚い解釈との違いを明らかにしたいと考えている意味は、ヒューマン・ニーズに関連する人間の福利というもう一つの概念と結びつけることによって最も効果的に掘り下げることができるという点にある。「満ち足りている」ということと、「非常によい」ということは別ものである。満ち足りているということは、生活の中で持つことができるものが充足しているということである。非常によいということは、おそらく、人間としての実現が「真に」なされているということである。よくないということは、ある種の剝奪が行われているということである。勿論、それが「よすぎる」という意味になりえないことははっきりしている――これは矛盾した言葉である。福利の概念は、ヒューマン・ニーズの広がりや限界に関する実践的考察ばかりでなく、人間の生活に必ずともなう「薄い」概念ばかりでなく、人間の生活にともなうべき、あるいはともないうる「厚い」概念という、道徳的あるいは倫理的な考察も呼び起こすからである。

最近出されたある入門書によると、アカデミックな社会政策は、人間の福利とか、より特定した言い方をするならば、人間の福利を増進するか妨げとなる社会関係やシステムに関する研究、と定義されている（Dean, 2006）。「福利」は、けっして新しい概念とは言えないが、ヒューマン・ニーズに関連した、華やかで、示唆に富む概念である一方、扱いにくい概念でもある（例えば、Gough and McGregor, 2007; Jordan, 2008; Searle, 2008 参照）[1]。（第5章で我々はすでに、「社会的排除」、「ケイパビリティ」、「承認」という諸概念を考察した）。福利という言葉の利点は、我々の関心を、社会問題と関連した否定的側面より、社会政策の積極的側面へ向けてくれることにある。その言葉は、ある状況において「福祉」という言葉に込められた侮蔑的意味のような汚れ方はしていない。その言葉によって、「持つこと」、「すること」とは反対の、人間的な「ありかた」が強調されてもいる（Fromm, 1976）。ゴフとマクレガーが指摘しているように、福利の意味について安定した合意がないなど、その用語は今のところ、応用社会科学の新しいカテゴリーとなっている（Gough and McGreger, 2007, p. 5)。福利は、反対概念の考察に依拠し、それとの関係から定義することができるだけである。ゴフとマクレガー（2007）は、福利を「不幸」（ill-being）や貧困の反対語と定義している。ジョーダン（Jordan, 2008）はこれまで、「福祉」の反対語と定義してきている。彼は、福利を、彼が言う「社会的価値」の実現、福祉を個人的効用の実現と見ている。議論を呼びそうなのは、福利の薄い概念と厚い概念とを区別する私のやり方と同じように、ジョーダンが、福利の薄い概念を社会的もしくは関係的理想、厚い概念を経済的理想とに区別していることである。

このことは、「快楽主義的」（hedonic）とか「幸福論的」（eudaimonic）という基本的区別の核心へ我々を連れていくことになる。これら二つの言葉の語源は、ギリシャ古典哲学の中に見られる。快楽主義は楽しみに、幸福論（eudainonia）は精神的福利に関するものである（Ｂｏｘ６-１参照）。ソクラテスの伝統は両方を認めていたが、その伝統はその後分岐していった。エピキュリアンは、善き生には楽しみの追求（肉体的と同時に精神的）と、苦痛や快適でないものの回避が含まれていることを想定していた。アリストテレスの伝統――『ニコマコス倫理学』や『エウデモス倫理学』に見られる（Macintyre, 2007）――は、善き生に導くことは、美徳をともなうなど、楽しみの追求以上の意味があると論じた（Fitzpatrick, 2008, ch. 4を併せて参照）。自己実現は、社会諸関係の性格、市民的美徳、創造的活動を通じて行われる。私は他のところで、快楽主義的-幸福論的区別には、シチズンシップの脱啓蒙的概念やそれと結びついた社会政策アプローチを構築する異なる方法が反映されていることを議論した（Dean, 2003, 2008b）。この点を本章でさらに詳しく展開してみることにしよう。

Box 6-1　幸福論という言葉の語源

歴史的に言えば、「半神半人」（*daimon*、派生語として *daemon, demon*）という言葉は、次のことを述べたものである。

● ある人の「魂」か、彼らの真のあるいは「不可知な」自己（前記第2章参照）、
● あるいはまた、独立した「精神」――善い精神、悪い精神に限らず――、例えば、一方の守護天使、他方の邪悪な夢魔

最後の数百年間、主たる存在だったのは最後のイメージ――邪悪な夢魔――である。しかし、フィリップ・プルマンの『彼の暗い持ちもの』児童書三部作（ソクラテス社出版の、『ノーザンライト』（一九九五年）、『手の込んだナイフ』（一九九七年）、『琥珀色の小型望遠鏡』（二〇〇〇年））の中で、フィクションの世界に生きる登場人物はそれぞれ、動物に似せた「悪魔」の姿をしている。それらの悪魔は、人々の不可知な自己を反映、具体化したものである。それらは、その人の人間としての統一性にとって本質的なものであり、また生涯を通じてつきまとうものである。これが、我々の半神半人的存在をイメージする方法の現代的事例である。

「良い」（"eu-"）という接頭語は、「うまくいっていること」、「良い状態にあること」などを意味しており、我々人間的存在の「精神的領域」を、人間の徳の性格に関する道徳的判断にさらしているものである。自明なことだが、このことは、人々を社会的文脈の中に置くことになる。幸福論概念を通じて、

本書は、多くの宗教的な精神的幸福の解釈にではなく、人格的アイデンティティや人間的「自己」が倫理的あるいは道徳的に構築される社会的文脈と関係した世俗的解釈に関心を当てている。

薄いニーズと福利の快楽主義的概念

第2章（表2-1参照）で、人間が功利主義的主体あるいは市場アクターと見なされるとすれば、ニーズは客観的利益や主観的選好の点から理解されることになるという議論が行われた。こうした議論は、人間主体が「真の自己」とか社会的アイデンティティに配慮しない、計算づくの行為者として抽象的に構築されることになるという意味で、「薄い」理解に立っている。そうした理解は、一方で効用の性格に関する仮定、他方で人間の幸福の性格に関する仮定が前提になっている。

功利主義から厚生主義へ

人間の福利に対する快楽主義的アプローチは、一九世紀の功利主義の中に見出される。また功利主義はその明確な表現をジェレミー・ベンサムの仕事の中に見出すことができる。エリック・ホブスボームが指摘したように、計算こそ、その時代や、ベンサムや彼の後継者にとって基本的道具となっていた。

「幸福は政策目的であった。すべての人間の楽しみは量として表現され、苦痛も同様であった。楽しみから苦痛を除くこと、その差こそ彼の幸福であった。すべての人間の幸福を加え、不幸を除くこと、そして最大多数の最大幸福を保証する政府こそ最良であった」。(Hobsbawm, 1968, p. 79)

そうした計算によって、多数者の幸福をそこねる者に非効用(すなわち苦痛)を課すことを正当化することができた。イギリスにおいて、ベンサム的社会政策アプローチがビクトリア時代のワークハウスの創設や「劣等処遇原則」に帰結したのはそのためである。(Fraser, 1984)。ワークハウスは、最も貧しい自給労働者が直面する苦難と比較して、健全な恐怖の場となるよう慎重に設計された。最も苦しい状況にある人々以外、そうした条件で救済を求めることはないだろう。こうして最も苦しい状況にある人々が自らの力で生活を支えるという圧力が極大化され、財産所有者に課税される救貧税コストは最小に抑えられた。被救恤民の悲惨さは一般人口(とくに財産所有者)の最大幸福を促進することになるだろう。

これは、功利主義的もしくは「帰結主義的」(例えば、Bochel et al., 2005, pp. 197-8 参照)社会政策の苛酷な例である。しかしそこには、社会政策の特徴である「厚生主義的」アプローチの基本的要素が含まれている(Jordan, 2008)。ここで言う厚生主義とは、社会政策的介入が特定個人の福利からではなく集計的結果から判断されるべきであることを前提とした特定の思想を指している。それは、快楽や報酬こそ動機であり、苦痛や罰が非動機となるという、人々の動機に関するある仮説を前提にしている。政策は便益の総合効果を生み出すよう、行為の動機づけや強化のために用いられる。

これが非自由主義的アプローチであることは言うまでもないが、その起源は逆に、人間個人の性格に関する自由主義的啓蒙思想にある（King, 1999）。社会秩序に関する最も厳格な自由主義的概念は、人間関係を万人の万人に対する闘いとか競争と見ていた（Hobbes, 1651）。人間同士の取引は、財、土地、地位など様々な形態をとった。したがってシチズンシップは、規制されることのない個人主権による快楽と、他者に対する略奪とか、悪事が惹起する苦痛に対して保護を求めるといった自由観とトレードオフの関係にある契約主義的観点から構築されている。我々は、我々の財産を盗もうとする隣人から保護されるために、隣人の財産を盗もうとする自由と取引するのである。しかしT・H・マーシャル（Marshall, 1950）によれば、現代福祉国家は、市民的自由の拡張による法的権利や、参政権の拡張を通じて与えられた政治的諸権利以上のものを提供している。先進国世界の二〇世紀的現代的シチズンシップは、ヘルスケア、教育、住居や社会保障など、「福祉」の権利を市民に与えるようになった。しかし福祉の権利には付帯条件がついていた。様々な福祉に対する権原は、受給者の善き性格、善き振る舞いや健康なライフスタイル、受給者の訓練や職業経験への参加、子供の学校通学の保証といった条件に従っており、今でも従わなければならないものである。国家行政の福祉分野への広がりは、人々の生活コントロール能力がより大きな善の問題へ拡張したということを意味している（Garland, 1981; Dean, H., 1991; Dean, M., 1991）。

功利主義による政治的計算は厚生経済学の内部から批判者を生み出した。第2章でピグー

（Pigou, 1928, 1965）を参考に、新古典派経済学を人間の福利の分析に関連づけた彼の試みについて触れた。ピグーにとって貨幣は効用を測る尺度なのであり、彼はこのアプローチが非経済的費用調査に当てはまらないことを認めていた（Jordan, 2008, p. 201 参照）。「新」厚生経済学アプローチの理論家は沈黙していたわけではなかった。これらのうち最も知られていたのはパレート（Pareto, 1909）の研究であった。パレートの関心は、所得、財、仕事、社会における生活機会の配分と分配の効率性にあった。最適配分は、他の人の状況を悪化させることなく、ある人の状況を良くすることが不可能な地点で実現される。そうした完全均衡は実際にはありえないが、パレート原理は、公共政策を立案する際の費用・便益や、より重要な費用対効果を分析する場合の特徴であり続けている。厚生経済学は、社会政策介入から利益を得た人々が利益を失った人々に対してある程度補償すべきであるという理想を仮定している。したがって実現される妥協は、「弱い厚生主義」へつながっている（Alder and Posner, 2006; Jordan, 2008 も参照）。この点は、先進国ばかりでなく、移行期の経済においても、福祉給付の「忍び寄る条件」、すなわち貧困世帯に対する社会的支援は世帯主の求職活動とか、子供たちが就学しているという条件の中に特徴的に示されている（Dwyer, 2004a; Britto, 2006）。それらの問題については第7章で見てみることにしよう。

費用効果分析の功利主義的形態はヘルスケア政策にも当てはまる。第3章で私は、技術や医学の発展によって生み出されたものの、費用が利用可能資源を上回ってしまっている、フォーダー（Forder, 1974）の「技術的ニーズ」概念に言及した。生命救済手続きに対する公的アクセスについて割り当てが行われなければならない時、難しい決定に直面することになる。この点で格好の事例は、アメリカ・オレゴンで論議された質調整生存年（quality adjusted life years, QALYs）である（かつてイギリスでも利用が検討された）（Bochel et al., 2005, p. 203）。質調整生存年は、手術などの健康に関わる費用を正当化できるかどうか、ある人の命が救命に十分値するかどうかを評価するために用いられている。それらは、医療措置を施した結果、患者が受け入れ可能な生活の質を実現できる時間の長さを表しており、生活の質の尺度――ロッサー指標――は快楽主義的計算の古典的な例として挙げられる。それは、マトリックススコアの算定のために（「健康」の一から「死亡」の「ゼロまで」、ある領域の障害程度（「ゼロ」から「無意識程度」まで）や、他の領域の苦痛の程度（「ゼロ」から「激痛」まで）を評価するものである（Kind et al., 1982; Gudex, 1986）。幸福に対する快楽主義的アプローチは、最初の例では、生活の良さ（wellness）と健康のあり方（healthiness）との関連を問題にする健康関連生活の質尺度の継承を特徴としていた（Phillips, 2006, ch. 2）。しかし、効用や生活の質は、健康な平均余命からだけでなく、幸福な平均余命から判断されるものである（Veenhoven, 1996）。

幸福研究

一般に厚生経済学が支持する理想は、持続的経済成長や一般的豊かさという条件の下でパレート最適（前記参照）が最もよく達成されるということにある。この場合、すべての人が幸福になることができる（彼らが健康であるならば）。ある特定の時点で、ある人の幸福とその人の所得との間に有為関係があっても（Di Tella and MacCullough, 2007）、経済成長は必ずしも追加的幸福をもたらすとは限らないということを示す資料は多い。多くの国々で、国内総生産（GDP）が上昇しても、必ずしも幸福の増大とつながっていない（Layard, 2003, 2005; Easterlin, 2005; Searle, 2008）。大半が仏教徒である小国ブータンは、国民総生産ではなく、GNH（国民総幸福）（www.bhutanstudies.org.bt 参照）でその成功を測ろうとしている。しかしそれ以外の国では、「イースターリン・パラドックス」（大まかに言えば、追加貨幣で追加幸福を常に買うことができない）と呼ばれてきたものがあてはまる。

近年、様々な社会科学者が幸福測定や生活満足、主観的福利に関心を寄せるようになってきた。どれだけ幸せと感じているか、どれだけ生き方に満足しているかを人々に訊ね、どれだけ「良好」（物質的かつ精神的に）と感じているかを明らかにするために、健康に関連した質問に答えてもらうことで、それらを測定することができるようになる。福利の「客観的」測定が富や貧困統計といった指標に依拠して行われているのに対して（第3章参照）、厚生経済学は現在「主観的」福利に関心を向けるようになっている。「あなたは生活全体についてどのように思っているのですか」という簡単な設問に対する人々の回答が、主観的福利の適切な予測につながるというのが彼らの一般的結論である（Andrews and Withey, 1976; Searle, 2008）。

「脱物質主義」と呼ぶ文化的転換を最初に明らかにしたのはイングルハートであった（Inglehart, 1990）。先進工業社会がますます豊かになるにつれ、住民の優先事項は変化し始めたと、彼は見ていた。物質的稀少性が少なくなるにつれ、人々はますます個人主義的かつ内省的になっていった（Beck and Beck-Gernsheim, 2001 も参照）。世界価値観調査をはじめ、様々な資料から判断すると、経済成長や個人所得が先進国世界全体で上昇するにつれ、「幸福」、生活満足及び主観的福利に関する経験的測定が確立されるようになった。しかし、注意しておくべき重要なことがらがある。第一に、文化が特定の文脈に相当程度影響を及ぼしているために、国内での幸福「スコア」偏差が国別のそれよりも小さいこと、第二に、直近のデータによると、アメリカ、イギリスなどの国々の全体的な幸福レベルの傾向が、過去半世紀の間、平衡状態か、幾分下がり気味であったのに対して、近年、改善が見られることである。さらに、インド、中国など急速に発展してきている多くの途上国では、幸福度の上昇が全体的傾向として見られる（Inglehart et al., 2008）。そうした傾向は複雑で、こうした性格を持つ集計結果の解釈は相当議論を呼ぶ可能性がある（例えばBurchardt, 2006b 参照）。

例えば、継続的経済成長の社会的持続可能性に関しては、絶え間ない競争的経済環境における成功によって、個人主体のレベルで、腐食的不安文化が駆り立てられているのではないか（Pahl, 1995）、豊かさは一般的福利を台無しにしてしまっているのではないか（Galbraith, 1958; Offer, 2006）、といった疑問が根強く残っている（Hirsch, 1977）。経済学者リチャード・レイヤード（Layard, 2005）は、豊か（riches）になったからといって、幸福まで実現されたわけではないと考える人々の陣営に加わるようになった。彼の分析や診断は性格上、新功利主義にあたるとジョーダン（Jordan, 2008）は指摘している。レイヤードは、いかなる幸福論的領域も明確に拒否することで、幸福の定義を、脱啓蒙的自由主義的伝統から引き出していた（Layard, 2005, p. 22）。彼は、国民総生産、国民総福祉両方とも見るべきであること、過度な不平等効果、搾取的労働文化、消費者主義の猛威を抑えるべきであること、そして（イギリスでは）精神的健康給付に多くの支出を回すべきであるという結論に達した。しかし彼は、効用全体を極大化すること、費用対効果分析のパラメーターの中にそのプロセスを含めることを求めている。彼は、福祉から就労への懲罰保持と、学校での道徳教育の拡充を支持している。そこで意図されているのは、より良い理解を通じてこそ、我々は多くの人々をより幸福にすることができるということにある。

心理学者はとくに、幸福研究と、前述した主観的福利尺度の方法論的発展の点で大きな貢献を行ってきた。ライアンとデシ（Ryan and Deci, 2001）は、心理学内部にある快楽主義アプローチと幸福論アプローチを明確に区別している。それは、運用道具とか解釈道具というより、主観的福利を主要な指標として採用する、快楽主義的心理と彼らが呼んでいるものである。こうした「科学的な」心理学の亜種は医学や生物学を起源としており、本質的に非社会的人間有機体の福利を取り上げている（Stenner and Taylor, 2008）。快楽主義的観点からすると、例えば慢性的鬱などの精神疾患は、快楽の実現や苦痛の回避が難しい生活苦難にともなうストレスなどの結果であると理解されている（Frost and Hoggett, 2008）。

厚生経済学者や快楽主義的心理学者が合意することのできる説明がいくつかある。物質的消費のレベルが拡大したからといって主観的福利が増進するわけではないという点からすると、これは、一方で追加消費の限界効用が低減すること、他方で「快楽主義的踏み車」効果の点から理解されるだろう（Offer, 2006）。人々は、これ以上満足できないというところまで生活水準を上昇させようとする。人に負けまいと見栄をはっても満足できず、疲れ果て、落ち込んでしまう。ホブスボームが述べた功利主義的計算はますます困難になる。サールが指摘しているように、「福利は経験が織りなすものであり、始まりと終わりのない過程である」（Searle, 2008, p. 104）。

生活を満足できるものにするには、快楽主義的踏み車を規制すること、それを転換する人々の行動や選好を統治することがどれだけ良いのかという課題に取り組むことである。本書は、快楽主義的踏み車に歯止めをかけることがおそらく可能な、世界的規模の経済不況に見舞われている時期に執筆されている。しかし現在進んでいるイギリスの満たされていないニーズ研究の中間的知見によると、この豊かな国では、

> 心理的ニーズは物的ニーズより満たされない傾向にある。我々の社会、福祉制度、そしてサービスは、心理的ニーズより物的ニーズを満たすようデザインされている。心理的ニーズは、失業の悪化、金融不安など、経済的下降局面の時期にますます悪化していっている。（Vale et al., 2009, p. 21）

幸福はつかまえどころがなく、タニア・バーチャドは、幸福に関する社会科学的調査が正しく行われていると思っても、見当違いなことをしているかもしれないという指摘を行っている。「社会政策の目標は、心地良い福利感覚だけでなく、現実的福利でもなければならない」（Burchardt, 2006b, p. 157）。

厚いニーズと福利の幸福論的概念

議論になるのは、厚生経済学や快楽主義的心理学者が解釈する調査データによる福利の集計結果が、諸個人の生活の社会的現実と十分な関わりを持っていないことである。第2章で私は、人間主体が社会心理的存在であり、類的構成員と見なされるのであれば、そのニーズは内的動機や構成的特性の点からそれぞれ理解されるということを指摘した（第2章表2-1参照）。こうした理解は、人間主体が具体的で、社会的に位置づけられた存在として実質的に構築されているという意味で、「厚い」理解に立っている。私が考える社会心理的存在は、その多くを、ライアンとデシ（Ryan and Deci, 2001）が快楽主義的心理の対極として幸福論的心理と特徴づけたものに負っている。また私が述べる種とはホモ・エコノミカスではなく、社会的な人間である（Douglas and Ney, 1998）。そこで、一定の哲学的基礎や、新しく出現してきた社会心理的領域概念やそれと関連した社会学的、社会人類学的説明を見てみることにしよう。

哲学的基礎――善き生を求めて

アリストテレス的な「善き生」の概念は、必ずしも構成的基礎ではなく、人間の福利の幸福論的概念につながる道筋を提供しているものである。快楽主義的道筋が功利主義とつながっているのに対して、幸福論的アプローチは別の方向とつながっている。そのアプローチの諸要素は、一八世紀以降、カント的な「義務論的倫理」、すなわち普遍的な道徳的義務の概念や、すべての人が福利の権利を持っているばかりか、どのような人も他者の幸福実現の手段として扱われるべきではないという観点から、自らを解釈してきた。そうした思潮によって、現代福祉国家を出現させた社会リベラリズムやロールズが支持する社会正義の自由主義的概念（Rawls, 1972）や、第5章で議論したセンのケイパビリティ・アプローチの道が切り開かれてきたのである。

矛盾しているのは、社会リベラリズム的アプローチに対する主な批判が、急進的民主主義者や、コミュニタリアンから現れてきたことである。とくに後者は、その思想をアリストテレスの伝統、とくに人間の知識やガヴァナンスは基本的に社会的あるいは集団的な企てであるという観念にまで遡る（Sandel, 1982; Walzer, 1983; Macintyre, 2007）。彼らが批判対象としているのは、人間が相互に負っている互恵的義務が彼らの社会的帰属のリアリティの中に基礎づけられているという前提を批判する自由主義的存在論に見られる抽象的な個人主義的「自己」である。こうしたコミュニタリアニズム(2)は、ルソーやモンテスキューの共和主義とかなりの部分で共通しており、少なくとも社会構築主義の方向に向かう傾向にある。脱啓蒙主義的共和主義は、プラトン的伝統より、アリストテレス的伝統を支持しており、そこには哲学的巨人ではなく、人々の一般意思によって支えられた共和主義を垣間見ることができる。共和主義的アプローチは自ずから幸福論的であった。そこでは、人間関係を、脆い者同士が協同することによって成り立つ協力し合う存在であること、同時に人々の交流は人間同士の様々なつながりや帰属形式をとることが想定されていた。したがってシチズンシップは、個人主義、社会秩序の促進、存在論的安全保障、集団的福利が合わさった連帯的条件の中で構築されている。

したがって社会リベラリズムや社会保守主義はそれぞれ、善き生の潜在的な幸福論的解釈を具現したものであり、前者は抽象的な哲学原理に、後者は文化的規範に対する関心に基づいている。前者は社会正義の促進を強調するなどますます社会民主主義の政治学との結びつきを強めている[3]。後者は伝統的秩序の維持を強調するなどますますキリスト教民主主義の政治との結びつきを強めてきた。しかし両方とも、連帯や、リスクや責任を共有する点に徳があるという考えに価値を見出している。例えば、社会リベラリズムと社会保守主義はそれぞれ、社会保険や／あるいは社会保護原理を内在している（この点については第7章でさらに詳しく検討する）。社会保険や普遍主義的社会的保護を前提とした社会的給付形態は、リスクシェアリングといった連帯主義的概念をともなっている。それらは、「幸福論的倫理」（第9章であらためて検討する概念）の点で一貫している。そこには、人間社会が構成員の苦難を回避する以上のものを行うこと、生活の移ろいにかかわらず、人々の参加と繁栄は可能であるという関心が見られる。

世界的に見ると、福祉セーフティ・ネットによって和らげられてはいるものの（Deacon, 2007）、いくつかの国連機関が、自由貿易の快楽主義的計算を支持する新自由主義的な「ワシントン合意」の影響下に置かれているのに対して、国際労働機関などの諸機関は保険ベースや普遍的な安全保障を支持しており（ILO, 2006）、また世界保健機関（WHO）は、前述したロッサー指標に対して、以下の指摘に見られるように、生活の質を幸福論的条件の中で定義、監視しようとしている。

彼らが生活を営む文化や価値体系の文脈の中で彼らの生活上の位置に関する個人的知覚として、また彼らの目標、期待、規準及び出来事との関連で。生活の質は、人々の肉体的健康、心理状態、自律レベル、社会的諸関係、主な環境特徴との関係など、複雑な影響を受けた幅広い概念となっている（WHOQOL Group, 1995, p. 495; Schmidt and Bullinger, 2008も併せて参照）。

社会心理領域

快楽主義的心理に対して幸福論的心理は主観的福利の測定その他に疑問を持ち、「個人的表明」とか「自己決定」といった追加領域を含めることを勧めている（Ryan and Deci, 2001, p. 146）。ラファエル他「生活の質指標と健康　現在の状況と将来概念」（Raphael et al., 1998）に寄稿した心理学者は、「あること」、「属すること」、「なること」の領域から生活の質の定義と、その測定を試みている。ライアンとデシの貢献は、心理的成長、自律、コンピーテンス及び関係性という三つの要件を前提に、自己決定理論（ＳＤＴ）を発展させたことにあった。自己決定理論は、これらの要件を、心理的健康や、福利を構成する、基本的で、普遍的なニーズであるとしている。自律は自己の真正性や統合性に関わるもので、自己動機や自己是認、人格的価値を参照することで測定可能となる。能力は効果的機能や文化的価値に関わるもので、結果を招来する能力に対する確信を参照することで測定可能となる。関係性は、社会的統合やつながりに関わるもので、帰属感覚を参照することで測定できるようになる。マズローが定義したニーズの階層性（前記第2章参照）と違い、これらのニーズは個人の福利に、平等かつ個別的に結びついている。問題の焦点は、「本質的に能動的で，関係的存在」としての生活の前提条件に当てられている（Ryan and Sapp, 2008, p. 73）。

ライアンとデシは，「基本的ニーズの特定は最低限の社会的心理要件を定めるだけでなく，人々が心理的に生きがいを感じながら成長するために，社会環境が供給しなければならない栄養素を描くものでもある」ということを認めている（2001, p. 147）。社会環境や社会政策は福利にとって決定的に重要な意味を持っている。ここで我々は，第4章で行ったリチャード・ウィルキンソンの研究の議論に連れ戻されることになる。ウィルキンソンによれば，豊かであるにもかかわらず不平等な社会は，ライアンとデシが言う意味で人々を育てることができる社会ではない。しかしウィルキンソンが問題としているのは豊かさでは必ずしもなく，社会的不平等である。初期の研究でウィルキンソンは，「慢性的ストレス」によるダメージを強調していた。相対的剝奪は人々に，以下のような感じを抱かせる。

> 鬱，いかさま，苦々しさ，絶望，脆弱さ，脅え，怒り，借金や仕事に対する不安，住居の不安定。また，価値がない，必要とされていない，望みがない，誰からも面倒を見てもらえない，孤立している，不安そして失敗といった感じを抱かせる。（Wilkinson, 1996, p. 215）

ウィルキンソンはある程度まで，制度的不平等に由来する苦痛とか不幸を快楽主義的な意味で述べているが，別の意味で彼は，説明すべきことがらを社会的文脈の中に根拠づけている。この点は，後の研究でウィルキンソンがソーシャル・キャピタル概念の諸要素をあてはめ（批判的考察については第5章参照）、平等社会が不平等社会より健康であるのは高いレベルで社会的結合が見られるからだということを強調していることからも明らかである。

他の説明レベルは、社会政策における心理学的アプローチの出現である（Stenner and Taylor, 2008）。フロストとホゲットは、快楽主義的に考えられている「ストレス・対抗モデル」に依拠しつつた研究によって、「社会正義に対する相当の心理効果」が明らかになっていることを認めつつ（Frost and Hoggett, 2008, p. 442）、人々の生活経験についてより深い理解が必要であると述べている。彼らが依拠しているのは、ブルデューの「社会的苦難」（social suffering）概念（Bourdieu, 1999）である。第5章でフェミニストの考えに依拠しながらケイパビリティ・アプローチによる自由主義的課題が批判されたように、「ポスト自由主義的」課題は、彼女の自律からではなく、彼女の関係性からケイパビリティの不足からではなく、彼女が住む社会的空間の不足や、彼女が経験する抑圧構造から理解することができる。社会的苦難は、社会的不平等の「隠れた障害」、すなわち階級的差異とか人種的差異、あるいは年齢とか障害の社会的構築によって課せられたものなのかもしれない。社会的汚名や恥辱の経験は、個人的アイデンティティに心理的傷や損失を課す。ある状況でこれは、暴力や反社会的対応となって表出してしまうかもしれない。いずれにしてもそれは、肉体的結果や健康と関連した不平等の中に反映されている。

こうした「厚い」心理的アプローチは、コミュニタリアン・アプローチと同様、リベラリズムに懐疑的であり、人間的自己に対する幸福論的感覚が暗黙のうちに内在されている。

ケイパビリティを厚くする?

第5章で議論したマーサ・ヌスバウムによるケイパビリティ・アプローチの発展には、全く異なった文脈で、ヒューマン・ケイパビリティの構成要素を特定する「最も厚く」、そして最も明示的な試みを余すところなく示す「中心的な人間的機能の」ケイパビリティ・リストの探究が含まれている(Nussbaum, 2000b, pp. 78-80)。Box 6-2に要約されているリストには、快楽的要素と幸福論的要素が含まれている。快楽的要素が豊かに記述されるという意味では、薄いというより、厚いと言うことができる。しかし笑うとか遊ぶといったケイパビリティは、功利主義の特徴である残忍性を超えた概念である一方、質的に異なる領域に属するにもかかわらず、本質的に快楽の極大化に関心を払おうとしていることに変わりはない。幸福論的要素には参加、所属、関係に関わるケイパビリティが含まれており、第5章の指摘にあるように、ケイパビリティの描き方には一定の「薄さ」が見られる。ケイパビリティ所有者は、相互のつながりを通じてではなく、他者とつながる自由な行為者として構築されている。こうした印象は議論になるところであるが、他の種との関係の中で生きるケイパビリティを含めることで強くなっている。確かに人間は地球と協調しながら生きることを間違いなく求めている、しかしこのことが例えば類的平等といった道徳的要求を意味するとすれば(4)、人間という種を、その社会性の徳によって構成された貴重な存在であると考える幸福論的要素(あらゆる倫理的責任を持つ)とうまく調和しなくなってしまう。

イアン・ゴフは、エイジェンシーの自律に関する薄い概念と批判的自律概念を区別する必要があるということを強調している(Gough, 2003, p. 19)。自由主義的自律概念には人間主体の薄い概念

Box 6-2　ヌスバウムの中心的機能的ケイパビリティ・リスト――要約

1　生命――通常の人間生活を最後までまっとうできること
2　身体的健康――健康であること
3　身体的保全――自由に移動できること、暴力の恐れがないこと
4　感覚、想像力、及び思考――感覚を駆使すること、想像し、考え、表現の自由と信仰の自由の保障とともに、適切な教育によって養われた方法で理由づけができること
5　感情――自分自身の周りの物や人に対して愛着を持てること、愛せること、嘆くことができること、トラウマや虐待、そして無視から自由であること
6　実践理性――善の概念を形成し、批判的熟慮に自由に関わることができること
7　連帯――社会的交流に参加できること、他の人々を受け入れ、関心を示すことができること、差別や不信から自由であること
8　自然との共生――動物、植物、自然界に関心を持ち、それらと関わりながら生きることができること
9　遊び――笑い、遊び、余暇活動を楽しむことができること
10　環境のコントロール――自分の生活を左右する政治的選択に効果的に参加できること、他の人々と同等に財産を持つことができ、雇用を求めることができること

出所：Nussbaum, 2000b, pp. 78-80.

が含まれており、ヌスバウムの研究でも、他の理論家の仕事ほどプラグマチック的、あるいは簡潔な形で考えられていないものの、――私の用語法に従うならば――依然として薄い議論が行われている。ドイヤルとゴフ（Doyal and Gough, 1991）の「批判的自律」概念（第9章で後に論じられる）はさらにわかりにくくなっている。人間相互のつながりという点でますます「厚く」縛られながら、自らのニーズや他の人間のニーズに批判的に関わる人間主体が提示されている。

ヌスバウムは、ドイヤルとゴフと同様、ヒューマン・ニーズや機能的ケイパビリティの社会的実現条件の重要性を認めている。ケイパビリティとは選択する自由であり、ヌスバウムはそうした自由の実現が人格的才能や制度的文脈にかかっていることを明確に認めている。彼女は、人々にとっての内発的及び外発的要因の双方が持つ意味に触れながら、「複合的ケイパビリティ」について言及している。すなわち、複合的ケイパビリティとは、個人の能力や自由、市場の特性、市民社会や国家に基づいて、有意義な機能に転換されるものである（Nussbaum, 2000b）。社会的文脈が問題となるのはこの点についての同意があるからである。

社会的文脈

本章最終節では、社会的文脈から問題を取り上げるために、社会的質アプローチ、発展途上国における福利（WeD）フレームワーク、そしてビル・ジョーダンの社会的価値の概念化という、三つの全く異なる試みを考察してみることにする。

第一に、生活の質には社会的領域が必然的に含まれているという観念は、「社会的質」概念の中に具体化されている。社会的質は、オランダが議長国であった一九九七年ＥＵサミットで、研究者集団が行った宣言――ヨーロッパ社会的質アムステルダム宣言――に起源を持つ概念である。その概念は、ジャック・ドロールが行ったＥＵの社会的領域の呼びかけをふまえ、経済政策と社会政策の課題との対話を明確に意図していた（Beck et al., 1997）。社会的質とは多くの領域にまたがる概念であり、以下のように定義されている。

> （ヨーロッパ）市民が幸福や個人の潜在能力を増進するという条件の下で、市民がコミュニティにおける社会的、経済的生活に参加することができる程度。このように市民が経験する社会的質は、以下のことがらに依拠している。
>
> - **経済的安全保障**の程度
> - **社会的包摂**のレベル
> - **社会的結合**あるいは連帯の程度
> - 自律あるいは**エンパワーメント**のレベル（Beck et al., 1997, p. 3. 強調点を追加）

その概念の理論的、経験的発展は、社会的質欧州基金（European Foundation on Social Quality, EFSQ）によって行われてきた。その概念の理論的探究は非常に複雑である（Baers et al., 2005; Phillips, 2006, pp. 175-89）。右に示した社会的質の四つの構成要素は、「三つの緊張集合」――マクロ及びミクロレベルの問題の緊張と、組織レベルとコミュニティレベルの緊張――の関係から概念化されている（Beck et al., 1997, p. 320）。社会的経済的安全保障は、社会的過程を含むマクロな問題であり、組織論的に議論されている。社会的包摂は、個人的生物学的過程を含むミクロな問題であるが、しかし制度的レベルでは、政策を通じた組織論が取り上げられている。社会的結合は、集団的行為を通じて市民が取り上げる二つ目のマクロな問題である。エンパワーメントとかコンピーテンスはミクロな問題であるが、コミュニティのレベルで取り上げられている。しかし二つの緊張集合は重なり合う傾向にある、何故ならそれぞれの定義は明らかに、ユルゲン・ハバーマスが行ったシステムと生活世界との区別に基づいているからである（Habermas, 1987）。その後の分析（Baers et al., 2005）は、社会的質の四つの構成要素に位置づけられる社会的構築物を豊富化する試みにあてられた。問題は、社会的行為者の「構築的相互依存性」にある（Phillips, 2006, p. 182で引用）。そのため社会的経済的安全保障は社会正義の問題に、社会的包摂は参加の問題に、社会的結合は社会的承認の問題に、エンパワーメントは同感や社会的対応の問題として想定されている。そこには分析上の豊かさがあると同時に、混乱も見られる。社会的質はそれ自体統一概念と考えられていない。それは厚いヒューマン・ニーズの説明というより、複雑性の増加に合わせて、一貫性を失ってきたと言う方がわかりやすい。社会的質欧州基金の社会的質モデルについては、第7章であらためて検討してみることにしよう。

第二に、同様に多面的で学際的な概念的フレームワークは、バース大学の発展途上国研究グループの経済社会研究会議（ＥＳＲＣ）の福利が採用してきたものである。彼らのフレームワークの中心には五つの「中心的考え」がある。

1　社会的人間の中心性
2　弊害とニーズ
3　意味、文化及びアイデンティティ
4　時間と過程
5　資源性、復元力及び適応（McGregor, 2007, p. 321）

ここには、社会科学の様々な分野が共通に対象化し、「福利」という言葉で全体を把握しようとしている関心がまとまった形で示されている。しかし社会的質の定義がそうであったように、そうした結果から生じるアプローチは複雑である。そこには効果的で、時間の変化に耐えられるフレームワークに期待されている明瞭さや優雅さが欠けている。それは、「幸福」を、都合よく、しかし曖昧な形でしか定義できない多義的概念へ変えてしまっている。しかし、五つの中心的考え方のうち最初のもの――社会的人間の中心性――によって、個人主義的アプローチに対抗した関係的アプローチの意味や、人の全体性は社会的存在を通して確立されるという意味が明らかに強調されている。マクレガーが、スティーブン・ネイと共著で出した『見失われた人々』（一九九八年）の中で、人類学者メアリー・ダグラスが行った議論に注意を呼びかけているのはこのためである。そうした議論は、多くの社会科学が非社会的人間を前提としているという矛盾を抱えているという点に向けられている。全体的人間――人間同士の意見交換の中枢や神話や意味の構築者――は、「選択する機会」に置き換えられることで失われてきている（Douglas and Ney, 1998, p. 184）。ダグラスとネイは、この議論に「保守的であると同時に急進的な可能性もある」ことを認めている（1998, p. 4）。彼らは、欲望が小さく、手段が豊富であったことを理由に、近代以前の狩猟社会が貧しかったわけではないというサーリンズの有名な主張に注意を促している（Sahlins, 1974）。しかしダグラスとネイは、石器時代にむりやり戻ろうなどと無責任に主張しているわけではない。彼らは、貧困が物的財の不足や分配の非対称性に関するものではないこと、人間の重要なニーズは他者とコミュニケートし、他者とコミュニケーションをはかる中で、道徳的判断を行うものであるという、人々が文化的、政治的創造物であることを認めている。

第三に、すでに検討したビル・ジョーダンの「社会的価値」概念（Jordan, 2008）に戻ってみることにしよう。この概念は、社会的質と比べると曖昧な形でしか特定化されていないが、しかしより包括的である。ジョーダンの議論は、福祉の経済的モデルの優越性、公共サービスの市場化、自己調達の促進――とくに英語諸国で――によって、人々の生活の質の維持にとって社会的に有意義な人格的関係、信頼、参加が立ちゆかなくなっている点にあてられている。経済理論は、個人的効用を極大化する困難な仕事として、社会諸制度、文化的伝統の機能の再解釈と再構築を行おうとしている。効用が「唯一の計算法、唯一の交換通貨」となっている（Jordan, 2008, p. 62）。この文脈からジョーダンは、ますます支配的な概念となっているソーシャル・キャピタルに対する彼独自の批判を展開している（第5章でも触れられた）。ソーシャル・キャピタル理論は、ソーシャルキャピタルの不足の点からイースターリン・パラドックスを非難しているのに対して（一五七頁参照）、ジョーダンは社会的価値の破壊の点からそれを非難している。社会的価値は、ソーシャル・キャピタルに対する代替物、人間の福利の源であると見なされている。ジョーダンの議論と、本書でこれまで様々な段階で取り上げてきた他の思想家の議論との間に、次の点で共通項がある。

●マルクスや、彼が「商品の物象性」を通じて「使用価値」の抑圧と述べてきたことがら（そのことによって資本主義は、人々の間の物的あるいは契約関係と、モノをめぐる社会的諸関係を実現する）

●ボードリヤールと、彼が「象徴価値の優越性」と呼んでいることがら（そのことによって、人々による有意義な行為の象徴的交換は、文化的に構築されながら、無駄な象徴システムへと還元されてきた）

●ホネットと、彼が人間の福利の前提として挙げていることがら（Honneth（1995）が、「愛、連帯及び諸権利」として挙げているもの、ジョーダンが「親密圏、帰属及び尊敬」として挙げているもの）

ジョーダンは同時に、文化的象徴やすべての人間の交換の基礎にある意味の提供は社会的関係であって市場関係によるものではないという議論を行うために、メアリー・ダグラスの研究を根拠にしている。その分析には、変革というより、自ずから潜在的にラッダイト的であるという、ダグラスとネイ（前記参照）が指摘した曖昧さを見て取ることができる。そこには保守主義に対するコミュニタリアン的な幸福論的アプローチの傾向が見られる。しかしこの点は、劇的に変化し、かつ流動的な社会的文脈の中で自律や人格を再考する方法や、徳や価値の概念が壊れ、変化している時に、善き生を擁護・促進することなどできるのかというもう一つの検討課題を提起する。この点については第8章、第9章で検討してみることにしたい。

注

（1）私は、*Social Policy and Administration*, vol. 43, no. 3, pp. 311–16 でこれら三冊の書評を行ったが、本章はそこでの論点に基づいて執筆されている。

（2）「コミュニタリアニズム」はいくつか非常に異なる考え方に付けられたレッテルでしかなく、用法に問題を抱えている。哲学的コミュニタリアニズムは、自由主義者、社会主義者、そして言うまでもなく代替イデオロギー的物語を求めている人々の関心を引きつけてきた。そのため、サンデル、マッキンタイアー及びウォルツァーは、「左翼」コミュニタリアンとか「急進的民主主義者」と述べられてきた（何人かの人々について不正確である）。しかし、「コミュニタリアニズム」は、第5章で取り上げたパットナムなどのソーシャル・キャピタルの支持者を含む、ニューライトや第三の道論者によって主張されるか、もしくは彼らに属すると理解されてきた。

（3）社会民主主義に相当入り混じったイデオロギーが存在すると私は考えている。それは同時に、社会主義思想のうちフェビアンあるいは改良主義に依拠している。しかし、実際には、社会民主主義政策は、修正ネオマルクス主義的展望より、カント的な道徳仮説を映し出す傾向があった。

（4）公正を期すならば、この点はヌスバウムの意図するところではなかったかもしれない。*Frontiers of Justice*, 2006 を参照。

要約

●本章は、ヒューマン・ニーズあるいは人間の幸福に関する「薄い」概念と「厚い」概念の違いを明らかにしている。そこで明らかにされたのは、薄いとか厚いというメタファーが適用される多くの方法をめぐる幅広い区別にである。しかしそれは特定の（言葉の文字通りの意味で）適応である。この点の意味を最もよく捉えているのは、福利の快楽主義的概念と幸福論的概念の議論である。快楽的とは、それが個人的で、功利主義的で／あるいは抽象的であるかぎりにおいて「薄い」という意味である。幸福論的とは、それが連帯的で、ある意味で精神的で／あるいは有機的であるかぎりにおいて「厚い」という意味である。

●ニーズの薄いあるいは快楽主義的概念は、一九世紀の古典的な功利主義的社会政策だけでなく（詳細は次章で検討される）、費用効果分析の前提となっている厚生経済学の出現とも関連していると論じられてきた。しかし、経済学や心理学分野の最近の発展は、現代先進国経済の幸福の増大や国家福祉給付にかかわらず、必ずしも人々は幸福になっていないということを明らかにしているイースターリン・パラドックスに関心を寄せてきている。

●ニーズの厚い、あるいは幸福論的概念は、社会正義の自由主義的概念と、脱啓蒙主義的共和主義や近年の急進的コミュニタリアン思想という、二つの対立した潮流に関連があると論じられた。社会科学内部の近年の発展は、人間の福利への心理学的領域を探究してきた。問題は、社会的文脈におかれた人間個人の自己決定であると同時に、社会的不平等や不正義を原因とする社会的苦難である。さらに、ヒューマン・ケイパビリティの構成要案に関するより豊かな説明や、新しい「社会的質」

概念、そして「社会的価値」の促進と出現に関する新しい議論の中身を紹介することで、人間の生活の質の諸側面に関心が当てられた。人間生活の構築的社会的領域をあらためて優先的に検討する必要がある。こうした様々な形の取り組みは社会政策に対する異なったアプローチを意味している。

議論すべき課題

- 「薄い」ニーズと「厚い」ニーズの違い、そして両者の関係をどのように考えますか?
- 「適切な社会政策の最も実践的で、有意義な試金石は、人間の幸福を極大化することに成功するかどうかである」。この説明にあなたは同意しますか、あるいは不同意ですか、またその理由はどのようなものですか?
- 「善き生」の構成要素は何だと思いますか、またそのために社会政策はどのようなことをすべきだと思いますか?

第7章

ヒューマン・ニーズと社会政策

- 本章はヒューマン・ニーズの議論をわかりやすく整理することを目的として，分類法やモデルの紹介を行う．モデルは，本書の初めで展開された，本質的ニーズと解釈されたニーズ，そして薄いニーズと厚いニーズという，2つの中心的な区別をめぐって構築されている．
- モデルを構成している4つの幅広いカテゴリーとして，ヒューマン・ニーズの状況的ニーズ，特定ニーズ，共通ニーズ及び普遍的ニーズが概括的に説明される．
- モデルは社会政策で展開，適用された様々なアプローチや伝統に関連したものと同じものであり，それぞれのカテゴリーもそれと関連性がある．
- モデルの対象範囲と限界が簡単に議論される．

本章で私は、これまで明らかにしてきたヒューマン・ニーズに関する様々な議論の筋道をまとめ、その試みから、ある特定の目的を実現したいと考えている。本書の関心は、ヒューマン・ニーズの理解に対する様々なアプローチを社会政策と関係づけることである。このことを行うために、ヒューマン・ニーズに対する様々なアプローチを簡単に分類してみることにする。このことは、これまで議論されてきたアプローチを、四つの幅広いカテゴリーの中に包み込もうとすることである。そこで、社会政策への適用との関連で、それぞれのカテゴリーついて考察してみることにしよう。社会政策給付の特定の歴史的及び現代的事例を引き出そうとしている点で、その考察は網羅的というよりむしろ例示的なものになるだろう。

ニーズに基づくアプローチの分類

私の分類は図7-1で概括的に示されている。その目的は、複雑なものをもうひとつ付け加えることではなく、すでに議論された概念的区別の多様性を、簡潔で、少なくともわかりやすいものとし、それらの相互関連を明らかにすることにある。分類はモデルにすぎない。分類は還元的であるかもしれないが、その目的は多くの当惑するような相互に関連した考えや議論の根拠を発見することにある。実際の生活で、多くのヒューマン・ニーズアプローチがここで定義されたカテゴリーのどれかにぴったり当てはまるというわけではない。カテゴリーは理念型にすぎず、必ずしも特定のアプローチを正確に記述しているものではない。

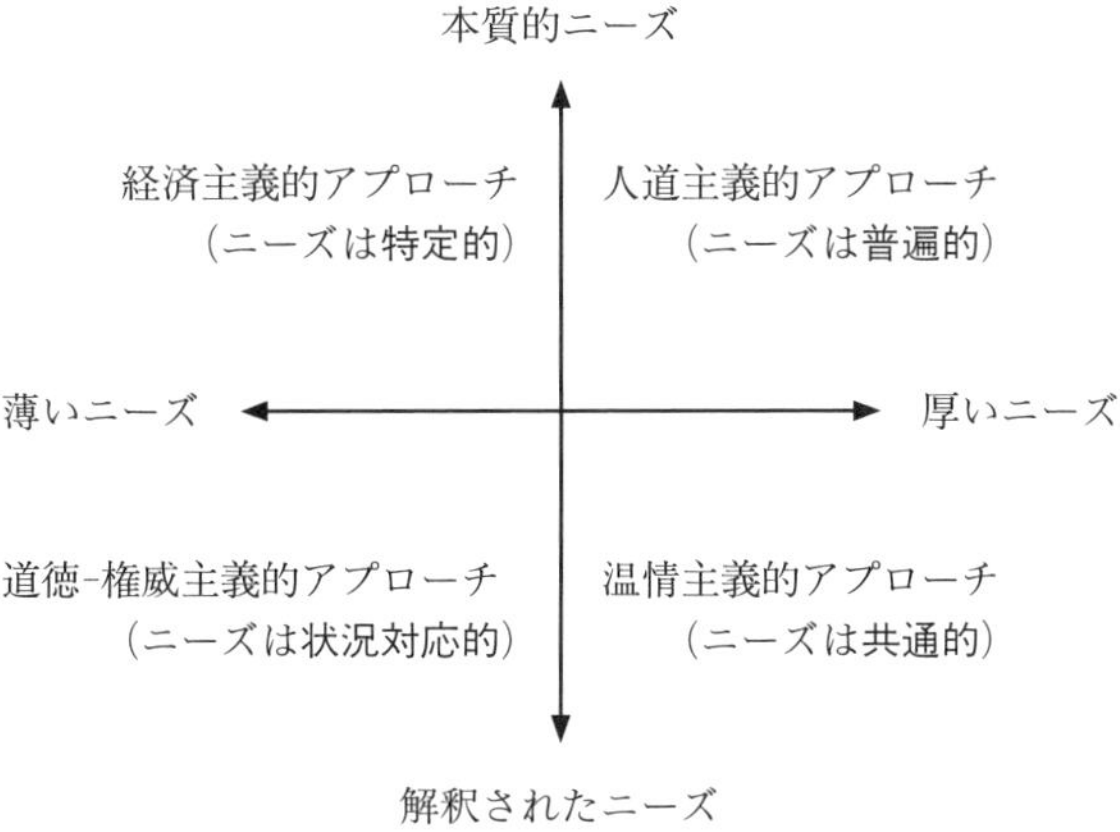

図 7-1　ニーズに基づくアプローチの分類

ニーズに対する様々な対応の重要性を最初に取り上げた、第1章（表1-2を参照）、及び第4章、第5章で、道徳-権威主義的、経済主義的、温情主義的及び人道主義的アプローチという四つの幅広いカテゴリーの紹介はすでにすんでいると思われたかもしれない。しかしここで私が行おうとしているのは、二つの領域的図式やモデルを明らかにするために、二つの軸とそこから生まれる四つのアプローチを整理することである。一つは垂直軸で、第2章と第3章で明らかにしたニーズの本質的概念と解釈された概念との違いが示されている。二番目は水平軸で、第6章で明らかにしたニーズの薄い概念と厚い概念との違いが示されている。ここで強調しておくべきことは、両方の軸によって相互に関連した理解の連続性や分布が示されており、本書の議論の目的からすると、それぞれが完全に特定された形で引き出されていることにある。[1]

図7-1の分類と比較される二面的モデルや図式が少なくとも他に三つ存在する。第一に、人類学者メア

リー・ダグラス（Douglas, 1977; Douglas and Ney, 1998）の文化理論モデルである。二番目は、ヨハン・ガルツングが考案した自由主義に基づくヒューマン・ニーズ分類である（Galtung, 1994, ch. 3）。三番目はヒューマン・ニーズに関するものというより、第6章で議論された社会的質欧州基金が展開している「社会的質」の構成要素や構築物と関連した本質的に社会民主主義に基づくモデルである（Beck et al., 1997; Baers et al., 2005; また Phillips, 2006, pp. 175-89 を参照）。社会的質欧州基金モデルは、非常に複雑で、扱いの難しいモデルであるが、幅広い支持を集め、ガルツング・モデルの反証となっているという点で、この分析の中に含めている。これら三つのモデルとも、私の分類と全く同じだというわけではない。図7-1の分類が、何らかの点で、これら代替モデルより勝れているというわけでもない。しかし、これらの分類と私の分類が共鳴し合う部分について述べておくことは有用であり、以下の議論を通じて、様々なモデルを簡単に比較しておくことにする。(2)

本質的—解釈されたつながり

本質的ニーズと解釈されたニーズを区別するのは、ヒューマン・ニーズが人に授けられたものであるという考えと、ヒューマン・ニーズは人と関係なく定義できるし、そうあるべきだという考えとの違いをつかまえるためである。両者は互換的関係にあり、完全に切り離すことができるというものではない。

どのような文化であれ、人々は共有した分類や構造に拘束されているという、相対的程度の把握を目的としたメアリー・ダグラスの「グリッド」という重要概念は、曖昧さを残しているという欠点はあるものの、本質的ニーズと解釈されたニーズのつながりと同じものと考えてよい。ニーズの本質的概念は、暗黙であれ、明示的であれ、一定の人格性の理論や原理を必要としているが、解釈された概念はプラグマチックで、日常的な人間の経験に基づいている。ハバーマス（Habermas, 1987）も同様にシステムと生活世界を区分し、ガルツング（Galtung, 1994, p. 57）は「構造-依存」と「行為主体-依存」を区別している。これらの区分は、幾分曖昧さを残しているものの、我々が行っているニーズの本質的概念と解釈された概念との区別と等しいものである。前者は、抽象的あるいは体系的理解の要素を前提としており、後者は知覚した現実や獲得知の要素が前提となっている。最後に社会的質欧州基金（前記参照）は、一方でシステム、制度及び組織の領域と、他方でコミュニティや集団の領域というように、同様の区別を行っている。いくつかの例において概念的に様々な形で引かれた区分領域と本質的-解釈された区分領域との一致が、直観的に明らかだということではない。この一因は、連続線の対極の間に――良きにつけ、悪しきにつけ――、固定された階層性が存在すると考える誤った傾向にある。すなわち、弱いグリッドは強いそれに従っており、生活世界はシステムに、行為主体は構造に、コミュニティは制度によって支配されているという仮定である。しかしこのことは、本質的―解釈されたというつながりにはあてはまらない。本質的ニーズ概念は、抽象的ではあるが、単純で、ナイーブなものであり、解釈された概念は、プラグマチックではあるが、磨きあげられ、概念的に洗練化されたものである。勿論、逆もある。歴史的意味からすると、そこには本質的―解釈されたというつながりの両極に意味の流動性があり、それぞれの概念は自らの意味を他のそれに負っており、あるいは負うようになるということなのかもしれない。

薄い―厚いつながり

ここで取り上げている薄い―厚いという区分は、社会的文脈の中で、人間個人に帰する道具的ニーズと、人間に帰する経験的ニーズとの違いを明らかにするためである。あらためて言うならば、それは、両極のつながりによってそれぞれの特徴が規定され、相互に作用し合っているために、単純に維持できるとは言えない概念的区分である。快楽主義と幸福論といった古典的区分や、ウォルツァーの最小道徳と最大道徳との区分など、他の概念的見通しと重なり合っている概念的区分でもある（Walzer, 1994）。これらの点は第6章で十分議論された。しかし、薄い―厚いというつながりは同時に、他の二面的領域の概念図式で定義された領域と重なり合っている。

メアリー・ダグラスが文化理論の中で展開してきた二番目の重要な概念は「集団」という、どのような文化状況にある人々であっても社会的に組み込まれていることから、その相対的程度をつかまえることを目的として編み出された概念である。この点は、ニーズの薄い概念が個人主義を特徴としているのに対して、厚い概念は連帯的理解にしたがっているという点で、薄い―厚いというつながりと重なっている（少なくとも私がそれを定義しようとするかぎり）。ヒューマン・ニーズに関するガルツングの区分の第二の領域は、物的ニーズと非物的ニーズとの対比である。これは、薄い―厚いつながりと同様、快楽的―幸福論的連続の中心的要素をつかまえようとする点で、薄い―

厚いというつながりと部分的に重なっている。最後に、社会的質に関する欧州基金の概念的モデルの目的からすれば、第二の領域は、ミクロな個人史的過程と、マクロな社会的な過程との区別をともなっている。このことは同時に、分析の個人的レベルと社会的レベルの区別をつかまえようとするのと同じくらい、薄い—厚いつながりと部分的に重なっている。

状況的ニーズ

そこでまず、ヒューマン・ニーズが薄く考察され、解釈されている図7-1の左下の象限について見てみることにしよう。この象限には、先に道徳-権威主義的アプローチと述べたものが含まれている。第一に、人間性の基礎（現実的あるいは潜在的）は権威によって制約されていなければならないこと、第二に、人々が有意義と考えているものについて判断が下されなければならないという意味で（「倫理的」というより[3]）道徳-権威主義的であることである。それらは本質的に快楽主義的であり、功利主義的である。そこでは、ニーズが特定の文脈や個人の人格的状況との関連で生み出され、評価されるという解釈が行われている。ニーズは状況にしたがっている。

状況的ニーズを他のモデルとの関連に位置づける

状況的ニーズを充足している人々は生存者である。多様な顔を持つ個人が、不平等が相当進んでいる社会（例えばイギリス[4]）において、市民としての彼らの位置を合理的と考えるような議論を行っている大衆言説研究の中で、人々が依拠する熟議的「道徳的レパートリー」の一つは生存主義的レパートリーであった（Dean, 1999）。生存者の道徳的レパートリーは、社会の中で剝奪されている者は不運な経験しかしていないと考えている。「すべての人は自分のために」が公理となる。すべての人は最善を尽くして生き残らなければならない。生存するためには、強く、賢明で、狡猾でなければならない。しかし不幸なことは起こる。生き残り主義は、日常生活の変化に対する態度という点で運命的であるけれども、それは同時に道徳-権威主義的でもある。生き残りのための闘いにはルールがなければならず、私やあなたがルールに従うということならば、他の人もすべてそうしなければならない。ルールは執行されなければならない。

　すでに指摘したように、図7-1に示された分類と様々な点で異同はあるものの、それとは別の二面的な概念的図式がある。

●メアリー・ダグラスの文化理論図式でこれに照応している象限は、彼女の図式のいくつかのバージョンにおいて、「力強い人間」が住むとされている弱いグリッド／弱い集団の象限である（Douglas and Ney, 1998, p. 109）。力強い人間とは状況変化に適応する生存者と考えることができる。

●ガルツングのニーズ分類でこれに照応している象限は、「生存」ニーズを特徴とする物質的ニーズ／行為主体-依存の象限である。図7-1の分類とかなり重なり合っているように見えるかもしれないが、生存のためのガルツングの反意語は、より厳しい問題を反映しながら、しかし状況的ニーズが外部的困難との関連で定義されるという考え方と重なり合う「暴力」である。

- 社会的質欧州基金モデルでこれに照応している象限は——社会的質の構成要素や構築物との関連で（Beck et al., 1997, p. 321; Baers et al., 2005）——、一方でエンパワーメントを、他方で「同感」や「対応性」を参照したミクロな生活史的／集団やコミュニティ象限である。この点にわかりづらいかもしれないが、分類領域には括弧つきの強調が含まれている。社会的質アプローチの規範的前提からすると、社会的質を実現するには、個人的生存よりむしろ一定の社会的エンパワーメントや、この象限が想定している文脈では弱いか存在しない同感や対応性の実現あるいは挿入が必要になっていると見ることができる。

こうした理論的比較を行ってみると、苛酷な世界であっても、強者が生き残ることのできるのは、彼らの状況的ニーズを充足することができないか、妨げられている人々も受け入れることのできる空間なのかもしれない。社会政策は、どの程度、対応してきたと言えるだろうか？

状況に実際に対応する

そうした対応は「現代」福祉国家に限らず、現代社会政策の様々な側面で変わることなく存在しているものである。そうした対応の起源は救貧法時代まで遡る。

貧民統制に関する法は、中世ヨーロッパ中に広がり、産業資本主義の出現と調和するよう漸次変えられてきた。行政国家の役割が重みを持ち始めるにつれ、その法律は、何も持てず、困窮状態にあるなど、厳しい状況下にある人々の補足や、慈善給付の実施を目的とするようになった。「慈善と同じくらい冷酷」という表現の正確な起源ははっきりしないが、その意味は非常に明確である。それは、愛とか、思いやり、同感からではなく、冷酷な計算から生まれた状況的ニーズへの対応である。この点に関して、一九世紀に、二つの明確な政策改革があった。一八三四年「新救貧法」下でビクトリア時代のイギリスのワークハウスで発展してきたもの、その後一八六九年に設立された慈善組織協会（ＣＯＳ）メンバーによるソーシャル・ケースワークの出現である。

ワークハウスは、旧救貧法下で様々な形で存在しており、一九世紀に初めて登場したものではない。人々の土地離脱を促した農業革命によって状況的ニーズが具体的に生み出された結果、ワークハウスは、時には慈愛に満ち、安全である一方、時には懲罰的で、不潔な状況下で人々を人目から隠す方策の一つとなっていた。しかし新救貧法下のワークハウスの機能は、同感的なものでも、懲罰的なものでもなく、冷酷な功利主義的論理を適用したものであった。この点についてはすでに第6章のベンサム主義的功利主義の議論において取り上げた。新ワークハウス体制は集権的に管理され、貧民の栄養状態や衛生状態を適切に維持するよう工夫されてはいたものの、彼らの生活はワークハウスの外で生存管理をしなければならなかった人々の処遇より厳しくなるよう工夫されていた。このことは肉体的に健康な者に対する強制労働（時には全体的に反生産的な）や、親と子、そして夫婦関係を切り離し、スパルタ的で休みなく日常業務を課すなどのやり方で実施された（de Schweinitz, 1961）。

ワークハウスと留置場は規律「テクノロジー」の点で共通しているが（Foucault, 1977）、ワークハウスを留置場と呼ぶわけにはいかなかった。功利主義的論理には、一方で苦しんでいる者と危険人物を（Morris, 1994）、他方で救済に値する者と値しない者とを、決定的に区分する二分法が組み込まれていた（Fraser, 1984）。留置場は危険な者、ワークハウスは困窮状態にある者、すなわち状況的に貧しい者を対象としていた。困窮状態にある者でも、救済に値しない者は就労を、救済に値する者には一定の状況下で「院外救済」（すなわちワークハウス外支援）が想定されていた。

困窮状態にある者と危険な者（無実の者と有罪の者）との区別は、刑法制度に属する問題であった。救済に値する者と値しない者を区別するには、新しい方法論に基づく異なる性格の制度を必要としていた。そうした方法は、イギリスばかりでなく、他のヨーロッパ諸国やアメリカでも設立された慈善組織協会による特別なソーシャル・ワークケースの中で見られた。慈善組織協会の目的は、慈善募金を体系化すること、博愛的救済を効率的かつ効果的で、差別的にならないよう保証することであった。イギリス慈善組織協会に見られる中産階級的ボランティアは、受け取るばかりの人の根絶と併せて、慎重な手続きを通じて困窮状態から救済される家族の確認活動を目的としていた。慈善組織協会について言われてきたのは、（貧民の間に見られる）放漫や怠惰では決して報われることがないこと、最も厳しい不安定状況にある人々であっても、真面目で、節約心を持ち、勤勉に働く必要があるということを保証するには、「苦難ではなく罪を」（Stedman-Jones, 1971, p. 271）防ぐことを主要目的としていたということであった。そのために、訪問、面談、成果記録など、厳しい精査が行われた。これらの方法を通じて、博愛的救済と並んで、国家行政よる給付に適用される一連の過程や、近代的なソーシャルワーク活動など、一連のスキルによるソーシャル・ケースワークの基礎が形成された（Younghusband, 1964）。

ワークハウスは今では過去の遺物にすぎなくなっているが、ソーシャルワークは本質的なケア活動として継承されている。しかし、救貧法時代の一定の社会政策原理は存続している（Harris, 2007）。とくに、一九七〇年代の現代福祉国家の「危機」以降（Mishra, 1984）、状況的現象としてのニーズに対する道徳-権威主義的アプローチはますます資料の中で確認されてきている。当時と同様、現在でも、労働上の地位と／あるいは依存的地位という、当事者の状況に関して考慮されるべき二つの側面が確認されている。この文脈からすると、「仕事」とは労働市場への参加を意味し、「依存性」とは国家的支援について述べたものである。

労働上の地位の中心にあるのは、「働くことのできる人には仕事を、働くことのできない人には支援を」というように、一九九〇年代後半にイギリスの新生労働党内閣など、所謂第三の道の主張の中に見られる（DSS, 1998, p. 3）。「働くことのできる人には仕事を」とか、世界の先進国経済の多くで見られる「福祉から就労へ」政策の強調は（Lødemel and Trickey, 2001）、何人かの批判者が指摘しているように、福祉国家から「ワークフェア国家」への転換の促進とつながっている（例えば、Jessop, 2002）。しかしこうした転換は複雑で、様々なアプローチによって実施されている。最も重要なのは、「ワーク-ファースト」アプローチと福祉から就労へといった「人的資本」アプローチとの違いである。後者については、次節の特定ニーズとの関連で考察することにする。前者は、福祉受給者が、救済を条件に働かなければならないか、何らかの仕事に就くか（ただし低賃金かつ劣悪な待遇で）、さもなければ救済は受けられないということを主張するアプローチである。そこには強制的条件が加わっている。そのアプローチは、アメリカのワークフェア制度とほとんど同じものであるが、そのアプローチの諸要素は他でも資料的に確認することができる（Peck, 2001）。ワーク-ファースト・アプローチは人々の労働上の地位以外を対象としていないものの、ワークハウスと同様、強制的性格を潜在的に持っている。

依存的地位の中心にあるのは、いくつかの文脈から明らかである。いくつかの先進国（Gough et al., 1997）や途上国（Hall and Midgley, 2004）において、ミーンズテスト付き社会扶助行政は、依然として地域を対象に、専門的ソーシャルワーカーによって行われている。国家的セーフティ・ネットに頼らなければならない状況にある人々は相変わらず、ソーシャル・ケースワークと類似の方法によって詳しい調査を受けなければならない。しかし世界の他の国々（とくに英語圏）では、ソーシャルワーク専門家は社会的支援行政に無関心で、ほとんど不安定で、依存性状態にある人々に対する対人社会サービスの提供しか行なっていない。健康、教育、年金などの国家給付の場合、すべての、あるいは殆んどの市民が資格を持つ基礎的サービスを受けている一方、対人社会サービスは、国家からのケアを必要としている危険に瀕した子供達、障害者とか脆弱な高齢者など、依存性のある人びとを対象として行なわれている。これらの国々においてソーシャルワークは、純粋な状況的ニーズではなく、本人にとって本質的なニーズに関心を当てた心理療法を含む訓練に基づく特別な専門的役割を担うものであった（Halmos, 1973）。近年、公共サービス行政に対する新管理主義アプローチが導入されることにともなって、その地位は相当あやしくなってきている（Clarke and Newman, 1997）。こうした管理主義は対人社会サービスの関心を状況的ニーズに再び向け始めている。ある専門分野のソーシャルワーカーは、主に顧客状況や生存の必要に相応しい効率的ケアパッケージを責任を持って組み立てる「ケアマネージャー」という位置づけをされている。

特定ニーズ

第二に、ヒューマン・ニーズが薄く考察され、人間主体にとって状況的ではなく本質的と見なされている、図7-1左上の象限を検討してみることにしよう。ここには、以前私が経済主義的アプローチと述べたものが含まれている。そのアプローチは、第一に、人間主体がホモ・エコノミカスであるという意味で（第2章参照）、第二に、選択する自由を前提として、人々が表明する欲望や選好を重大なものと受け止めているという意味で、経済主義的アプローチと呼ぶことができる。そのアプローチは、主体の自由を求めるというベンサム主義的意味からすると功利主義的アプローチと呼ぶことはできないものの、しかし依然として、快楽主義的な動機を人々は持っているということが想定されている。そのアプローチには、諸個人が財の生産者及び消費者として機能する経済的アクターとして構築されているという意味で（言葉の最広義の意味で）、本質的ニーズ概念が見られる。人々は個人性によって定義され、ニーズはその個人に特定されたものである。

特定ニーズを他のモデルとの関連に位置づける

特定ニーズを充足する人々は、経済的アクターであると同時に、特性のある個人でもある。先述した大衆的言説研究において、進取的レパートリーとなっていたのがもう一つの「道徳的レパートリー」であった。進取的道徳的レパートリーは、社会の中で剥奪状態に置かれている人々は遂行失敗を経験しているということを前提としている。何人かの人々は、素晴らしいスキルや能力を育てる機会を奪われているために、他の人より能力を持てず、勤勉に働くことができずにいる。「最良の人が勝利をおさめる」というのが公理であるが、競争は常に平等な競技場で行われていなければならない。すべての人に成功する機会が与えられていなければならない。進取主義は自由主義的個人主義である。

そこでもう一度、関連性のある二領域概念図式と比較しながら、図7-1に示されている分類を見てみることにしよう。

- メアリー・ダグラスの文化理論図式でこれに照応する象限は、「予想不能な人々」という図式で提示されている強いグリッド／弱い集団の象限である。予測不能な人々とは、特定ニーズを充足するために彼らが自ら提示する機会に対応して、企業家あるいは企業家となる可能性のある人々、個人主義的計算者と言ってよい。
- ガルツングのニーズ分類でこれに照応する象限は、「福利」ニーズを特徴とする物質的ニーズ／構造-依存象限である。図7-1の分類とのつながりは一見すると不明であるが、ガルツングの福利に対する反意語は、福利の快楽主義的解釈を反映した「悲惨」である。特定ニーズは快楽主義的計算との関係で定義されている。

●社会的質欧州基金モデルでこれに照応する象限は——社会的質の構成要素と構成との関連で——、一方で「包摂」、他方で「参加」が参照されたミクロ‐生活史／制度及び組織象限である。社会的質の重要な目的が経済成長と社会的質の併存であるということを想起するならば、社会的包摂や社会的参加を強調することは、経済的包摂と／あるいは労働市場への参加の必要な結果となる。このモデルを提案する人々にとって、進取主義や経済的機会が社会的ニーズの充足機会を圧殺してはならないという点こそ重要となる。

こうした理論的比較を行なってみると、福利を追求するために進取的な者が競争し合う空間には危険がともなうものであり、特定ニーズが満たされていない人々は排除に直面していると言えるのかもしれない。あらためて問題になるのは、どの程度まで社会政策は対応してきたと言えるのか、という点である。

特定性を実践の中で促進する

広い意味でとらえるならば、三つの対応、すなわち長い歴史を持つミーンズテスト、最近では「人的資本開発」と呼ばれている促進政策（これも歴史があるが）、そしてごく最近の平等な機会政策が、それぞれ特定ニーズに対応していると言うことができる。

体系的なミーンズテストの始まりはおそらく、一八世紀イングランドのスピーナムランド制度まで遡ることができる。この点はすでに、政策立案者が特定家族の特定ニーズを測定しようとした方法の一例として第4章で取り上げられた。スピーナムランド制度では、ある規模の家族が生きるために必要なパンの数に応じてという、大まかな手段がとられていた。しかし最も必要とされている「目標」支援方法の一つとして、ミーンズテストが社会政策介入のすぐれたテクニックを備えた、本質的特徴となっていた（Dean, 2002）。ミーンズテストは一般に、現金であれ（医療措置から家の修理補助までに及ぶ）、現物であれ（医療措置から社会的介護給付までに及ぶ）、他の種類の支援配分を割り当てる方法の一つとして広く用いられ、通常、社会的支援セーフティ・ネット行政と結びついていた（Dixon, 1999; Walker, 2005）。ミーンズテストに対して様々な批判が行われた。実際、ミーンズテストは、そのテクニックが発展していった状況とのつながりによる欠点を抱え込んでいたために、かなり不人気なものとなってしまっている。現代の社会的支援計画は救貧法の直接的継承にすぎず、いくつかの国で部分的かつ漸進的にその転換が行われた。多くの事例において、社会的支援を受け取る資格のためにミーンズテストが適用され、ワークハウスへの申請がなくても申請者が救済適格者であるのかどうかを決定するためにワークハウス・テストを行わないようにすることは簡単ではなかった。特定ニーズを確認するために、とくに日常生活の調整や人格的手段の詳しい調査がテストに含まれることになれば、状況的ニーズのテストと同じくらい介入的かつ屈辱的なものになってしまう可能性がある。何人かの社会政策評論家は、一方でミーンズテストが行政的に複雑であること、他方で社会的不和を生み出すということを論じていた。すなわち、社会の最貧層のミーンズテスト付き給付は、劣悪で、二義的サービスにしかならないというのである（Titmuss, 1974; Deacon and Bradshaw, 1983）。しかし、ミーンズテスト支持者はそれが効率的であると主張している。社会保障給付を行うにあたって、主にミーンズテストに頼っているオーストラリアなどの国では（相対的に寛容なレベルで設けられている）、それが恥とならないように工夫されていると言われている（Castles and Mitchell, 1993）。グローバルなレベルでは、主な国際金融制度が支持している所謂「ワシントン合意」（Williamson, 1990）によって、ミーンズテストによるセーフティ・ネットこそ最貧国で実施できる唯一の給付形態であると論じられている。

同じ国際金融機関がセンのヒューマン・ケイパビリティ概念を特定目的に当てはめ、誤った解釈が行なわれている点を第5章で取り上げたが、「人的資本」もとくに最近注目されるようになった概念である。こうした概念統合が部分的にせよ可能となったのはおそらく、人的資本が、経済学者ばかりでなく、社会学者（例えばBourdieu, 1997参照）も近年になって探究するようになった概念であったためである。その言葉自体は、賃金労働者のスキルや知識の蓄積を述べるためにアダム・スミス（Smith, 1776）が最初に編み出した造語である。ピグー（Pigou, 1928; 本書第3章参照）など厚生経済学者は、個人の生産能力への投資といった狭い功利主義的意味でその言葉を使用していたが、ベッカー（Becker, 1993）は、個人教育、訓練、ヘルスケアが生産的な人的資本への投資に該当するという考えを標準的経済学の中に持ち込み、その概念を安定化させた。二〇世紀初めにイギリス福祉国家の開始を特徴づけた斬新な社会リベラリズム（Fraser, 1984）は、人的資本という概念を暗黙の土台としていた。時代に求められていたのは、競争力のある国民の人的ストックの適性を保証する国民的効率性であった。人々の健康や識字率の促進が特定ニーズへ関心が集中するという全体的意味からすると、愚かな功利主義を上回るものがそこには見られる。そのため、薬局、病院、健康訪問サービス、適切に統制された査察を受けた学校、衛生的で適切に管理された住居、人々が自分たちの生活を営む特定空間で行われる精査や監視形態を発展させることが必要になっていた（Ellis, 2000, pp. 6-7）。国民的ストックの生産能力は諸個人の属性に帰すという認識がそこには見られた。こうした特定の時代は、後にケインズ的／ベヴァリッジ的社会自由主義にとって代わられた。しかし二〇世紀終わりに表面に発場してきた所謂「第三の道」（Giddens, 1998）と関係した多様な政策体制には、功利主義的な仕事を最優先するだけでなく、いくつかの国々において、脱ケインズ的な「供給サイド」の経済学原理に基づく福祉から就労へという人的資本を志向する明確なアプローチが含まれていた。このことは、グローバル経済の中で競争力を高めるために、国内労働力のスキルや生産性の極大化を強調するという意味で、国民的効率性原理に戻るということを意味している。福祉から就労へという人的資本アプローチは、対人アドバイザーを通じて、スキル動機付け訓練、リハビリ、支援に対する関心をともなっていた。教育政策に対する関心も同様に、道具的に、人的資本の生産に向けられていた。

個人的ニーズに対する特定の人的資本アプローチの復活は、社会福祉給付を受給する際の新しい条件と結びついていた（第6章参照）。これはワークハウスのような残酷な条件といったものではなく、人的資本の創出条件を高めるために、特定個人や家族に給付を行う際に条件を設けるといった建設的条件と考えられるものである。一例を挙げれば、ラテンアメリカの条件付き現金給付計画では、貧困世帯に対し社会支援を行う場合、子供たちを通院させているとか、就学させている家族を対象とするという条件が付けられている（Britto, 2006）。これは社会政策介入が曖昧な形で行われる可能性を示唆する一例である。これは、家族の状況的な社会支援ニーズを、子供たちの健康や教育給付といった普遍的ニーズと結びつける対応と考えてよいのだろうか？　それとも、人的資本を発展させようとする、貧困世帯の子供たちの特定ニーズを対象とした介入と考えてよいのだろうか？

特定ニーズを社会政策が取り上げるという第三の道は、どのような特定ニーズであれ、労働者、消費者公共サービス（教育を含む）の利用者として、人々が等しい条件で参加することを保証するよう、機会の平等を促進することによって実施に移される。第5章の承認をめぐる議論の中で、私は、ヒューマン・ニーズを満たす社会政策の可能性にとって人的多様性がどのような意味を持つのかについて言及した。ニーズの特定性に対する斬新な自由主義的解決は、仕事、財、サービスへのアクセスの平等を試み、それを保証することである。この点は、性、「人種」、障害、そして言うまでもなくセクシュアリティとか宗教を理由にした差別を禁止する法律の制定によって実施される。EUはそうした法律の執行を加盟各国に求めている（Geyer, 2000; Marlier et al., 2007）。そうした法律の欠点は、差別に対する改善策が通常、制度的改革というより個人的救済にとどまり、技術的に難しい過程を個人的手段によって修正しなければならないという点にある。最近イギリスで平等・人権委員会が設置されたが（第5章でも議論された）、機会の平等が人権課題と結びついていることは明らかである。ジェンダー、民族性あるいは障害といった問題と結びついた特定ニーズが女性、マイノリティ、あるいは障害者の具体的な経験や実質的要求と一致しているかどうかという問題を別にすれば、抽象的原理や公式保証の枠組みの中で改善しようとしているところにその意義がある。この点は、第8章であらためて議論することにしたい。

共通ニーズ

そこで第三に、ヒューマン・ニーズが厚い考察と、解釈が行われている、図7-1の右下の象限について見てみることにしよう。ここには、私が先に温情主義的アプローチと述べたものが含まれている。そのアプローチは、人間は性格上安全保障や保護を求める脆い存在であると見なされているという意味で温情主義的と呼ぶことができる。それらは、ニーズが社会的文脈に自動的に位置づけられているという意味で厚い解釈を行っている。安全保障や保護は本質的に社会的ニーズである。肉体的安全保障の考察方法には幸福論的領域が存在する、何故なら、価値があると考えられているのは肉体的安全保障（肉体的弊害に対する保護）ばかりでなく、存在論的安全保障（帰属を通じた保護）でもあるからである。ニーズは、家族あるいはコミュニティの年配者、親権者、代表的仲介者や／あるいは恵み深い政策立案者によって、ニーズ充足行為の中で解釈される。ニーズは、定義上、他者との協同を通じて保持されるものである。

共通ニーズを他のモデルとの関連に位置づける

共通ニーズを充足する人々は、ある特定社会の構成員として、共通の脆弱性を分かち合っている。前記の大衆的言説研究において、もう一つの「道徳的レパートリー」にあたるのはコンフォーミスト的レパートリーであった。コンフォーミスト的道徳的レパートリーは、社会の一部の人々の剥奪は避けられないという仮定に立っている。「貧民は常に我々とともにある」という公理は、我々は貧民に対して同感しなければならないということである。その秩序に帰属しているすべての人が剥奪リスクから最善の形で保護されなければならないということを保証するには、社会秩序の中で我々の場所を確保し、社会秩序に対する義務を行使する必要がある。コンフォーミズムは社会的に保守的である。

もう一度、図7-1で示された分類と、それと関連性のある二領域概念的図式を比較してみることにしよう。

●メアリー・ダグラスの文化理論図式でこれに照応している象限は、「監禁状態にある人々」という図式の中で示されている弱いグリッド／強い集団の象限である。「監禁状態」という概念は、ニーズが共通なものと考えられているところで、監禁と並んで、沈黙を通じて恭順性が実現されるということ、すなわち図7-1の分類に従うならば、恭順的行動をとる圧力に人々がさらされているということを意味している。

●ガルツングの自由主義的に喚起されたニーズ分類でこれに照応している象限は、「自由」という二ーズを特徴とした非物質的ニーズ／行為主体-依存の象限である。あらためて言うと、図7-1の分類と共振し合っている点は、ガルツングの反意語を考察するまでは曖昧なままとなっている。自由に対する反意語は「抑圧」であり、そこから、ガルツングは、ダグラスと同様、監禁とか自由の侵食によって恭順性が実現されることに関心を払っている。

- 社会的質欧州基金の分類でこれに照応している象限は、一方で「結合」を、他方で「社会的承認」に対して行われたマクロな社会的／集団及びコミュニティの象限である。社会的質を増進するという社会的質欧州基金の目的からすると、社会的結合概念は彼らの共通ニーズの充足の中で人々が共有している潜在的な便益を積極的な形で反映している。社会的承認（第5章で議論された概念）の取り組みは、社会集団やコミュニティのニーズが承認されるべきであり、結合を追求する過程で人間の多様性に対する視座が失われてはならないということを意味している。

こうした理論的比較を行ってみると、共通のニーズの充足のために、脆く、厳しい圧力にさらされている者が恭順的でなければならない空間は、ニーズの多様性を抑え、それを否定することで成立すると言ってよいかもしれない。社会政策はどのような役割を果たしてきたのだろうか？

共通性を実践の中で防衛する

そこで、共通ニーズに照応する社会政策について考察してみることにしよう。「共通」という表現にはしばしば、通常という意味と、共有されているという意味が同時に含まれている。共通ニーズは、常識と同様、先例や慣習によって織りなされたものである。それは文化的に構築されたものである（Thompson, 1993）。共通性の本質は、一方における共有された継承物と、他方における共有された展望にある。社会政策の言葉を用いるならば、それは、社会秩序の保証として、豊かに暮らす義務の伝統、カソリック的な補完性原理、そして社会保険によるリスク共有の発展という、少なくとも三つの点から表現される。

中世貴族や、権威ある教会が庶民に対して持つ中世主権者の義務は、それらが神聖な定めと受け止められていたために、喜んで受け入れられていた。それらは冷酷な慈善ではなく、低社会階層に対する真摯な関心から発したものと考えられていた。実際はそうではなかったかもしれない。しかし義務という概念は、非公式の福祉給付とか、教区制度を通じた不定期の給付に対する関心でしかなかった。そうした伝統の影響や前提は貴族権力の喪失後も続いており、少なくとも恭順的労働者への期待や、裕福だがしばしば恐怖心を抱いている中産階級の異議申し立ての中に残っていた。そこで期待されたのは、庶民が、直接ニーズの充足ではなく、そうしたニーズの充足を保証する適切な秩序を維持するためにより良いものを目指すということであった。例えば、イギリスで、一八七〇年に普遍的初等教育のための規定が初めて設けられたとき、主要目的の一つに挙げられたのは、「我々の憲政が安全に機能する」ということであった（Forster, 1870, pp. 104-5）。

西欧でとくに重要だったのは、包摂的社会秩序の基礎として、家族や親族のネットワークを重んじた原理や伝統――字義的な意味のカソリック（catholic）、宗教的意味のカソリック（Catholic）双方で――であった。補完性原理――二〇世紀後半にヨーロッパの政治言説で再浮上した（Geyer, 2000）――は、自然の秩序や社会的連帯のために、ニーズを充足する責任が、社会の最下層で行われるべきであるという主張である。義務が家族によって行われない場合に限って、他の制度を受け入れなければならない。したがって家族には、文化的、象徴的意味が相当含まれており、この点は保守的福祉国家体制による積極的家族政策の中に反映し続けている（Esping-Andersen, 1990）。

現代社会政策を通じて共通ニーズが充足される重要な方法は、社会保険の発展とともに生まれてきた。この方法は、一九世紀の終わりに、オットー・フォン・ビスマルク首相が、健康や事故のための保険制度を最初に整備することで組織労働運動を戦略的に凌駕しようとしたドイツで始まった（Gilbert, 1966）。社会保険は二〇世紀の非常に重要な考えとなるだろう。世界中の国々がそれを模倣、採用、適応され、そして疾病だけでなく、失業リスクにも拡大されるようになった。老齢「リスク」（すなわち退職）に対象が拡がり、社会保険は国家年金計画の財政基礎を提供するようになった。最初の社会保険計画が意図したのは、政治不安に対する防衛と社会秩序の維持にあった。その意図は、社会階級全体の共通ニーズの給付を行うことで連帯の構築や維持を可能にしたという点で、文字通り成功した。社会保険原理の支持は続き、共通資金への保険金拠出を行うことで、今日まで道徳的にニーズが満たされる権原という考えの根拠を提供している（Dean and Rodgers, 2004）。

普遍的ニーズ

最後に、ヒューマン・ニーズの厚い考察と、それを本質的と見なしている図7-1右上の象限についてて見てみることにしよう。ここには、先に人道的あるいは人道主義的アプローチと呼んだものが含まれている。それらは倫理的な意味で人間的である。(5) ヒューマン・アクターは受動的で脆い存在ではなく、人間性から定義される、一人の社会的行為者として構築されている。そうしたアプローチは、我々の類的存在が社会的関与を通じて構築され、人間性が幸福論的な意味での実現を求めているという理由から、厚い考察が行われている。人間的アプローチには、個人が人間社会に有意義に参加できなければならない関係的自我として構築されているという意味で、ニーズの本質的概念をともなっている。そのようなニーズは普遍的である。

普遍的ニーズを他のモデルの関連に位置づける

普遍的ニーズを充足する人々は、ヘラー（Heller, 1974）が言う意味で、真のあるいは「本質的な」（radically）人間である。その一方彼らは、特定の福祉国家の市民（Marshall, 1950）であるか地球市民（Held, 1995）であるかは別にすると、市民と考えられてよいかもしれない。前記の大衆的言説の研究において、最後の「道徳的レパートリー」は改良主義的レパートリーであった。改良主義的道徳的レパートリーは、社会の人々が剝奪され続けている状態を不正義と考えている。公理となるのは「すべての者に社会正義を」である。求められているのは、社会の実質的平等、資源分配の公平である。しかし、改良主義は自由主義的団体主義になるか、社会民主主義になるかもしれない。

もう一度図7-1の分類を、関連性のある二領域概念図式と比較してみることにしよう。

- メアリー・ダグラスの文化理論図式でこれに照応している象限は、「構造を求める」人々が計画を提示する強いグリッド／強い集団の象限である。ダグラスの理論において構造に対するニーズは文化的に課せられたものである、ただし、他の者がある人の社会的人道性の実現と見ているものを文化的負荷と見なしている点に議論の余地がある。
- ガルツングのニーズ分類でこれに照応している象限は、「アイデンティティ」ニーズを特徴とする非物質的ニーズ／構造-依存象限である。ガルツングは普遍主義に関心を払っておらず、構造を過大評価することは個人的アイデンティティの実現と人々の幸福論的福利に対するニーズとの間に摩擦を生じさせてしまうことになる。彼のアイデンティティに対する反意語は「疎外」である。
- 社会的質欧州基金を批判するイデオロギー的観点からすると、その分類に照応している象限は、一方で「安全保障」、他方で「社会正義」に対してなされたマクロ-社会的／集団及び組織象限である。この象限は、図7-1の分類と直接共振し合っており、社会的経済的安全保障は普遍的ニーズという意味で、普遍的ニーズ給付を促す構造改革が幸福論的福利と対立しているわけではない。

こうした理論的比較を行ってみると、我々の生活が営まれる空間は、個人的自律を犠牲にしているという批判を別にすれば、普遍的ニーズを充足するための改良主義的目的に向けて構造化されていると言ってよいのかもしれない。社会政策の役割はどのようなものだったのだろうか?

普遍的なものを実践の中で実現する

すでに指摘したように、普遍的ニーズに向けた社会政策的対応は、社会的シチズンシップという、それ自体解釈の広がりがある概念の原理を前提としている。実際、普遍的ニーズは、様々なやり方で構築することができる。しかし健康が集権的な財政負担ヘルスケア給付によって充足される。すべての市民の普遍的ニーズとなっていることは、社会自由主義者と社会民主主義者の間でほぼ一致して受けとめられている。しかしこのこと以上に重要なのは、市民は、労働者市民、依存的市民、将来市民など様々な顔を持っていることである（Lister, 2003; Dwyer, 2004b）。

労働者市民に対する給付は、実際には、市民所得計画やベーシック・インカム計画によってではなく（Fitzpatrick, 1999）、主に社会保険給付を修正した形態で行われてきた（Dean, 2002; Walker, 2005）。ほとんどのニーズは有給雇用による賃金を通じて充足されるべきであり、社会政策の機能は雇用が途切れたときに代わりとなる所得提供にあるという前提で長らく実施されてきた。ベヴァリッジ的国民保険制度は、労働者が現役労働時に支払う拠出金と、失業、疾病、妊娠あるいは退職時に受けとる給付に実際的つながりがあるという擬制を維持することで、金額的には大きくないものの包括的な給付を行うということを目指していた。実際、「好きなだけ払う」という社会保険制度は包括的な再分配機能を持っており、とくに北欧諸国を中心としたいくつかの国の社会保険制度に見られる福祉レジームは、給付が実質的に普遍的なところまで包摂的で寛大となるよう慎重に工夫されていた。

一時的依存労働者を除く依存的市民は、別のやり方でことがらが進行していた。社会保険制度の対象から除外されている障害者は、所得ニーズを満たすために緊急現金給付、ケア・ニーズを満たす社会サービス、そして／あるいは自立した生活を可能にする他の対人サポートなど、社会サービスを受け取ることができた。障害を抱えているか、脆弱な高齢親族に対して無給のケアを行っている市民は緊急現金給付を受け取ることができた（子育て中の非就労親（とくに母親）は、労働市場に従事せず、他の賃金稼得者に依存しなければならない状態にある場合、ある意味で、「社会的」市民の一時的停止状態になる可能性がある。）

「将来市民[6]」としての子供たちのニーズの一部は、他の家族支援形態や直接児童手当を通じて、将来世代をケアするという普遍的責任（Land, 1975）を社会が共有するという認識から緊急現金移転（児童手当とか家族控除）によって充足することができる。しかし基本的に、児童や若者の教育ニーズは人間主義の観点から行われている。教育は、共通ニーズに配慮した統合機能とか、特定ニーズに配慮した人的資本の発展のための道具であるだけでなく、人格形成のために必要な普遍的ヒューマン・ニーズと見なされている（Nowak, 2001）。

普遍主義的社会政策給付の批判者――イデオロギー的分類で言うと、左翼、右翼双方から（Illich et al., 1977; Drover and Kerans, 1993, intro 参照）――は、あまりにも過大な行政権力を国家装置に、そして福祉従事者にあまりにも多くの任意的権力を与えていると論じている。ヒューマン・ニーズに関して何が普遍的なのか、あるいは何が普遍的になるのかの判断基準は市民との距離にある。この点は、第8章と第9章で取り上げてみることにしよう。

結論

本章で提案された分類はかなり還元主義的モデルといってよい。その分類によって定義されたニーズは、既存理論の区別による分類にしたがってカテゴリー化されている。例えばドイヤルとゴフ(Doyal and Gough, 1991)のヒューマン・ニーズ理論は、特定ニーズと普遍的ニーズの両方を対象としている。表面的には普遍主義に属するドイヤルとゴフの理論は、とくに批判的自律の概念化を通して「厚い」解釈の展望を間違いなく提示しているものの、実質的ニーズの「薄い」概念を引きずっている(Drover and Kerans, 1993)と、しばしばと論じられている。ブラッドショー(Bradshaw, 1972)によるヒューマン・ニーズの分類は、政策立案者が実際に対応するニーズ解釈の見通しを明らかにしながら、状況的ニーズや共通ニーズのカテゴリー双方に広がっている。

前記モデルで明らかにすることができても、エスピン-アンデルセン(Esping-Andersen, 1990)の福祉レジームではきれいに分類できない場合もある。概括的表現が許されるとすれば、自由主義的福祉レジームは特定ニーズに対応したものと言ってよい。保守的レジームは共通ニーズに、社会民主主義レジームは普遍的ニーズに対応している。しかし実際には、第二次大戦後の「黄金時代」(Esping-Andersen, 1996)の古典的福祉国家は、共通ニーズと普遍的ニーズが合わさったものへ対応していたのに対して、一九八〇年代及び九〇年代前半に福祉国家への攻撃を強めていたニューライト(Jordan, 1998)は状況的ニーズと特定ニーズの合わさったものに対応できるよう再編成を試みていた。第三の道（前記参照）とそのレジームは、ニーズカテゴリーの複雑で流動的な形で合わさったものに対応しようとしていると考えることができる。

注

（1）図7-1の意図は、大衆的な道徳的言説、シチズンシップ、権利、責任に対する様々なアプローチの分類を試みた私の初期の研究で用いた同種の図と関連している。概念軸の方向で重要なのは、垂直的に示された「グリッド」や構造と等しい（ルーズに使用されている）領域と、水平的に示された「集団」あるいは団体と等しい領域を持った、文化理論に関する最近のメアリー・ダグラスの研究で確立された決めごとに常に基づいているという点である。

（2）こうした特定の分析要素は非常に難解で、おそらく何人かの読者からすると二義的関心にならざるをえないかもしれない。それは、本章の主要内容からすれば本質的なことではない。

（3）論争とまではいかなくとも、道徳と倫理を区別することによる混乱は避けられない。ここでは、道徳規範（*mores*, コード及び慣習）と倫理観（*ethos*, 学問及び原理）の違いに関心が当てられている。比喩的に言えば、音楽学が音楽に対する批判的考察をともなっているように、倫理学は道徳に対する批判的考察をともなっている。

（4）この点の研究は第4章で詳細に議論された。

（5）「人間主義的」（humanistic）と「人道主義的」（humanitarian）という用語はしばしば幾分曖昧に使用されてきた。人間主義と人道主義は、厳密に言えば、互換可能な言葉ではなく、それぞれ一つ以上の哲学に適用される。古典的なギリシャ人間主義は人間性を自然から区別することに、ルネッサンスの人間主義は人間性を神の定めから解放することに、マルクス主義的人間主義は我々の種の社会的性格を強調することに関心が当てられてきた。それに対して「人道主義」は、軍事的介入であっても、人間の幸福を守り、増進することを目指した何らかの介入を述べるために用いられてきた日常的形容である。奇妙なのは、おそらく、ずば抜けた功利主義者ベンサムが、動物に対する残忍性を防ぐことを「人道主義的」と見ていたことである。しかし、主にマルクス主義的伝統に基づいて、人間的意味で人道主義について述べていることは、そうした文脈から明らかである。第5章で見たように、その伝統は、人間性に関する一定の自由主義的仮説を攻撃しながら、他の部分で共有していた初期マルクスの研究に起源がある。

（6）国連の一九八九年児童の権利に関する普遍憲章の規定に従うならば、児童は将来の市民としてばかりでなく、それ自体市民と見なされなければならない。

要約

本章で私は、ヒューマン・ニーズの多様なカテゴリーを四つの幅広いカテゴリーに還元した。

- ●状況的ニーズ——これらは、すべての人が規則を遵守しながら、できるかぎり最善に生き残ろうとする「犬が犬を食べる」世界の日常的状況から発生するニーズである。状況的ニーズを充足するための給付は、功利主義的で、労働する意思があるとか、支援が道徳的功績のテストを受けるといった、条件が付いた強制的性格を持っている。
- ●特定的ニーズ——これらは、競争的経済的主体に特定的なニーズである。特定ニーズを充足するための給付は、人格的人的資本を促進するとか、機会の平等を保証するといった目標が正確に定められている。
- ●共通ニーズ——これらは、共通に共有されているニーズである。共通ニーズを充足するための給付は、社会保険を通じて共通リスクの共有化を図りつつ、家族の責任など、社会秩序を通じて伝統的な責任の永続化に依拠している。

●普遍的ニーズ――これらは、すべての人々に普遍的と考えられるニーズである。普遍的ニーズを充足するための給付は、社会のすべての構成員のために、ヘルスケアや、社会保障や教育など、国家が特定便益へのアクセスを提供し、あるいは保証するという、社会的シチズンシップ概念や原理に基づいている。

議論すべき課題

●状況的ニーズについて何が状況的なのか？
●特定ニーズについて何が特定的なのか？
●共通ニーズについて何が共通なのか？
●普遍的ニーズについて何が普遍的なのか？

第8章

ニーズを権利に翻訳する

- 本章は，ヒューマン・ニーズが社会的諸権利に翻訳される点について考察する．
- その考察によって，「トップダウン的」原理的諸権利と「ボトムアップ的」主張に基づいた諸権利が区別される一方，他方で公式な諸権利と実質的諸権利とが区別される．
- 第7章において明らかにされた分類やモデルの紹介と説明が行われるとともに，条件付き，選択的，防衛的，シチズンシップに基づいた権利に関する4つの幅広いカテゴリーが明らかにされる．
- 本章は，既存の社会福祉給付が，ヒューマン・ニーズの適切な取り組みを行うことができなかった様々な権利の混合物に基づいていることを議論する．

ヒューマン・ニーズを人間の諸権利の点から表現しようとすると、特定の意味を持つことになる。ある者は、ニーズを諸権利に翻訳するという考えを、「現代の危険な異端説」(Powell, 1972, p. 12)として拒絶している。そうした指摘があたっているとするならば、それは『人間の権利』を著したトーマス・ペイン(Paine, 1791)にまで遡ることができる異端説であり、そこで彼は、救貧法の廃止を提案しながら、貧民に救済権を与える計画について概括的に述べている。本質的ニーズと基本的諸権利はつながりがあるという観念は、おそらくそのことに最も決定な役割を果たした「欠乏からの自由」が人権に該当するというフランクリン・ルーズベルト(Roosevelt, 1944)の主張に見られるように、二〇世紀の社会リベラリズムの出現とともに登場してきた。人権は、現代的異端説ではなく、「神なき時代の価値」という特徴を持つようになった(Klug, 2000)。

前章で私は、本質的ニーズと解釈されたニーズの違いを取り上げた。その違いにしたがうならば、ニーズが権利に翻訳される方法は二つある。すなわち、本質的ニーズは「原理的」権利に翻訳され、解釈されたニーズは「要求に基づく」権利へ翻訳することができる(Dean, 2002)。原理的権利とはいわば上から引き渡された権利であり、自然や神によって授けられた諸権利、我々の先祖によって保持された生誕の権利、賢人、説教師、哲学者が表した道徳的諸権利である。要求に基づく権利とは、下から主張されている権利について述べたものである。ニーズの本質的かつ解釈された概念と同様、原理的権利や要求に基づく権利は、いずれそれぞれが他を特徴づけることになるということを考えると、解き明かすことは難しい。権利の憲章、宣言、協定によって、過去の闘争を通じて確立された原理を輝かせているということなのかもしれない。

人間として我々が我々のニーズを定めるとき、そこにはニーズ充足の手段に対する権利が自ずから含まれているという意味が込められている。しかし、他者によって我々のために定められたニーズと、自分自身のために我々が定めるニーズとの間には違いがある。両者の関係は、ヒューマン・ニーズに対する権利に基づくアプローチを考えるとより明確になる。この点は本章の最初の節で議論される。本章第2節では、社会的シチズンシップの問題（第6章で扱われた）とヒューマン・ニーズとの関連を取り上げる。

権利に基づくアプローチ

そこで、第7章で提示されたニーズの簡単な分類とヒューマン・ニーズに対する権利に基づく様々なアプローチの議論との関係を明らかにする前に、こうした権利に基づくアプローチに関する短い探究で、権利に関する諸観念がどこから生まれてくるのかを考察してみることにしよう。

権利の起源

現代的権利概念は、一七世紀及び一八世紀の所謂西洋「啓蒙」期にまで遡る。啓蒙思想の一部は古典哲学から引き出した古い観念に依拠しているが、新しい観念は、権利が任意的特権にすぎなかった封建時代との間に断絶がある。国王や女王は、神の権利に基づいて支配を行い、貴族に特権を授けることができた[1]。実際庶民は、彼らの上位者によって導かれ、支配される権利以外どのような権利も持っていなかった。イギリスの権利の章典（一九六九年）、アメリカの独立宣言や憲法（それぞれ一七七六年、一七八七年）、フランスの権利宣言（一七八九年）は、その内容や効果に違いはあっても、権利の担い手としての人間個人に関するかなり新しい概念を共有していた。

権利は一様に想定されていたわけではなかった。第6章で我々は、幸福の薄い概念と厚い概念の違いを探究した。薄い概念は本質的に自由主義的なものであり、厚い概念は本質的に共和主義的なものである。その区別には、一方で抽象的所有者、他方で脆い主体というように、人間個人や人間が担う諸権利について異なる構築が行われていることが反映されている。啓蒙思想に対するヘーゲルの貢献は、貧民救済、公的ヘルスケア、教育を、公的あるいは社会秩序の保障手段として推賞しつつ、個人的権利の具現化として個人的所有――財産所有の自由――を認識していたという意味で、両方を取り込んでいた点にある（Fine, 1984, pp. 57-9 参照）。こうした異なる権利の緊張には、形式的権利と実質的権利の相違や、表8-1に示されているように、様々な形で関連し合い、重なり合う理論的相違が反映されている。

それは、ヒューマン・ニーズに対する権利に基づくアプローチの中に異端的なものを発見した人々が洗い流してしまった違いである。端的な例は、第6章で検討した功利主義哲学者ジェレミー・ベンサム（Bentham, 1789）が「大げさすぎて無意味」と退けた、権利に道徳的基礎があるという考えである。ベンサムが取り上げる唯一の権利とは、法的に確立され、成文化された「ゴチック体」の権利であった。こうした功利主義的な、法的特徴を持つ概念では、権利より統治が優先されている（Osborne, 1996）。

表 8-1　薄い／形式的 対 厚い／実質的権利概念

消極的諸権利 （他者の寛容に対する諸権利）	対	積極的諸権利 （自分らしくある諸権利）	バーリン（Berlin, 1967年）「自由の2つの概念」クイントン編『政治哲学』オックスフォードUP参照
自由の諸権利 （自由と免除）	対	権原諸権利 （主張と権力）	ホッフェルド（1946年）『法的理性に適用される基本的法概念』イェールUP参照
選択諸権利 （自由な意思を行使する権利）	対	便益諸権利 （自分自身の利益を追求する権利）	キャンベル（Campbell, 1988年）『正義論』マクミラン，第2章参照
背景的諸権利 （基本的諸原理に基づく抽象的）	対	制度的諸権利 （政策あるいは目標に基づく具体的）	ドォーキン（Dworkin, 1977年）『諸権利を重大に受けとめる』ダックウォース

こうした狭い関心が優先されたのはある程度、現代的人権問題が二〇世紀中葉に現れるまで権利とニーズのつながりに関して閉塞的議論が行われていたことと関連している。一九四八年世界人権宣言（UDHR）は、啓蒙期以降に取り上げられ、要求されるようになった自由主義的な市民的、政治的権利など、「第一波」の人権（例えばKlug, 2000参照）を統合したものであった。しかし宣言は同時に、人権の「第二波」、すなわち経済的、社会的及び文化的保障に対する権利も盛り込み、それを要求していた。少なくとも一般的レトリックのレベルで、人権は明らかにヒューマン・ニーズとつながりを持っていた。ブライアン・ターナーは、「互恵的保護システムとしての権利が情緒的力を獲得するのは、諸個人の脆さを集団的にとらえることに対して承認されているからである」と論じた（Turner, 1993, p. 507）。人権フレームワークは、個人的財産権ばかりでなく、ある社会秩序における安全保障に対する権利をも提供した。それは個人を潜在的に自律した存在としてばかりでなく、必然的に脆い存在として承認するものであった。表面上新しい人権観念は自由主義的権

利概念と共和主義的権利概念の双方に依拠していたが、控え目な言い方をすれば、それは同時に、より深い哲学的人間学の表現でもあった。ターナーによれば、人権は人間種の自然本能の欠如（Turner, 2006, p. 29）に対する代替物である。ニーズに対して他の情動的動物の対応は程度の差はあれ本能的である。しかし人間にこのことはあてはまらない。これはたんに合理的計算を行う人間の能力のためではない。人間生活の変化にある程度伴う苦難（肉体的あるいは精神的）は回避不能であると同時に、予見可能なものでもある。人間諸個人は自分や他人の脆さを認識し、相互に保護し合う社会制度を構築することができる。しかしそうした制度はそれ自体脆いものであり、社会的に構築された権利の支えを必要としている。

このようなより深くとか、「より厚い」という意味は、とくに第二世代の人権概念を読み込むことでよくわかるようになる。しかし、実際には、第二世代の権利は第一世代の権利よりわかりにくくなっている。それらが世界人権宣言に成文化されたのは、冷戦の緊張を時代背景としているからである（例えばHunt, 1996参照）。それらは、一方で、混合経済を調整し、社会福祉給付における国家の限られた役割を認めようとする西側自由主義者の新しい意思と、他方で、国家が組織した経済的、社会的保障に基づいて、自らの人権解釈を支持しつつ、自由主義的な市民的、政治的自由を自分たちの方に捻じ曲げようとするソビエト共産主義ブロックの試みとの不本意な妥協を表していた（例えばWronka, 1992参照）。あらゆる人権の個人的性格や相互依存性に関する修辞的主張にかかわらず、とくにその実行や執行といった実質をめぐる緊張は、市民的、政治的権利に関するものや、経済的、社会的、文化的権利に関するものに分かれた個別国際協定の発展につながっていった。後者は前者と比べて常に周辺的な位置づけしか行われなかった（Dean, 2002）。後のソビエト共産主義の崩壊とともに、人権をめぐるレトリックは、少なくとも一定期間、宣伝メディアにのぼることはなかった（UNDP, 2003）。このことが、ある程度まで、社会政策に対するグローバルなアプローチの可能性（Deacon et al., 1997）や、世界的な貧困問題に対する権利に基づくアプローチ（Pogge, 2007）を切り開いたと言えるのかもしれない。

その間、世界の南の国々の要求に対応して国際連合は、一九八六年の開発権利宣言を通じて、「第三世代の人権」を構築しようとしていた。宣言に拘束力はなかったとはいえ、セネガルの代表者の言葉を借りれば、世界の最も貧しい人々のために、「より良い生活を営む権利」の表明が意図されていた。それは、すべての人間が社会的、経済的、政治的発展の過程に参加できなければならないという原理の確立を求めていた（Rosas, 2001）。ごく最近の権利世代は、平和、健康な環境、自己決定に対する要求を統合することで、共有したヒューマン・ニーズを表現しようとしている。

権利に基づくレトリックには様々な意味が潜んでいる。しかし意味の多様性は、イグナティエフが「我々の議論の開始点となる共有言語とか、様々な繁栄分野の基礎となる土台」と呼んだものが根拠となっている（Ignatieff, 2001, p. 95）。その言語がどこにつながっているのかを見てみることにしよう。

権利に基づくアプローチの分類

ニーズに基づくアプローチの分類については第7章で示したので、ここでは、そうした分類と並

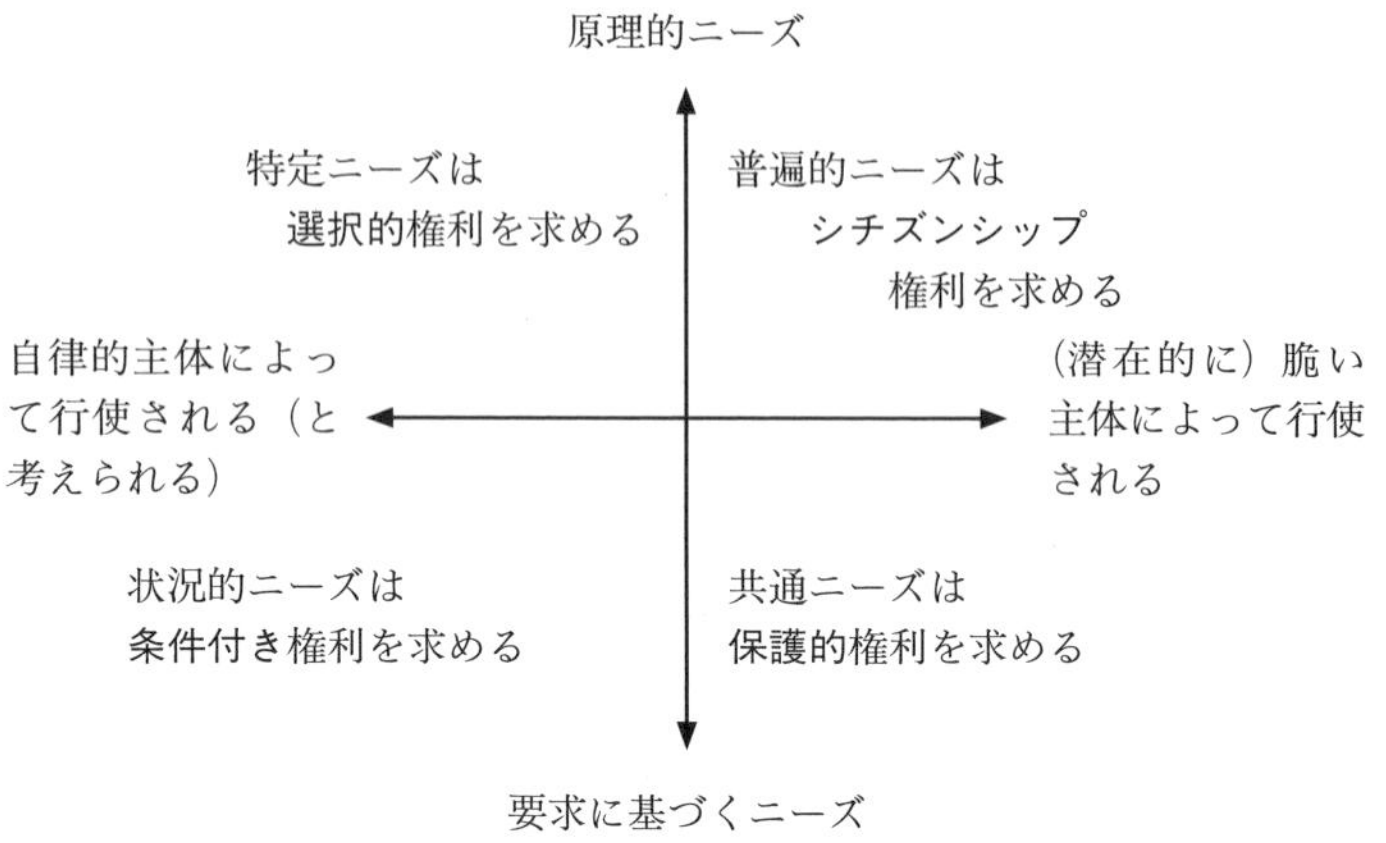

図 8-1　ヒューマン・ニーズに対する権利に基づくアプローチの分類

行してヒューマン・ニーズに対する権利に基づくアプローチの分類が構築可能なのかどうかを見てみることにしよう。その分類は図8-1に示されている。

図に示されているように、第7章の図7-1の垂直軸は、一方の極にある原理的に考えられた権利領域と、もう一つの極にある要求に基づく権利領域を表す軸に置き換えられている。図7-1の水平軸は、一方の極にある権利の担い手として薄く考えられた自律した主体と、もう一つの極にある権利の厚く考えられた脆い主体の領域を表す軸に置き換えられている。そうしたモデルによって、四つの対立した、相互に矛盾する（可能性のある）権利をめぐる議論のあり様が表現されている。

●状況的ニーズと条件付き諸権利——状況的ニーズは、運まかせの、競争的社会環境の中で生き残るための要件を反映している。状況的ニーズを満たす権利は、誰かが他者に要求するという点で、それは必然的に条件付きであり、かろうじて曖昧な権利にしかなっていない。自律した個人はニーズ充足手段をめぐってお互いに取引し、そうした取引は、「権利」という言葉に付随する日常的な要求や期待を惹起することになる。その権利は双方向の交換が行われる条件にすぎない。しかし権利概念は、より広い多元的文脈へ移し替えられるかもしれない。ある人が自分でニーズを満たすことが出来ないのであれば、それに値する条件に基づいて、ニーズの充足を社会全体に要求することができる。その権利を執行するには権威と判断行使を必要とする。権原は遵守を条件としている。

●特定ニーズと選択的諸権利――特定ニーズは、調整機能を持つ市場経済の中で自律した行為を行う要件を反映している。そうしたニーズを満たす権利は、すべての人が平等な参加機会を持つとともに、平等な条件で参加できるなど、市場効果は公式原理の適用如何にかかっているという意味で、原理的に考えられている。しかしその権利は、特定ニーズの存在と、特定給付がそうしたニーズ充足から生まれる場を選択的に生み出す。具体的支援に対する権利は、生活手段が欠損し、したがって生産的な参加能力が欠けていることを証明することで生まれる。市場がスキルの発展や労働者の健康を維持することが出来ないのであれば、教育やヘルスケアに対する権利が生まれる。その権利の執行には、効果的な市場経済を促すという視点から、効率的な公共政策介入が必要となる。権原は、自律した個人が生産的参加や自給を目指して努力するという、市民的義務の理想を前提としている。

●共通ニーズと保護的諸権利――共通ニーズは、階層的に編成された社会において服従と安定のための要件を反映している。そうしたニーズを満たす権利は、人は社会のある場所に帰属し、その場所を受け入れるということに基づいて主張されている。その権利は、現在もしくは将来に、すべての社会構成員が共有する共通基準が崩れてしまう可能性があることから生まれる。人々に権利を授けるということは、彼らをともに結びつけ、そうすることで破壊的な影響から彼らを守り、伝統的な制度や社会秩序が依拠している活動を守り、人々が共通に直面しているリスクから守ることにつながっている。権原は互恵的な道徳的責務の問題である。

●**普遍的ニーズとシチズンシップ諸権利**――普遍的ニーズは人間的完成のための要件を反映している。そうしたニーズを満たす権利は、改良主義的原理から生まれた概念である（社会自由主義的なのか、より急進的な社会民主主義なのかにかかわらず）。そうした権利は、効果的に構造化されたシチズンシップ形態の創出を通じて生まれる。そうした権利は人間が人生の様々な局面で直面する様々な出来事に対応して市民が持つようになるものであるが、それらは自ずから原理的に包括的で無条件である。権原は、集団的責任の理想に基づいている。

あらためて確認しておくべきことは、これは主に問題の発見を意図した一つのモデルでしかないということである。その目的は、ヒューマン・ニーズとの関連で権利を議論する場合に現れる、しばしば混乱した、矛盾点の理解に役立てることである。実際、社会政策立案者や多くの批評家は社会的権利やウェルフェア・ライトを曖昧な形でしか議論しておらず、無意識なのか意図的なのかにかかわらず、異なる意味をごた混ぜにしてしまっている。この点を考慮するならば、ニーズ充足に対する権利が実際に現われるのはウェルフェア・ライトをめぐる実践的交渉を通じてであることから、社会的シチズンシップや福祉シチズンシップ概念に立ち戻ってみることが必要になる。

福祉シチズンシップ

私は本章を人間的権利に関する議論から始めたが、ここで忘れてならないことは、人権概念の起源が比較的最近であることである。シチズンシップ権利の発明は人権確立の二世紀以上も前であり、人権の基本的モデルはシチズンシップ権利が提供したものである（Clarke, 1996）。シチズンシップは古代の理想であり、現代的実践でもある（Lister, 2003; Dwyer, 2004b）。人権が実際に認識され始めたのは、国民国家のシチズンシップを通じてである。「社会的」領域は、シチズンシップによって資本主義的福祉国家の中で調整されるが、これが様々なやり方で行われていることについてはすでに第7章で検討した。人々は法的な意味で市民となることができるが、市民のニーズは、異なる資本主義的福祉国家体制の中で、普遍的ニーズとしてではなく、状況的、特定的、あるいは共通ニーズとして構築されることになる。エスピン-アンデルセン（Esping-Andersen, 1990）の福祉レジーム分類に依拠するならば、

- どのような分類が行われるとしても、すべての福祉国家レジーム（そして限られた福祉給付を行う多くの創発経済）は、条件付き権利、すなわち状況的ニーズに対応した権利を提供する。

このことは、ワーク・ファースト政策の要素が導入された場合にとくにあてはまる。

● 自由主義福祉レジームは選択的権利、すなわち特定ニーズに対応する諸権利の選好によって定義される。

● 保守主義レジームは保護的権利、すなわち共通ニーズに対応する権利の選好によって定義される。

● 社会民主主義レジームは、市民のニーズが、労働者、福祉依存者、子供たちなどが異なる権利を持てるように様々な形で構築されるとしても、シチズンシップの権利、すなわち異なる生活段階の普遍的ニーズに対応した権利の選好によって定義される。

世界人権宣言や、その結果生まれた国際装置が定義する経済的、社会的、文化的諸権利には、自由に選択する仕事、適切な生活水準、社会保障、住居、ヘルスケア、教育、文化生活への参加や、科学的進歩による便益を受けとるなどの権利が含まれている（Eide, 2001）。「経済的」、「社会的」、「文化的」というカテゴリーには重なり合う部分があり、「社会的権利」（例えばMarshall, 1950参照）や「ウェルフェア・ライト」という言葉によってこれらの違いが覆い隠されている点に共通項がある。そうした権利は明らかに普遍的地位を確立することができなかったが、不完全であるとしても、様々な資本主義的福祉国家レジームを通じて取り上げられてきた権利であることは間違いない。社会的シチズンシップの真の理想は、かなり高度に発展した福祉レジームの場合においてさえ、依然として完全に実現されなければならない課題となっており、ヒューマン・ニーズに関する我々の議論の目的からすれば、社会的シチズンシップより、福祉シチズンシップについて議論することの方が合理的と言えるのかもしれない。

マーシャル的妥協

しかし、T・H・マーシャルの「社会的」シチズンシップ概念（Marshall, 1950）（第6章の議論を参照）は、福祉的シチズンシップが定着する際の構成要素である。それは妥協の一部であった。しかし彼が探究した概念は、とくにその影響力の大きさという点で重要である。マーシャルは、市民的／法的権利、政治的／民主的権利、社会的／福祉的権利という三つの種類の権利を、三脚の足になぞることができると述べている。三脚の足の一つでもなくなったり、弱くなったり、壊れたりすれば不安定になってしまうように、社会も、これら三つのシチズンシップの要素のどれかが未発達であったり、不適切であったり、崩れたりすれば不安定になる。マーシャルが推奨したのは、「連結型社会」（hyphenated society）——民主的福祉資本主義——と呼ぶ社会であった。連結型社会は政治的、社会的、市民的諸権利の本質的均衡に依拠していた。マーシャルは、国家と市場が本質的に対立した力として存在する場合であっても、民主的福祉資本主義によって、説明能力、公平及び自由との間で最適均衡が達成されると考えていた（Hindess, 1987）。政治的権利は民主的正当性のために、社会的権利は社会正義の手段を保証するために、市民的権利は市場経済に必要な条件を供給するために必要であった。マーシャルからすると、紀元前四世紀、五世紀にアテネ市民国家とともに始まったシチズンシップは、二〇世紀の福祉国家の発展に合わせて相当発展していた。シチズンシップは小規模で、排他的な都市エリートによる自治に関するものではなく、住民ニーズを満たさなければならない大規模で、普通選挙が完全実施されている工業国の動態的規制に関わるものであった。

マーシャルの指摘が正しかったのは、現代産業国家には、形式的自律（経済的アクターや民主的主体として）をある程度達成するために、個々の市民のニーズばかりでなく（経済的アクターとか民主的主体として）、実質的な福祉ニーズを取り上げる責任があるという点にある。しかし彼の社会的権利概念はいくつかの分野から批判されていた。先に述べたヒューマン・ニーズに関する四つの異なるアプローチにしたがって、これらの批判を分類することができる。

第一に、（ニーズの状況的概念や条件付き権利概念と結びついた）道徳-権威主義的アプローチは、社会的権利概念を異質なものとして排除しようとする議論を展開している。これは、個人の自律とは充足的に生きるということと同義と考えるアプローチである。人々は自分自身のニーズを満たさなければならない。そのアプローチはベンサムにつながる非自由主義的な功利主義の中に反映されている。近年、それは、社会的権利概念に対するニューライトの批判（Barry, 1987）や、福祉国家の終焉まで意味しないにしても、ヒューマン・ニーズの実現よりも、市民が自分自身で生きていけるよう、強制力を持つ国家権力は廃止されるべきだという議論を行っているチャールズ・マレー（Murray, 1984）などの評論家の考えに現れている。

第二に、（ニーズの特定概念や選択的権利概念と結びついた）経済主義的アプローチは、社会的権利よりむしろ、社会的基準を促進する方向に向かおうとしている（Mishra, 1999）。これは、個人の自律や人格的完成が経済的アクターとして効果的に従事することから生まれると考えるアプローチである。社会的権利は、市民的、政治的権利と違って、ヘルスケア、教育、社会保障給付など、多くの発展途上国の手法を超えたところにあり、普遍的権利として確立することは困難である（Cranston, 1976）。社会開発や福祉シチズンシップが可能になるのは経済的発展を通じてだけである（Wilensky, 1975）。さらにそれは、高い基準のヘルスケア、教育、社会保障を促す権利であり、この目的を実現するための資源は、ニーズが極大化するところまで控えめな形で適用、充当されなければならない。

第三に、（ニーズの共通概念と保護的権利概念と結びついた）温情主義的アプローチは、自律のための個人的権利より、共有した利益の確認と交渉に関心を払っている。社会的権利は、現代福祉国家において、様々な利害集団の妥協の産物である。古典的なコーポラティスト的福祉国家では、企業、労働組合、政府の利害をめぐって、三重の妥協が図られている。しかし多かれ少なかれ、資本主義的福祉国家は、プーランザス（Poulantzas, 1980, p. 123）が「階級的力の圧縮」と呼ぶ産物と言ってよい。マーシャル的シチズンシップ概念は、ボットモア（Bottomore, 1992）によって、その抽象的性格を理由に批判されている。マーシャルによれば、シチズンシップとは抽象的諸力間の均衡状態を含む論理的帰結である。実際、ボットモアは、自由主義的福祉レジームの場合でも、労働組合や組織的労働運動の要求が福祉シチズンシップの発展に重要な役割を果たしたことを明らかにしている。一般大衆の共通ニーズの充足方法の決定に重要な妥協があったとか、労働運動の要求との間合いで受け止められていたという側面は否定できないが、福祉シチズンシップは抽象的原理の適用というより、現実生活における交渉の産物であった。

最後に、（ニーズの普遍的概念やシチズンシップ権利と結びついた）人道主義的アプローチが社会的権利アプローチの表現であることは明らかである。マーシャル的妥協は、とくに成功した資本主義経済である北欧諸国に見られるように、社会民主主義福祉国家における福祉シチズンシップの定着と広い意味で一致している。社会民主主義的定着に関しては批判がある。例えば、より急進的な社会的権利を支持している社会主義者やフェミニストからの批判である。マーシャル的妥協に対する社会主義者やネオマルクス主義者の批判によれば、資本の関心事である労働供給を管理統制することで（例えばOffe, 1984）福祉国家は市場経済の補完部分として機能する一方、資本主義の搾取的権力的社会関係の真の特徴が隠蔽されており（例えばHolloway and Picciotto, 1978参照）、自由主義的な個人的権利概念の適用は根拠を失ってきているという。マーシャル的妥協に対するフェミニストや社会運動の批判によれば、福祉国家は、工業社会の家父長的、人種的、無機能状態に陥っている権力関係を恒久化し（例えばWilliams, 1989参照）、両性的あるいは「全体的な」シチズンシップ概念のためにヒューマン・ニーズの社会的多様性、様々な経験や理解との関連が無視ないし否定されてしまっている（例えばPateman, 1989参照）。

福祉シチズンシップの限界

いくつかの点で、福祉シチズンシップは失敗に終わった。第一に、第4章からも明らかなように、福祉国家の発展にもかかわらず、貧困や不平等が残っていることは「現代世界の不思議の一つ」と見てよいかもしれない（Seabrook, 1985, p. 12）。福祉シチズンシップが、貧困の改善とニーズの減少に役立つとはいっても、どこでもその根絶に成功したためしはなかった。実際、福祉国家によって一定の貧困形態が恒久化されているという議論も成り立ちうる（Novak, 1988; Squires, 1990）。

第二に、世界の北の先進諸国において近年、福祉シチズンシップの性格を再構築する試みが行われている。コックス（Cox, 1998）によれば、社会的権利概念が言説的になるにつれ、ニーズの客観的条件との関わりが薄くなってきている。国家福祉を改革しようというニューライトや第三の道の試みが、市民を顧客として再構成しようとしていることは間違いない。福祉シチズンシップの生成に関する通説によると、資本主義的福祉国家は、様々な程度で、労働者を「脱商品化」しようとする（Esping-Andersen, 1990）。すなわち、労働者の基本的ニーズのための給付を行うことで、国家は労働力の効果的な再生産を保証するばかりでなく、労働者が――あるところまで――労働市場と無関係に生きることを可能にしたというのである。社会保険、ヘルスケア、教育など、一定のサービスは商業的商品としてではなく、権利として活用され、労働力自体は伝統的な市場商品という性格を持たなくなってきている。二〇世紀末の福祉国家の世界的危機の後（第2章及び第7章参照）、またEsping-Andersen, 1996参照）、「再商品化」に向かう傾向が一定程度見られた（Offe, 1984）。こうした傾向にはいくつかの特徴があった。労働市場政策のレベルでは、ケインズ経済学による需要サイド政策からマネタリスト経済学や内生成長理論による供給サイド政策への転換が見られた（例えばDolowitz, 2004参照）。簡単に言えば、先進国経済は国内労働市場への参加と生産性の極大化をあらためて強調するようになった。それと同時に、先進国経済は社会支出を中程度に抑制し、福祉シチズンシップのコストを削減する新しい方向を模索するようになった。労働力は再商品化されるばかりか、公共サービスもヒューマン・ニーズの充足につながるよう修正されるようになった。

そうした再商品化は様々なやり方で行われた。例えばイギリスでは、マーガレット・サッチャーの首相時代に、公営住宅の売却や、国家年金制度の代わりに私的年金を精力的に進めるなど、社会福祉給付の中心的要素を民営化する明確な試みが行われた（Papadakis and Taylor-Gooby, 1987）。そうした一般的傾向は、福祉サービス給付に多元主義を相当程度持ち込み、人的サービス給付によって公共サービスが包括的に維持されることがあってはならないという考えに向かうものであった（Johnson, 1987）。世界貿易機関（WTO）は、ヘルスケアや教育など人間サービスの給付に関して公共部門の独占を規制しようとしている（Deacon, 2007）。しかし同時に、公共セクターの中で生き残っていたサービスは管理されるべきだという抜本的改革も試みられた。こうした「新公共管理主義」（Hood, 1991）は様々な形で表現されている。第一に、個人的ニーズに対する公的給付を「市場化する」動きである。そこで意図されていたのは、ヘルスケア、教育、社会保障行政に経営管理方法や自由市場の特徴を組み入れることで、公共サービスを「効率化する」ことである。ここに見られるのは、公共サービス機関同士の競争と、公共サービスのエートスから顧客サービスのエートスへ置き換えるメカニズムの開発であった。とくに最近では、新管理主義や新統治アプローチによって（Rhodes, 1997）、公共サービス給付の「近代化」（例えば、Cabinet Office, 1999 参照）や「個人化」（例えば PMSU, 2007 参照）の必要性が強調されている。ここには福祉給付に対するより専門的かつプラグマチックなアプローチの促進や、より柔軟な業績管理形態が見られる（Clarke, 2003; Henman and Fenger, 2006）。

EUや世界銀行まで巻き込んだ新統治アプローチの核心は（Bekkers et al., 2007; Deacon, 2007）、ニーズが国家によって充足される場合、受給者のシチズンシップが、その社会的存在によってではなく、市民的地位によって定義されるということにある。受給者と供給者の関係は、社会権ではなく市民権、連帯原理というより契約原理によって統治される市場取引になぞらえられる。受容者は潜在的に脆い主体としてではなく、自律した経済行為者、消費者として構築されている。ヘルスケア、教育、年金といった財は普遍的ニーズを満たすためではなく、特定ニーズや選好を満たすよう設計されている。そうした財をすべての人が利用できるとはいっても、どの病院に通院するのか、どの学校に子供たちを通わせるのか、どの年金基金に拠出するのかといった要件が付けられている場合でも、選択を行うのは受給者であり、選択要素も取引にあてはめられなければならない。そうした改革を擁護している者は、旧来型の福祉シチズンシップと比べて効果が上がるということを強く主張しているが（Le Grand, 2003）、そうした主張は社会的シチズンシップの理想を崩壊させるものである。

福祉シチズンシップが失敗した三番目の意味は、様々な形態でいくつかの脱ソビエト「移行諸国」によって採用されている一方、南の多くの国々では多かれ少なかれ視野の外に置かれた問題となっていることである（例えば、Deacon, 2007 参照）。福祉シチズンシップは二つの仮説の上に成り立っていた。第一に、ほとんどの市民は労働市場における有給雇用によって所得を獲得し、そうした所得によって家庭内のニーズが満たされていること、第二に、労働市場への参加から排除された人々のニーズに対する給付の規制的枠組みや手段が、正当かつ機能的な国家装置の保護の下で組み立てられていることである。こうした仮説がまったく成立しないか、全く存在しない国が世界には存在する。ゴフなど（Gough et al., 2004）は、様々な種類の発展途上国のレジームを取り上げている。例えばいくつかのラテンアメリカ諸国で福祉国家レジームが登場してきているとはいっても、給付や対象は平等ではなく、市場も国家も十分機能しない非公式経済の領域が残る広範囲な農村の孤立地域や都市貧民街が存在している。多くの東アジア諸国では、かつて「タイガー経済」と呼ばれた「生産主義的」レジームが存在しており、社会政策より経済的生産が優先され、国家の役割は限定的である。南アジアには「非公式保障」レジームと呼ばれるものが存在し、そこでは植民地時代のルールのために非効率な国家官僚制が残り、日常的なヒューマン・ニーズは家族や親族、コミュニティなど非公式給付に依存する形で充足されている。サハラ砂漠以南のアフリカ地域では「非保障」レジームと呼ばれるものが存在し、そこでは国家も市場も機能せず、日常的ヒューマン・ニーズは、首領、独裁者、マフィア指導者、腐敗官僚あるいは慈善心に富む外国支援労働者の保護の下で充足されなければならなくなっている。最後に世界で最も多くの人口を抱えている中国では、最近の経済改革によって目覚ましい経済発展を遂げているものの、しかし平等原則とヒューマン・ニーズを中心とした社会主義的福祉制度が崩壊してしまっている（Chan et al., 2008, p. 195）。中国の福祉改革は経済改革に比べると遅れており、民主主義について自由主義的解釈が行われていないために、どのような福祉シチズンシップであれ、それの実現に向けた動きは見られなかった。

福祉シチズンシップが失敗した第四の意味は、社会的権利の執行の難しさに由来している。ヒューマン・ニーズが社会的権利基準を通じて満たされるというのであれば、こうした権利は執行可能なものでなければならない。権利を否定されている人々はいくつかの矯正手段を必要としている。この点が問題化しつつある。実際、矯正手段メカニズムには一般に、法的手続きの導入や、福祉の「立法化」（Teubner, 1987）と呼ばれるものが含まれている。法的あるいは擬似法的矯正手段形態に頼ることは、社会的権利ではなく、市民的権利を取り上げる場として法制度が生み出されたという意味がある。ギュンター・チューブナーは、国民レベルにおける法制度と福祉制度の相互関係を問題にする場合、以下の三つのことがらのうちの一つが引き起こされる可能性を指摘している。

●システムが調和的でなくなる可能性がある。この点の恐れのために、「法的純粋さ」が損なわれてしまうという不安から、社会福祉行政の法的介入からの隔離や、法律家が社会政策問題にかかわらないようにすることを政策立案者は考えるようになっている（Dean, 2002, pp. 158–9）。

●福祉体制が過度に法制化されてしまう可能性がある。第6章及び第7章で、ハバーマスのシステムと生活世界の区別や、前者による後者の「植民地化」（Habermas, 1987）を取り上げた。法制度は、個人のヒューマン・ニーズの最適な充足方法を決定する上で不適切である（Tweedie and Hunt, 1994）。この点は、福祉国家市民の「法的ニーズ」の充足が、社会的権利による保証と同様、他のニーズの充足に役立つ効果的方法であるかどうかをめぐる長い論争の核心にあたる（Ｂｏｘ８-１参照）。

●法制度が過度に社会化してしまう可能性がある。既存の裁判所ではうまく対応することができず、過剰負担となるなど、政策的に問題化してしまう可能性がある（Harden and Lewis,

Box 8-1　満たされていない法的ニーズ論争

T・H・マーシャルの著名なシチズンシップに関する論説『シチズンシップと社会的階級』は、国家財政による法的支援や助言の提供を拡大するイギリスの法律と同じ時期に公表された。マーシャル自身は、このことを社会的諸権利のもう一つの拡張と見ていた。おおよそ三〇年後、法的サービスに関する勅命委員会が、法的支援の改善を調査目的に設置された。勅命委員会は主に、ある事案において、貧しい依頼者が公的資金で民間の法律家から助言を受けられるようにする漸進的改善を提案した。委員会は、満たされていない法的ニーズを持つ人が多くいるとしても、

すべての人的及び社会的問題が法的改善に値するとか、法的手続きに懐疑的であると見なされる社会は喜んで生活するに値する社会とは言えないだろう。我々の提案は、訴訟に頼る社会を生み出すことなく、(法的サービスの欠点を) 改善することである。(Royal Commission on Legal Services, 1976, para 2.28)

と結論した。報告書は、イギリスで関心を集めたが、コミュニティをベースに活発な法的サービス提供を行っている者への公的資金を希望していた独立助言・法センター運動から失望をもって迎えられた。提供者は、貧困や障害問題は人々に法律家のところへ行かせるのではなく、法律家を人々のところへ連れていくことで改善されると考えていた。彼らは、個別の社会的不正義の事案ばかりでなく、構造的原因による事案の場合、コミュニティをベースに活躍している法律家を彼らが活動するコミュニティで説明責任を果たしたり、専門的業務に従事することを求めていた。

しかし、以下のことを助言した人々もいた。

誰かが法律問題を抱えていると言うことは、事実状況の記述ではない。これが事実であるかどうかはしばしば議論となるとしても、それは一定の行動をとるべきだということを提案することである。そして適当な行動とは、政治的問題を抱えている人々について我々が話すべきだというようなものである。(Lewis, P., 1973)

批判的法律研究運動は、法律家や法を人々に近づけたからといって、ニーズ充足の権限を彼らに与えることに必ずしもならないという議論を展開していた。それはある人々に資源を提供するかもしれないが、すべての人の永続的利益につながっているわけではない。進取的実践家の最善の意図にもかかわらず、社会的権利ではなく、法的権利の点からニーズ要求を構築することで、市民を個人化し、脱人道化してしまう可能性がある。

(さらなる議論のためには、Dean, H., 2002, ch. 9, 及び Unger, R., 1986 参照)

1986)。保守的司法制度が政策立案者の意図を覆したという例は間違いなく存在している(Griffiths, 1991)。

福祉シチズンシップの法的矯正手段が弱いのであれば、それに代わるものはどのようなものなのだろうか。第9章で集団的抗議の広がりについて議論するが、国民国家における個々の市民にとって、国際的人権フレームワークはほとんど何の役にも立っていない。ほとんどの先進国の福祉国家は、行政レベルの社会給付要求の決定では充足されないニーズを持つ市民の異議申し立てや矯正手段など、擬似的司法的メカニズムあるいは純粋に行政的なメカニズムを備えてはいる（例えば、Skoler and Zeitzer, 1982 参照）。しかし、公共サービスの新公共管理主義的「近代化」傾向と相まって、形式的な異議申し立て権に基づく矯正手段から、近年では、顧客憲章の適用や顧客問い合わせ手続きを活用することへの転換が進んでいる（Dean, 2002）。国家行政によるヘルスケア、教育、社会保障の受給者はますます、彼らの権利を主張する市民としてではなく、選択を行使する顧客としてサービスを受け取るようになっている。矯正手段の権利は、司法主体としてではなく、洞察力のある消費者が持つことになる。

結論

このような批判は、社会的権利概念や既存の福祉シチズンシップの重要性を放棄すべきだということではない。アマルティア・セン（UNDP, 2000, ch. 1 所収）は、貧民が求め、貧民のためにある権利が、それらの監視権限を持つ人々によって否定され、反駁されたからといって、そうした権利が存在しないことを意味するわけではないという議論を行うために、カントの完全な義務と不完全な義務という区分を引き合いに出している。権利は社会的構築物であり、権利という言葉はヒューマン・ニーズを特定し、要求する有意義な熟議的資源である。権利言語は、抑圧されている人々の闘いの中で一定の「錬金術師的」力を持っている。パトリシア・ウィリアムスは、アメリカのアフリカ系アメリカ人の経験を述べながら、以下のような主張を行うことで、公式の権利に基づいたアプローチから、疎外されることのない、ニーズに基づいたアプローチへ転換する批判的法研究運動（前記Ｂｏｘ８-１参照）を進めようとしている。

私は決して諸権利の重要性を理想化するつもりはない……、それはしばしば選択的であり、境界線を引き、孤立させ、制限を加えようとするものである……、（しかし）歴史的に権力を持てずにいる者に権利を授けることは、人間性がすべて否定されてしまっていたことを象徴するものである。権利は、ある者を、自己や他者の参照範囲内部に位置づけるという意味を持っており、そのことがある人の地位を肉体的存在から社会的存在へと引き上げるのである。「権利」が、ほとんどの黒人の口にのぼるとき新鮮な感じがする。権利は発言する権限を与えることである。積極的、消極的どちらの意味においても、権利概念は、我々のシチズンシップ、我々の参加、他者に対する我々との関係を刻印するものである。（Williams, 1987, pp. 405, 416, 431）

そこで、最終章では、権利言説がヒューマン・ニーズの政治学の中で果たす役割について検討してみることにしよう。

注

（1）一二一五年イングランドのマグナカルタは、我々の人権の基礎であるとしばしば主張されている。実際にはそれは、国王によって、一定の限られた自由が結果的に貴族だけにやむをえず譲渡されたものでしかない。

要約

●本章は、「第二世代の」人権なのか、福祉国家内の社会的シチズンシップ権利なのかは別として、ニーズが権利、とくに社会的権利に翻訳される点を取り上げてきた。

●権利の歴史的進化の議論を一部参照しながら、以下の間で区別がなされてきた。

―上から人々に譲渡されている原理的に翻訳された諸権利（本質的ニーズに基づいて）と、下から人々によって定式化され、求められた要求に基づいて翻訳された諸権利（解釈されたニーズに基づいて）との間

―担い手が自律的主体として抽象的に構築された（薄く想定された）形式的諸権利と、担い手が潜在的に脆く、相互に依存し合う存在として構築されている（厚く想定された）実質的諸権利との間

●こうした二つの区別に基づいて、前章で示されたニーズに基づくアプローチと、それに照応する四つの権利カテゴリーにしたがって分類やモデルが提示された。

―状況的ニーズに対応する条件付き諸権利

―特定ニーズに対応する選択的諸権利

―共通ニーズに対応する保護的諸権利

―普遍的ニーズに対応するシチズンシップ諸権利

●以下の点を議論することで、様々な方法で実現される社会的諸権利と、社会的シチズンシップの諸権利との間の違いが強調された。

―福祉国家の市民が彼らのニーズを充足することのできる社会福祉給付によって、何人かの、あるいは多くの市民の社会的諸権利を実現することがあるとしても、それがすべての人に対する普遍的権原にならなければ、社会的シチズンシップの効果的権利が保証されるということにはならない。

―社会的シチズンシップは実現されない理想にとどまっており、また実際の既存の福祉シチズンシップは、シチズンシップ権利と同様、条件付き、選択的、及び保護的権利の混成物となっている。

―資本主義的福祉国家の「黄金時代」と関連した様々な福祉的シチズンシップは全く効果がなかったといってよい。それらは貧困を減少させることができなかった。世界の北の国々において、それらはとくに管理主義改革によって台無しにされてきた。世界の南の国々において、それらの原理は部分的あるいは全体的に無関係であることが証明されている。権利執行のためのメカニズムは弱いか、不適当なものでしかなかった。

議論すべき課題

●ニーズを権利に翻訳するという主張は異端説なのだろうか、それとも権限を獲得する上での理想なのだろうか？

●社会的権利はどのようにヒューマン・ニーズを表現するのだろうか？

●ヒューマン・ニーズの充足を追求する中で、福祉国家のシチズンシップに関心を引き付けられる理由とはどのようなものなのだろうか？

第9章
ヒューマン・ニーズの政治学

- 本章は，ニーズ要求の社会的諸権利への翻訳が政治学を通じて行われることを議論する．
- そこでは，旧い福祉政治学を批判的に議論することになるが，とくに対象となるのは以下の政治学である．
  - ―グローバル化する北の資本主義的福祉国家の創出と，その後の危機を特徴づけている政治学
  - ―権利に基づくアプローチに対して疑問が出されているグローバル化途上にある南の社会開発政治学
- 新しいニーズ政治学の範囲が考察される．とくに考察されるのは，一般の人々に，彼ら自身のニーズを定め，要求する権限を与えるコンビビアリティ政治学と，ニーズの戦略的優先化や「ニーズ解釈の政治学」に対するマルクス主義的アプローチである．
- 本章は，社会的諸権利の観念を擁護する一方，さらに探究すべき概念として，その正当性が個人の批判的自律性の促進や，幸福論的社会的倫理にあることを強調している．

第8章で我々は、ヒューマン・ニーズが権利へどのように翻訳されるのかを考察した。それは、本来、政治的な過程である。社会的諸権利は、その実現のために、人々が、相互に、あるいは国家に対して、彼らの主張を執行する市民的あるいは法的諸権利ばかりでなく、社会政策が立案される政治的諸権利や過程に基づいている。ニーズ要求や社会政策の定式化は政治を通じて行われる。世界人権宣言（UDHR）や国際的な人権保障の枠組みは調印国間の政治的交渉の結果であった。我々が市民として享受する特定の社会的権利は政治的過程を通じて到達した法的、政策的手段の結果であり、その中で民主的諸権利の行使が役割を果たすことも、果たさないこともある状況となっている。個人的諸関係という日常政治において我々は常に、我々のニーズの充足方法や、要求の中身、他者の期待について交渉したり、再交渉を行っている（Ungerson, 1987; Finch and Mason, 1993）。権利宣言は、日常生活や個人的ニーズから見ると、抽象的で、縁遠く、なじみが簿いと思われるかもしれないが（Soysal, 1994）、このことは、個人的なことがらが政治的課題になることはないということではない。我々の個人的問題は公的問題に変化することもあれば（Wright-Mills, 1959）、我々の個人的生活の最も親密的な側面でさえ権力関係に従うということもあるかもしれない（Hanisch, 1969）。グローバルなものから個人的なものまで、あらゆるレベルにおいて、ニーズは政治的なのである。

本章で最初に私は、福祉国家の盛衰に対する政治領域や福祉政治学が明らかに失墜している点を中心に、旧い「福祉」政治学について議論する。第二に私は、ニーズの政治学を展望するもう一つの方法を議論する。最後に、ニーズ政治学の基礎である社会的権利に戻り、それを擁護する議論を展開してみたい。

旧い「福祉」政治学

我々が旧い福祉政治学と呼ぶものは、「福祉国家」の考えと本質的に結びついているものである。最初に「福祉国家」という言葉を使ったのは、第二次大戦の最中、戦争が終了すれば、イギリスの福祉国家や「権力国家」、そしてその巨大で肥大化する行政装置が、刀が鋤に変わるように、平和的な慈善的福祉国家に転換すると考えていたアーチビショップ・ウィリアム・テンプル（Temple, 1941; Timmins, 2011, p. 36も併せて参照）であった。その言葉は、イギリスだけでなく、先進国全体で見られるようになった。夜警的役割とか、ヒューマン・ニーズ給付を自由市場の変動にゆだねることなく、国家は市民と新しい平時契約を築くことができるようになった。第8章で述べたように、福祉国家の到来やシチズンシップの社会的権利の発展には、労働力と、労働力の再生産や維持に必要なヒューマン・サービス双方の点で、脱商品化の要素が含まれていた。グレアム・ルームの指摘に従えば、金銭的つながりに基づいた分配制度から「ニーズつながり」に基づく制度への転換である（Room, 1979, p. 59）。しかし別の意味で、その過程には、第1章で私が大まかに特徴づけた、ニーズに対する経済主義的・市場志向アプローチと、人間的あるいは人道主義的アプローチとの間の、時には漸進的で、時には嫌々ながら、といってもよい妥協が反映されていた。

その妥協に一貫性があるわけではなく、不安定要素が秘められていた。ティトマス（Titmuss,

1962）は、戦後の西側民主社会を述べるために「福祉国家」という表現を用いてしまえば、福祉国家が静態的でも均一な制度でもなかったこと、すなわち急速に変化する世界の中で、いくつかの福祉国家が完全に慈悲的ではなかったという現実が無視されることになると考えていた。逆に福祉国家には、社会的不平等を安易に定着させてしまうという可能性すらあった。イギリスのような豊かな社会の社会的、公共的支出水準の増大は、「適切な秩序を持ち、効率的で、文明化された社会環境」を提供する一方、「貧民より富める者が便益を得ていたことは明らかであった。（何故なら）彼らは、豊かな生活のために、その環境の適切な利用方法を知っていたからである」（*ibid*., p. 52）。「福祉国家」というテンプルが捉えた勇猛な新しい世界がけっしてそのような見通しに従うものでなかったとすれば、国家を媒介にしたニーズつながりは市場がとりもつ金銭的つながりと共存していたことになる。支出水準は様々な福祉国家レジーム間で異なっていたとしても、ヒューマン・ニーズのための給付は民主的福祉装置を通じて体系的に組織化されていた。そこに存在していたのが福祉の政治学である。

その間、「福祉」という表現――とくに「社会福祉」――には、特定の国家介入は「貧民」だけを対象としているという、限定された、軽蔑的意味が含まれていた。アメリカで「福祉」という用語にあてはまるのは、健康、教育、年金といった社会的支出に対してではなく、最貧層の人々に対するミーンズテスト付き社会的支援という不名誉な形態に対してであった。「福祉」という言葉の曖昧さはますます、西側世界で現在進行中の「福祉改革」に反映している（例えばLister, 2001を参照）。ニコラス・ディーキンは、『福祉の政治学』（Deakin, 1994）の中で、子供時代の経験から、

「福祉」という用語と、公立小児科病院が提供した加工「福祉オレンジジュース」の独特の風味につながりがあると回想している。福祉国家は社会のヒューマン・ニーズの充足を相当程度増進させたものの、ある社会構成員にとっては、あまり快適とは言えない雰囲気を漂わせていたのである。

私はこれまで何度か、二〇世紀最後の四半世紀における、資本主義的福祉国家が直面したグローバルな危機について述べたことがある。メアリー・ランガンによれば（Langan, 1998）、この危機の根幹にあるのは、ニーズつながりをほどく政治的試み——ニーズを脱政治化する試みとして見なされる逆説を伴っているが——としてのニーズの政治化である。そうした政治的要求が目指していたのが福祉の再商品化であった（Offe, 1984. 併せて本書第8章を参照）。ヒューマン・ニーズが脱政治化されるのであれば、社会的権利は再商品化されることになる。レーガンやサッチャーなどニューライトのイデオロギー的オーソドキシーが、クリントンやブレアといった、よりプラグマチックな第三の道に道を譲った結果（Giddens, 1998; Jordan, 1998）、福祉国家の役割が再び注目されるようになってきている。そこでの仕事は、個人的ニーズを満たすことではもはやなく、社会的権利を引き受けることより、個人の責任を促し、市民がリスクに適切に対応できるようにすることであった。福祉国家の本質的インフラは、ニューライトによる「イデオロギー的猛威」を復活させたと言えるのかもしれないが（Le Grand, 1990b, p. 350）、現在それはテクノクラート的転換の方向に向かおうとしている。第二次大戦後の福祉国家と結びついた旧いニーズ政治学は視野の外に置かれ、「近代化された」統治形態に置き換えられてしまっている（Clarke and Newman, 1997）。公共サービス給付に対する統制や説明能力は、政治にかかわる問題ではなく、運営問題にすぎなくなっている。世界の北の資本主義的福祉国家の中で、ニーズ言説はもはや論議の対象にならなくなっている。そうした議論は、社会的排除、ケイパビリティ、承認といったニーズと重要な関連性がある一方、ニーズ政治学を新しい方向に導く言説のために見えずらい状態となっている（第5章参照）。

その間、世界の南では、ニーズ政治学は福祉国家シチズンシップの社会的権利にではなく、世界人権宣言が約束した社会的権利を実現する闘いや、所謂人権「第三世代」が約束した社会開発の追求と結びつく傾向にあった（第8章参照）。

結局、世界人権宣言は、ニーズ政治学にとって実質的成果と言えるものにはならなかった。一九六六年の経済的、社会的、文化的権利に関する国際規約の実施を監視するために一九八五年に設置された国連経済的、社会的、文化的権利委員会は、調印国から五年ごとに報告を受けることになっていたものの、その権限は、これらの国による諸権利の実施と違反に関して「一般的なコメント」を行うことに限定されていた。一九九二年以降、委員会は非政府組織（ＮＧＯｓ）から批判的提案を受け、国際的非政府組織が市民的、政治的権利の監視やキャンペーンに積極的に関わった場合でも、社会的権利の促進や執行にほとんど関心を示すことはなかった（例えば、Hunt, 1996を参照）。このことはおそらく、一九八六年の開発権宣言が予想していた人権第三世代に大きな期待がかけられていたためである。その宣言には、個人的権利ばかりでなく、集団的権利、グループの権利、そして連帯的権利が盛り込まれていた。しかし、これは、経済的、社会的、文化的権利に関する国際規約の中ですでに提示されていた権利一覧に詰め込まれたというより、実質的ニーズ要求が個々の国民国家に反対して市民によって作られたものなのか、それともより広い国際社会に反対して貧しい国民によって作られたものなのかという問題に対する曖昧さの要素がもたらした結果でしかなかった。矛盾しているかもしれないが、このことは、社会的権利がそれ自体、譲渡できない、そして無条件で、世界的性格を持つ人権と見なされるという考えをさらに隅に追いやることに役立つことになった。自己決定や／あるいは文化的自由に対する集団的権利に基づく関心（Kymlicka, 1995; Perez-Bustillo, 2001）が、社会的権利ではなく、我々の市民的権利や政治的権利の理解を広げようとしていたことは間違いない。開発権をめぐる闘いの中で、社会的権利は後部座席に置かれる傾向にあった。世界の南の地域やその地域の研究者の集まり（脱開発理論家達）は、福祉保証者としての国家の役割を批判したり、あるいはその他に、有意義な政治的参加形態を支持することで、たんなる「需要の政治学」として退けたものを乗り越えようとしていた（Escobar, 1995; Waterman, 2001）。階級に基づく「旧い」西側スタイルの労働運動の要求が自由民主主義と相容れない一種の国家コーポラティズムに簡単につながってしまう恐れが、「新しい」社会運動の側に見られるという指摘もある（Foweraker and Landman, 1997）。

社会開発をめぐる闘いは従って、政治的解放をめぐる闘いと比べると二義的位置づけしか行われなかった。基礎的ニーズを充足する要求は、政治的自律や自己統治といった高次のニーズの原理的追求に従属してしまっていた。資本主義的諸国と関係した旧い福祉政治学が、空虚で、効果の薄い需要の政治学でしかなかったのではないかという本質的疑問が生じていたといってよい。あるレベルでこのことは、ヒューマン・ニーズに取り組む手段として資本主義的福祉国家モデルの信念が失われた程度を物語っている。しかし別のレベルでそのことは、日常的要求を犠牲にした教義的自由主義が優越する状況を意味しているかもしれない。

需要の政治学を超えて

さて、旧い福祉政治学の代わりとなる政治学を考察することなどできるのだろうか。イワン・イリイチの「コンビビアリティ」政治学、マルクスの革命政治学、ケイト・ソパーのマルクス主義的「ニーズの政治学」、ナンシー・フレイザーの「ニーズ解釈の政治学」など、少なくともいくつかの候補を挙げることができる。それらを順次検討してみることにしよう。

イリイチのアプローチは、彼自身の「ニーズの歴史」の説明を発展させたものである（Illich, 1977）。ここには、第3章で概観したヒューマン・ニーズの解釈的理解との結びつきが見られる。イリイチは一方で、先進工業社会――資本主義及び共産主義の両方――が市民のニーズを製造するか、それにゆだねてしまっている点や、他方で現代の専門家が顧客のニーズ理解を指示し、理解不能状態に陥らせている点を強く非難した。

商品に対して中毒状態に陥ることのない生活は、不可能であるか、犯罪者となるかのどちらかである。平均的消費者だけでなく、貧民にとっても、消費をともなわない行動は不可能である。あらゆる福祉形態は……何の助けにもならない。自分の住まいを斬新にデザインしたり、組み立てる自由は標準化された住居を官僚的に供給することで廃れてしまっている。雇用組織、スキル、建設資材、規則そして信用は、ひとつの行為というより、住居をひとつの商品として支えている。製品を企業家や官吏が供給したとしても、その効果は同じである。市民の無能力、貧困という特定の現代的経験がそれである。(Illich, 1977, pp. vii-ix)

住居、雇用、ヘルスケア、そして教育に対するニーズは、市場の力や、国家計画や/あるいは専門家の支援によって形成されている。イリイチにしたがえば、成功につながる道は、コンビビアルな禁欲生活へ戻ること、その目的は「無意味な幸福に対して個人的使用価値を守ること」である(1977, p. 16)。「需要は拡大するのではなく、減らされなければならない」(Porritt, 1984, p. 136)というエコロジストの主張や、公共政策の立案過程に「社会的価値」の概念を復権させようとするジョーダン(Jordan, 2008)の目的と共鳴しているのは、「未来に戻れ」という構想である(第6章参照)。しかしより根本的なのは、イリイチがコンビビアリティと呼ぶものに依拠した政治が、通常の人々に、彼ら自身のニーズを定め、要求する権限を与える実践知識を掘り起こす新しい道具を求めているということにある。イリイチの主張は、本質的に無政府的で、ロマンティックな要求である(Illich, 1973; Freire, 1972も参照)。しかし彼の分析要素、とくに「ニーズはほぼ商品に等しい」(1977, p. 13)という彼の主張には、資本主義的近代の影響から後退するのではなく、その凌駕を求めていたという点を別にしたとしても、マルクス思想の匂いが強烈に漂っている。

第2章で、マルクスの「急進的」ニーズ概念の説明が簡単に行われた。アグネス・ヘラーは、こうした厄介な概念をつかまえようとしていた。急進的ニーズの実現は、人間の究極的潜在能力の表現、すなわち革命行為を通じてしか行うことができず、資本主義が否定しているものである。人間は労働することを求める、しかしそれは、自分のために労働を行う自由を持つべきだという意味においてである。彼らは自由な時間を求める。それは自由に真の人間となるべきだという意味においてである。彼らは普遍性を求める。それは個人として普遍的に自由に発展すべきだという意味においてである（Heller, 1974, pp. 88-95）。マルクスの構想の中心にあるのは、理論と行為の総合という実践概念である。「そうした理論は、彼らのニーズを現実化する限りにおいて、人々の中で現実化するものである……。深層で進む革命は、基本的ニーズの革命だけである」（Heller, 1974, p. 89で引用）。したがって、急進的ニーズの充足のためには資本主義の革命的転覆が必要となる。

マルクスの死後一世紀半が経過して、資本主義の革命的転覆などむなしい希望でしかないと考えられるかもしれない。しかしケイト・ソパー（Soper, 1981）は、「ニーズ政治学」が何によって構成されているのかを問題にしている。第2章で、マルクスが使用価値と交換価値の違いについて説明したことを想い出してみよう。資本主義の歴史の中で我々が目撃してきたのは、ニーズ充足という視点からではなく、商品の相対的価値概念の視点から、我々が消費する財との関係や、我々が行う様々な仕事との関係である。マルクスが行った賞賛すべき格言――「能力に応じてから、ニーズに応じてへ」（Soper, 1981, p. 188で引用）――は、商品がない社会を想定した構想であり、そこではニーズがモノの尺度として価値を持ち、仕事は労働力の交換としてではなく種を表現したものとなっている。マルクスは、「その時にはじめて、狭いブルジョワ的権利の地平が全体的広がりを持つことができるようになる」と論じていた（Soper, 1981, p. 188参照）。マルクスの主張は、資本主義の下での権利の基礎が、商品所有と交換にあるというものであった。人間社会が普遍的ニーズの充足という点から組織されているのであれば、少なくとも権利の必要性、すなわち資本主義的自由主義的民主主義と関連したシチズンシップに基づく権利などなくてもよいということになる。

脇道にそれるかもしれないが（何故ならこの点はマルクスの議論の一部ではなかった）、ユートピア的なコスモポリタン的シチズンシップ（Held, 1995）や、「ディープ」シチズンシップ（Clarke, 1996）についてしばらく考えてみることにしよう。その場合権利とニーズは同義と考えてよいのだろうか？　どのような場合であれ、権利は、社会主義への革命的移行に向けた、進化的移行に必要な戦略的資源である。ソパーによれば、そうした移行のためには、ニーズ充足の計画を求めた政治が必要となる。ソパーは、ニーズを消費から読み込む社会はニーズ問題を回避していると指摘している（Soper, 1981, pp. 215-6）。ここで意味しているのは、資本主義的福祉国家がヒューマン・ニーズの取り組みを十分に行ってこなかったこと、そして今でも行っていないということである。ニーズ政治学は、何が求められているのかについての決定をともなっており、決定に至る基礎や、決定に社会的に参加するメカニズムの情報を必要としている（1981, pp. 210-1）。

この点は、「ニーズ解釈の政治学」に関するナンシー・フレイザーの議論の中でも見られる。フレイザーは、「後期資本主義福祉国家において、人々のニーズを取り上げることは政治言説の重要な形式」であるという前提から出発している（Fraser, 1989, p. 161）。彼女はニーズが言説を通して解釈され、ニーズについて意見交換が行われる方法を探究してきた。その中で彼女は、言説やコミュニケーション的行為研究に対する語用論的アプローチとして後に擁護するようになったものを採用している（Fraser, 1997, ch. 6 参照）。そこから明らかにされた説明によって、社会政策の斬新な展望が示されている。

フレイザー（1989, ch. 8）は、政治的、経済的及び家庭的という、三つの文化的に構築された生活領域や領分を明らかにしている。政治領域に参入するというニーズ議論は、私的な商品領域や市場関係、家族や個人的関係から出発し、公的な政治論争領域へと組み立てられ、「公開され」なければならない。日常生活や個人的ニーズは政治的なものであると同時に私的なものでもある。ニーズ解釈の政治学は、それらの民主化に役立つかもしれない。エスピン-アンデルセン（Esping-Andersen, 1999）などの社会政策理論家は、資本主義的福祉国家が、市民や、市民ニーズの充足方法を「脱商品化」するとともに、「脱家族化」も行っているという両面から議論している（あるいはその結果「再商品化」と「再家族化」になるかもしれない）。フレイザーは、一定のニーズやニーズ議論が体系的に脱政治化されたまま、経済的領域や家庭領域に閉じ込められてしまう対極的状況のプロセスについて議論している。しかし彼女は同時に、例えば搾取された移民労働者や、肉体的に酷使された女性の「逃亡ニーズ」が時に彼らの巣穴から浸み出し、言説の「対極的」形態と呼ぶものを通じて政治化されるようになる状況についても指摘している。彼女はここで述べているのは、日常的な会話、論争、議論のレベルの対極にあるものについてである。

対極にある言説は、ニーズの「（再）脱政治化」を求める「再民営化」言説と符合していると言ってよいかもしれない。対極的言説や再民有化言説に加えて、フレイザーは、「専門家」言説という第三の言説を明らかにしている。これは、「ニーズ解釈の政治学が、ニーズ充足行政に関わっているように」(Fraser, 1989, p. 177)、ニーズ解釈を植民地化しようとする専門的問題解決者の言説であった。ここでフレイザーが行っている議論は、イリイチの議論(前記参照)にきわめて近い。その意義は、イリイチやソパーが指摘しているように、より効果的で、継続的なニーズ解釈の政治学のためには、情報や専門的知識を民主化する手段が必要であるという点にある。

ニーズ解釈の政治学にともなう主張と反対の主張や、定義や再定義の対話的性格を述べる中で、フレイザーは、本書で述べてきた、本質的なヒューマン・ニーズ概念と解釈されたヒューマン・ニーズ概念との関係を正しく理解している。両者の関係は、ある定義は他の定義の特徴となり、豊富化していくという「弁証法的」関係と呼ばれるものである。それに加え、結果的に結びついたニーズ間のつながり連鎖を議論する中で彼女は、本書でも検討してきたように、「薄い」ニーズと「厚い」ニーズの違いや、両者の関係(1989, p. 163)を明らかにしている。彼女のニーズ解釈政治学モデルは、「より厚い」ニーズ理解に近づく方向を目指しながら、ニーズをめぐる闘いがどのように本質的ニーズ概念と解釈されたニーズ概念との総合化を新しく進めることができるのかを考察している。

しかしフレイザーは、二つの未解決の問題があることを認めていた。第一に、競合するニーズ要求の間でどのような決定がなされるのかという問題である 彼女は、ここに「民主主義と平等の均衡化」があると指摘している(1989, p. 182)。後の論文(1997, chs. 1, 3)で彼女は、このことの持つ意味に光を当てている。自由民主主義的公共圏を批判する中で(すでに前記第5章で検討された)、彼女は、沈黙を余儀なくされている非抑圧集団や「大衆」が声を上げ、権力を持つ大衆と同じ条件で政治領域に接近できるようになる段階を展望しながら「参加の同等性」を主張した。基本的にこうした呼びかけとつながっているのは、承認の政治学が再分配の政治学がつながっているという幅広い主張である（Fraser and Honneth, 2003）。ニーズ解釈の政治学は、正義に適った資源配分を交渉するために、すべての人の要求を承認し、それを含むものでなければならない。ここで意図されているのは、ソパーの参加要件を実現する道である。

第二の未解決な問題は、ニーズ要求と権利との関係である。ここに曖昧で対立した関係があることは本章や前章で見てきた。フレイザーは、自らの関わりから、「正当化されたニーズを社会的権利に翻訳することを支持する人々と」の連帯を誓っている（1989, p. 183）。

社会的諸権利の擁護の中で

旧い福祉政治学が崩壊したにもかかわらず、それとつながりのある社会的諸権利の概念はニーズ政治学の本質的な戦略的要素として残ったままの状態となっている。権利は、政治闘争や文化転換内部の一つの重要な言説的資源である。（Dean, 2008a）しかし私は、フレイザーが言う「正当化された」ニーズ（しかし定義はされていない）が社会的権利へ転換するには、二つのことがらを必要としていると考えている。正当化とは、第一に、人間主体の批判的自律性、第二に、幸福論的倫理に基づく政体と関わりがある。これらは本書の最初で簡単に触れられた概念であるが、ここでさらに詳しく探究してみることにしよう。

批判的自律

「批判的自律」という言葉を編み出したのはドイヤルとゴフ（Doyal and Gough, 1991）である。人格的自律、すなわちエイジェンシーの「基本的」自律が成立するには、人間が尊厳を持って生きる上で最低限の必要物である一方、ニーズを最適に充足するためには、批判的自律、すなわち政治的自由や、規則に疑問を持ち、それに同意し、その改革に参加する機会と関係したより高度な自律レベルが必要となる（Doyal and Gough, 1991, p. 67. 強調は原文）。批判的自律は、孤立した個人や独立した個人の自律ではなく、つながりを持ち、関与し合う政治主体の自律である。この点で批判的自律は、ニーズ解釈の政治学に先行する条件である。ドイヤルとゴフの関心は、批判的自律を達成するために必要な参加が文化的に特別な能力だけでなく、もう一つの文化的リアリティについての認識を必要としているということにあった（1991, pp. 187–9）。社会の文化的環境が抑圧的性格を持っている場合、社会に参加する自由だけでは不十分である。彼らは、そうした社会の中で受け入れることのできないものに挑み、拒絶する自由を持っていなければならない。こうした文脈から、ドイヤルとゴフは、高等教育の重要性など、教育ニーズをとくに強調している。この点は、教育の役割に対するアプローチの点でより急進的主張を行っている点を措くとしても、イリイチ（前記参照、併せて Illich, 1971 も参照）やフレイル（Freire, 1972）の主張とある程度重なり合っている。

この点でフレイルの役割はとくに重要である。私的領域で経験されている、見たことも聞いたこともないニーズの「公共化」と同様、フレイルは、抑圧されている人々とを従属させている「沈黙の文化」について触れ、彼らの抑圧を意識し、それに挑戦するプロセスを呼びかけている。彼はこのプロセスに対して、「意識化」という、ぎこちない表現を用いている。フレイルにとって、既存の制度教育は、沈黙の文化を恒久化するという深い意味を持っている。代替的で、解放的な教育が意識化の手段として必要となる。こうした教育方法の基礎にあるのが対話である。上からのモノローグや掛け声の場所に、対話的文化行為というものがなければならない。教師、学生、指導者、人々は、知識創造の主体としてともに関わり合うことが求められる。こうした考えは教育分野に限定されるものではなく、日常政治に広がりを持つものである。それらは同時に、フレイザーのニーズ解釈の政治学概念や、ドイヤルとゴフの批判的自律概念にもあてはまる。それらは、本質的ニーズや解釈されたニーズ概念が相互に対話的あるいは弁証法的関係の中で存在しているという私の意図とも関わりがある。社会権は教義と主張やお互いに関わりを持つ地点で生み出される。

旧い福祉の政治学がニーズの承認や権利の特定をめぐる交渉要素をともなうものであるかぎり、それはフレイルが考えていたような意味で完全に対話的なものではなかった。大衆的言説は、規制されたニーズ要求につながるなど、支配的ヘゲモニーのために沈黙を余儀なくされていた。その他に、ニーズは、イデオロギー的オーソドキシーによって妥協させられ、妥協した政策的対応の中でしか検討されなかった。前章で展開した様々な形で結びついているカテゴリーに基づいて、私は以下の点を指摘することができる。

- 生存主義的大衆的言説は、自分のニーズを満たすことができなければ、個人が非難されるという道徳-権威主義的仮説のために沈黙を余儀なくされてしまうという特徴を持っていた。そのため、規制された状況的ニーズ概念や条件付き社会権の受容につながる傾向にあった。
●恭順的大衆的言説は、個人のニーズを社会秩序内部の場所に位置づける温情主義的仮説のために沈黙を余儀なくされてしまうという特徴を持っていた。そのため、保護主義的であるけれども、必ずしも解放的ではない規制された共通ニーズ概念や社会権につながる傾向にあった。
●進取的大衆的言説は、個人のニーズと自由に表明された選好とを同等と考える経済的教養のために支持されているが、条件付きであった。そのため、妥協的特定ニーズ概念や選択的社会権の受容につながる傾向にあった。
●改良主義的大衆的言説は、個人のニーズを様々な形で考えられたカテゴリカルな義務に等しいと考える人間的教養のために支持されているが、条件づけられていた。そのため、シチズンシップに基づいているけれども、実質的に欠陥を抱えた、多少なりとも妥協的な普遍的ニーズ概念や社会権につながる傾向にあった。

ニーズの代替政治学は、ヒューマン・ニーズや意思決定過程、ニーズ充足に対する人々の要求の実質に関する対話的交渉に参加する有意義な機会を充足するサービス給付との関係から、知識や高度の専門知識の民主化に向けた文化的転換を必要としている。こうした定式は、我々のニーズの確認と充足が非強制的交渉形態を通じて達成される「理想的発話状況」という、ハバーマス（Habermas, 1987）が企図したかなり抽象的な構築物と多くの点で共通する部分がある（第3章参照）。批判的自律は、発話が内包的に行われる過程であるという前提の下で、ニーズ充足に向けた権利の実質的形成やその執行を通じて達成されるものなのかもしれない。この点は、包括的ではあるが抽象的な理想が、かなり常識的で尤もらしい提案へと翻訳されなければならないことがらである。

社会的諸権利の実施に関する対話に向けた効果的なグローバルな場を提供することは、国連経済的・社会的・文化的権利委員会（UNCESCR）にとって難題であったことはすでに見た。同様にEUレベルでは、一九六一年の欧州評議会社会憲章の下で国連経済的、社会的、文化的権利委員会と並行して設立された欧州評議会ヨーロッパ社会的権利委員会が、幾分限定的ではあるものの、そうした場を提供していた。欧州社会憲章は、委員会が労働組合や非政府組織からの派遣団や異議申し立てを受け取ることができるよう一九九六年に改定されたが、すべての締約国による批准手続きを経なければならず、あまり活用されなかった。社会的権利は、インド、ブラジル、南アフリカなど多くの国々で憲法に象徴的に盛り込まれたものの、ニーズの充足を保障する議論を促進する能力の点で、混在した限定的な結果しかもたらさなかったと言ってよい（Hunt, 1996）。

イギリス（Coote, 1992）とカナダ（Bakan and Schneiderman, 1992）両国で、非政府組織から国民社会憲章を制定するという提案が行われたことがある。これらは学問的論争を引き起こしたが、それ以上のことは起こらなかった。カナダ憲法の中により限定的な社会条項を盛り込むという政府提案に対する対案として行われたカナダの提案は、国民反貧困組織（現在は貧困なきカナダと呼ばれている）が行ったものである。「切り札の場」ではなく「対話の場」として、また「議論を中断する結論」ではなく「社会闘争の場」として、社会権の促進につながることが想定されており、ジエニファー・ネデルスキーやクレイグ・スコットが擁護してきた提案である（Nedelsky and Scott, 1992; Hunt, 1996, pp. 185-7も参照）。代替的社会憲章は、人々が異なる価値や関係に関する様々な要求について対話するという、教育的かつ監視的機能を備えた協議体として監督的社会憲章評議会の設置を提案している（Nedelsky and Scott, 1992, p. 62）。ネデルスキーとスコットは、権利が相互依存の関係を構造づけているという認識から、「関係としての諸権利」を考えることによって、日常生活の中に社会的権利評議会が持つ潜在的役割を定着させようとした（1992, p. 69）。この点を考慮するならば、国民的社会的権利評議会が有意義で内包的な対話のための密度の濃いフォーラムとなと考えることは難しい。しかし、どのような可能性が地域社会的権利評議会のネットワークにはあるのだろうか？

第3章で私は、ニーズ解釈に対する参加アプローチの可能性と欠点を論じた（併せてBarnes et al., 2007参照）。地域社会的権利評議会という、いかなる人も参加できる常設フォーラムを通じて、効果的参加につながる別のメカニズムを提供することができるようになるもしれない。地域に深く根ざしたフォーラムには多くの先例がある。例えばイギリスの場合、教区評議会の多彩な歴史は一〇〇〇年もしくはそれ以前に遡ることができる。それらはかつて、貧困の地域救済の直接的責任（任意的と考えられる責任）を持つ非民主的な団体であった。それらは現在、民主的に選出されているものの、実質的権限を失ってしまっている。ごく最近の出来事をたぐりよせるとすれば、一九七〇年代に、法的根拠がない近隣評議会（Cockburn, 1977）、地域コミュニティ関係評議会（一九六八年人種関係法のもとで設置されたが、一九七六年休止状態にある）、コミュニティ健康評議会

（一九七四年に法的に設置されたが、ウェールズを除いて二〇〇三年に廃止された）などの例がある。我々は、地域住民に権限を付与するのと同時に、彼らを任命することのできる、こうした地域フォーラムの成果を理想化すべきではない。それらは常に社会的に包摂的であったというわけではないが、いくつかの地域では、実質的なレベルの参加を進めることに成功していたし、地域住民のニーズに特別かつ直接的に関連した活発な政治的議論の場を提供した。ニーズ解釈の政治学における地域参加で最近見られた非常に斬新な例は、ブラジルのポルトアレグレの参加型予算形成過程であった（Wainwright, 2003）。国民的政策形成過程に効果的な声を発する評議会など、地域社会権評議会の設置を、バナキュラーなニーズ言説の促進や、要求や悲しみが形成されるフォーラムと見ることは空想ではない。

こうしたことからすると、公共参加イニシアティブや、イギリスで最近試みられたサービス利用者フォーラムの先へさらに進まなければならないだろう。そうしたイニシアティブの研究によると、その結果は次のように結論づけられている。

> 参加を維持できるほど十分な結果が生み出されていない。物的及び／あるいは制度的改革も必要になっている。資料によれば、そうした改革は新しい熟議的実践の結果ほど多くはない。例えば、それぞれの「コミュニティ」統治イニシアティブが主要サービス提供者に及ぼした影響は限られており、……その理由としてどのイニシアティブにも権限が与えられていなかったこと、もっぱら助言に活動が限定されたことが挙げられる。（Barnes et al., 2007, pp. 201–2）

ここに見るように、地域社会的権利評議会は、発展途上国で世界銀行が行っている参加型貧困評価のように、研究者とかテクノクラートによって運営される諮問会議以上のものでなければならない（Narayan et al., 2000）。それらは、ヒューマン・ニーズを明確にするとともに、それらを確実に解釈し、ニーズの充足を権利充足の問題として交渉することができる付託事項を備えていなければならない。それらは、万人の社会的権利の包摂的促進者であり、「貧民」にとって労働組合以上の役割を果たすものでなければならない。地域フォーラムの声を調整する国家機構は、騒がしいだけの声でなかったことを保証しなければならないだろう。社会的権利評議会は、特定の共通の経験に基づくなど、地域以外の基準に基づいたコミュニティの声を明確化するために設立されなければならない。

しかし本書は、詳細な提案の原案を作る場ではなく、ニーズを権利に翻訳する包摂的な対話的過程が地域レベルから上に向かって作られる方法があることを示すことに課題を限定している。孤立した個人、排除されたマイノリティ、孤立したコミュニティ、沈黙したマジョリティなど、すべての人間の批判的自律は、想像上の可能性以上に、現実的可能性となっているのかもしれない。

幸福論的倫理

ヒューマン・ニーズをより効果的な社会的権利へ転換する第二の要件は、幸福論的社会倫理を優先させることである。第6章でヒューマン・ニーズの薄い解釈と厚い解釈の違いを紹介するにあたって、私は、幸福の快楽主義的概念と幸福論的概念との間に密接に関連する区別があることを論じた。例えば、社会保険とか普遍的社会給付原理に基づいた社会政策は、苦難の防止だけでなく、人間の繁栄を促進するという幸福論的アプローチの要素が反映されていることを指摘した。保険に基づく社会給付は十分包摂的だとは言えないし、普遍的給付は特定ニーズとの関係からすると不適切である、しかし両方とも、人々の生き残り以上の要件のために設けられている。それらは、リスクの共有と、市民としての保護を目的に設けられている。

承認やケアのニーズについて議論した先の第5章で、私は、（愛、連帯、権利を通じた相互承認を求める）ホネットの倫理的生活概念やフェミニストのケア倫理概念について述べた。ケア倫理は、相互に依存しながら、しかし脆い存在として互恵的義務を果たすよう我々に指示するかもしれないが、親しい者や近隣者と同様、遠くにいる見知らぬ者のニーズや権利も承認するよう拡張されるべきであることを重要と考えている人々と、私は同じ意見を持っている（例えばClement, 1998）。権利を関係として受け止めようとする権利の倫理（Nedelsky and Scott, 1992, p. 69）を、ここでは幸福論的倫理と呼んでおくことにする。

先にヒューマン・ニーズに対する道徳-権威主義的アプローチについて述べたように、ここで重要なのは、「倫理」という言葉の持つ意味である。日常英語で「道徳性」や「倫理」という言葉は同義語として用いられているかもしれない。二つが密接につながっていることは間違いないが、そこには哲学的違いがある。道徳は文化的慣習（*mores*）、規範、慣習、そして一般に善と考えられているものとの関わりがある。倫理は知的エートス、価値、原理、そして体系的に権利へと演繹することができるものと関わりがある。道徳性は暗黙のうちに何らかの倫理を特徴としているといえるかもしれない。他方倫理は、道徳性の明確な反映である。快楽主義的倫理は、自分のニーズの充足行為の中で個人が他者に負う義務、すなわち他者が公平な機会を否定されていないことを保証する義務に関心を払っている。幸福論的倫理は、自分のニーズ充足のためにお互いに依存している人々の間で共有されている互恵的、集団的義務と関わっているが、しかしそれ以上に、他者が自分の人間的潜在力を認識するということと関わりがある。

幸福論的倫理は、その性格上、国民的シチズンシップの境界を越えたものである。幸福論的倫理は社会開発の原理である。ヒューマン・ニーズについて述べるために、社会的権利という言葉を用いることはできるとしても、人権問題の社会権要素と同じくらい重要なものとしてシチズンシップの社会的権利が認識されているわけでは必ずしもない。それよりも、多国籍的な、脱国民的で、グローバルなシチズンシップ形態の発展を必要としているのかもしれない（Falk, 1994; Dwyer, 2004b, ch. 10）。形はどのようなものであれ、すでに指摘したように、グローバル・シチズンシップはよりコスモポリタン的／あるいは性格上より深いものであり、ニーズの決定と権利要求との差を埋めるものだろう。

グローバル・ガヴァナンスのための新しい制度の確立が可能なのかどうかは別として、グローバル・シチズンシップに基づく国連議会設立キャンペーンが行われている（http://en.unpacampaign.org 参照）。しかし問題をどのように立てるとしても、現在の国連の諸機関の間には基本的緊張がある。すでに第6章で見たように、世界銀行や世界貿易機関といった諸機関が選択的福祉セーフティ・ネットとともに、ヒューマン・サービスにおける自由貿易を前提とした社会開発戦略を支持しているのに対して、国際労働機関は社会保険や普遍的社会保障給付を支持している。そこには、最も貧しい人々の基本的ニーズの充足方法についてさえ合意が見られない。

現在の世紀転換期に、六一億の人口のうち、二八億人（四六％）が購買力パリティで一日二ドル以下の「厳しい貧しさ」状態で生活しており、一二億人（二〇％）が一日一ドル以下の「極度に貧しい」状態で生活している（UNDP, 2000; Townsend and Gordon, 2002）。最も貧しい二八億人は世界の所得の一・二％しか持てずにいるのに対して、OECDの高所得諸国に住んでいる九億の人口は八〇％も持っている。OECD諸国から最も貧しい二・八％の人口へ地球全体の所得の一％を移転するならば、彼らの貧困を軽減することができるだろう（Pogge, 2002, p. 2）。貧困軽減のためのミレニアム開発目標を通じた国際コミットメントは、極度の貧困状態で生活している人々の割合を、一九九〇年から二〇一五年の間に半減することを目指している。ロバート・グッディンは、子供か困窮状態にある人々であるかどうかにかかわらず、他の人間に対する我々の責任の倫理的基礎は彼らの脆さにあること、しかも、「個人的あるいは集団的に、我々は、我々の行為や、選択に脆い人々に対する同種の強い責任を持っている」と論じている（Goodin, 1985, p. xi）。植民地時代の経験や現在の国際貿易条件から、豊かな国と比べて相対的に貧しい国がかなり不利な状況にあることを前提に、彼は次のように結論している。

我々は苦境状態にある遠くにいる人々を支援する責任があるが、それは個人的責任というより集団的責任である。第三世界の人々は個人として見れば第一世界にいる我々より脆いとは言えないかもしれないが、集団としてはかなり脆い存在である。集団が責任を果たすと言うことは個人の責任を免除するものではない。それはたんに彼らの責任の性格を変えたにすぎない。（1985, p. 163）

このことが受け入れられたとすれば、さらに大きなコミットメントが人間全体の社会的諸権利に求められるということを意味することになる。

世界の最貧地域では、悲観主義が根強く残っている。ウッドやニュートン（Wood and Newton, 2005）は、世界には、公式の労働市場ばかりでなく、正当な国家装置もない多くの「不安定」社会があることを論じている。こうした状況の中で、ニーズの政治学は、抜本的な政治秩序改革なしに足場を築くことができなかった。そうした社会は、軍事とか強圧ではないにしても、物質的貧困を恒久化する「ファウスト的取引」に頼み込むことによって、大多数の者が基本的な存在論的安全保障を実現できるという、愛国主義や顧客主義を通じて統治されている。それに対して、不屈の専門的社会政策研究者であるピーター・タウンゼント（Townsend, 2007）は、社会保障や、国連人権装置や国際労働機関が設定した基準に盛り込まれた、適切な生活水準に対する権利を遵守することが国際社会では可能になっていると主張した。彼は、多国籍企業の行動を規制する国際法の枠組みや、社会開発に対する貢献、そして必要な資源を獲得する手段として通貨取引税（あるいはトービン税）（Nissanke, 2003. 併せて表9-1も参照）の制度化を求めた。

その間、最貧国の構成員のニーズを実現するには豊かな国の構成員の行為の規制が最善の方法だと考える人々と、貧民の権利につながるメカニズムを残りの人間に行使できるようにすることを求める人々の二つに、中心的な思想家は分かれた。ポゲ（Pogge, 2007, ch. 1）は、極度な貧困を、人権侵害や不正義にあたると考えている。彼は、最も富裕な国が最貧国の不利につながる世界秩序を形成していた活動に歯止めをかける方法を探究している。彼は、地球資源配当という、地球的な規模で正義を実現する国際財政メカニズムを探究している（Pogge, 2002, ch. 8. 併せて Bertram, 2008 及び表9-1も参照）。他方キャンベル（Campbell, 2007）は、極度の貧困はそれが不正義であるからだけでなく、貧しい人々の人間性に対する侮辱であるゆえに、人権を侵害していると考えている。すべての人権はヒューマン・ニーズのありかに由来すること、したがって彼は社会的権利、すなわち真の人間らしい生活に必要な生活手段や資源に対する権利が効力を発するようになることを求めている（2007, p. 59）。貧困は、拷問とか奴隷と同様、特別な人権侵害なのであり、この理由から、人間性が正義に先立つものでなければならない。キャンベルの議論の要素はかなりわかりにくいが、[1]それは、正義に基づく本質的に快楽的な倫理より優先されるべきなのは、人道主義的で本質的に幸福主義的倫理であるという考えと非常に近い。人道主義は慈善と同じものではない。それは我々の類的本質を含んでおり、他の人間との関係の中で自己が実現されるという意味で選択の問題ではない。この議論の延長でキャンベルが支持している国際的な財政メカニズムは地球人道主義課税である（2007, pp. 67-8. 併せて表9-1も参照）。

反グローバル運動や世界社会フォーラムといった組織から現れた、復活したグローバルレフトとでも言うべき組織も存在する（de Sousa Santos, 2006）。政策的対応がこうした運動の内部で発展

表 9-1　ヒューマン・ニード充足のための国際的財政メカニズム

トービン税あるいは通貨取引税（CTT）	地球資源配当（GRD）	地球人道主義課税（CHL）
ノーベル賞受賞者ジェームス・トービンが最初に提案. 彼は，グローバル市場を調整し，社会開発の資金を生み出す方法としてすべての投機的通貨の移転に対する1％課税を提案した.	トーマス・ポゲ（Pogge, 2002, ch. 8）が，世界の自然資源に最大の需要者となっている人々から，最小の需要者である人々に再配分を行う税として提案.	トム・キャンベル（Campbell, 2007, pp. 67-8）が，豊かな諸個人への累進課税を通じて，地球的規模の人道主義的義務を執行するメカニズムとして提案.
＊＊＊	＊＊＊	＊＊＊
その提案に続いて，世界のすべての通貨移転に対して，実際にはすべての取引が電子取引で行われ，記録されていることから，技術的に実現可能なものとして，0.005～0.25％の中程度の課税を提案した. 2兆ドル以上の通貨が毎日取引されていることから，このことによって国連諸機関が行う開発援助の実質的資金が創出される.	限られた自然資源を利用，販売しているすべての国々は，資源に関わりのある世界の他の地域の人々の利益となるように，配当を支払うべきである. 例えば原油採取に支払われるGRDは，1バレル2ドルとなる. ポゲの目的は，1日2ドルの貧困線以上に28億の最貧困層を引き上げるために必要な，世界全体の所得の1％のレベル相当を創出することである.	すべての国民政府は50万ドル以上の個人所得に5万ドル（あるいは同等額）及び2％の追加課税を行う. 国民レベルで徴収された額は世界全体で集約され，執行される. そのメカニズムは，既存の2国間及び多国間海外開発援助（ODA）体制の変更を求めることになる.

してこなかったこと、そして北で生まれた社会発展モデルに対する抵抗感が見られるのも明らかである（Hardt and Negri, 2000; Deacon, 2007）。デ・ソウザ・サントス（2006）のような著述家は、世界の北の単一文化論的認識では、ニーズや権利に関する代替的知識や理解を制約し、曖昧化されてしまうという議論を行っており、南の認識論を呼びかけている。それは、「ケアの価値論」と呼ぶ倫理領域を前提にした呼びかけである。これは、一方でフェミニスト的なケア倫理（Sevenhuijsen, 1998）に、他方でマルクス主義的概念（Heller, 1974）に共鳴する幸福論的倫理として構築されるかもしれ

ない。切れ味が鋭いとは言えないが、デ・ソウザ・サントスは、将来の糸口は現在にあり、このことはヒューマン・ニーズや社会開発に対するプラグマチックで戦略的アプローチと受け取られてもよいという指摘を行っている。カリニコス（Callinicos, 2003）は、『アンチ資本主義宣言』の中で、様々な選挙区でこれまで支援を求めてきたよく知られた改革要求は、グローバル資本主義の基本的改革と調和して進められるという指摘を行っている。彼は普遍的なベーシックインカムを世界的に根づかせる活動や、累進再分配的課税、労働時間の広範な削減、公共サービスの擁護を議論している。

国連諸機関の間での議論なのか、その内部の議論なのか、あるいは研究者や世界の左翼の議論なのかは別として、社会政策や社会開発における幸福論的倫理は、特定のヒューマン・ニーズ概念に基づいている。その前提とは、我々の人間性が生存や充足にではなく、社会的関わりや自己実現にかかっているということである。これは次のようなアプローチを意味している。

●普遍的——「人間としての人間」へ到達することを目指さなければならない。そうした表現は、古代汎アフリカの人道主義的伝統である、人間愛哲学の格言の匂いを漂わせている（Ramose, 2003）。我々のニーズの水源は、生産的取引関係を通じてではなく、お互いのために、お互いについてケアし合うことを通じて定義される人格にある。社会政策や社会開発の目的は、人々が相互に持つ互恵的責任や愛着を強調することにある。

●無条件的——ヒューマン・ニーズを充足するための給付はニーズが優先され、特定の行動規範に従うという条件がつけられるべきではない。例えば第一次目的が国民生産性や競争力のために必要な人的資本の形成を促すというものであってはならず、人間開発や、「倫理的生活」に必要なケイパビリティを保証することでなければならない。

● 地球的な文脈で、地域に根差して——この点は二つの意味で適用される。一つは、ある場合に、地域の権力関係の疎外的で障害を抱えた影響を克服するために必要な社会開発を実現すること、もう一つは、地域の要求や認識が支配的仮説を上回る人間の福利の代替的理解を提案することである。実際の解決策は、トップダウン的要求とボトムアップ的要求が包摂的交渉を通じて解決される地点で、ヒューマン・ニーズを有意義な権利に翻訳することで生まれる。

結論

第1章の最後で私は、人間の相互依存性という本質的性格を効果的な人権へ転換するためにヒューマン・ニーズの政治学が必要となっていると述べた。その議論は最終章でも取り上げられた。ニーズの政治学はすべて我々の身近な問題である。それは議会論争と同様、日常的関係に基づいて行われている。人間は、自分のニーズを承認、充足させる交渉の場で、ニーズの政治学と関わることになる。ニーズは社会政策における中心的概念である。ニーズはまさに、ニーズ政治学が意味をめぐる対立、すなわちトップダウン的意味対ボトムアップ的意味、薄い意味対厚い意味という対立を通じて構成されるなど、多くの意味が込められた概念であるからである。

そうした対立行為の中で、批判的自律は、要求に基づくニーズ解釈が本質的ニーズの理念的形成を有意義かつ効果的に伝えるという点で本質的役割を担っている。幸福論的倫理は、短期的優先課題を選ばなければならないとき、個人的ニーズの「より薄い」形態を常に説明しなければならない一方、生活過程や世代間の人間的相互依存性の文脈の中にヒューマン・ニーズを位置づける「より厚い」普遍的な説明にしたがうということを本質としている。

第7章で議論されたニーズカテゴリーを用いてこの点を明らかにしながら、ニーズの代替政治学は生き残りのための闘いの先へ進んでいくものだと我々は考えている。それは状況的ニーズの充足以上の闘いである。それは、普遍的ニーズの開放的で、交渉可能な理解、すなわち一方で特定ニーズを調整し、他方で共通ニーズを合体させるような理解に基づく政治学である。このことはユートピア的な期待ではなく、ヒューマン・ニーズを重大なものとして受け止める方法である。

注

(1) キャンベルは、他者の苦難を救済する人間の義務が「積極的な功利主義」とか、「ネオカント主義」に属するべきかどうかについて確信を持てないまま、二つの解釈の違いを「内輪の口論」になぞらえている。ある意味でこのことは、人道主義的アプローチが、競合する道徳的言説に依拠することで、性格上ハイブリッドとなっているという私の考えを素晴らしい形で表現している。別の意味で、そのことは、ネオマルクス主義的ヒューマン・ニーズ理論の特徴である人道主義的アプローチを黙殺する結果になっている。

要約

●本章は、先進世界において様々な形態の資本主義的福祉国家の創出が特定のニーズ政治学を具体化させてきたことを論じた。そこでは以下のことが指摘されている。
―国家の仲介によるニーズつながりが、市場が仲介する金銭的つながりと共存するようになったのは、混合経済の中の福祉の政治学においてであった。

―二〇世紀の終わりまでに、そうした調整の限界が明らかとなった。国家仲介過程は市場を信奉する新自由主義者や、新しい文化的あるいはアイデンティティ志向的な政治学の出現など、様々な理由から問題を抱えるようになった。

―「発展途上」世界では、世界の北で適用されている福祉の政治学に基づく社会開発構想を、誤った方向に導く「需要政治学」として、また世界の南の特定ニーズや絶望的ニーズからの逸脱として退けられた。
●福祉の政治学に対する急進的代替案が探究された。
―イリイチの「コンビビアリティ政治学」は、人々が彼ら自身のニーズ知識を再びどのように獲得するのかという、未来に戻れとでもいうべき考えを提示している。

―マルクス主義的な「急進的ニーズ」概念は、人間性が持つ究極的可能性の実現を最終目的とするという、革命的政治学を意味している。しかし、より漸進的なニーズ政治学は、ニーズの充足を計画する、明確かつ参加過程を必然的にともなっている。

―フレイザーの「ニーズ解釈の政治学」は、ニーズ充足のために社会正義や資源の分配ばかりでなく、参加の同等性や、抑圧された人々やマージナル化された人々のニーズの承認にも関心を持つ政治学を制度化することによって、旧い福祉の政治学を乗り越えようとする可能性を探究している。

●ニーズ解釈の政治学は、権利に基づくアプローチに依拠しながら、以下の点に明確に関わることが必要になっていることを論じている。

—批判的自律、すなわち、生活のあらゆる側面に影響を及ぼすニーズの政治学に参加する社会のすべての構成員の実質的能力、及び批判的理解や承認の同等性に基づく能力

—幸福論的倫理、すなわち、「善き生」には個人的快適や刺激と同時に、社会的貢献や社会的関与を通じた実現を必然的に含んでいると考える主導的前提

議論すべき課題

●政治はヒューマン・ニーズとどのように関係するか?

●福祉や「旧い」福祉国家の政治学は必然的に役に立たなかったのだろうか?

●ヒューマン・ニーズの政治化や「公共化」について、我々はどのように考えるべきだと思うか?権利に基づく戦略は最善な方法なのだろうか?

あとがき

先に約束したように、私は最終章を規範的結論で終えることにした。読者に同意してもらえるかどうかは、すべての社会政策学徒がヒューマン・ニーズを重大なものと受け止める理由について、より良い理解を本書から引き出せるかどうかにかかっている。

ヒューマン・ニーズ問題、すなわち様々なヒューマン・サービスを求める人々のニーズや、様々な弊害から守られるニーズとの社会政策の関わりには、明確な意味がある。我々は、我々が営む通常の生活過程で、健康給付、教育、住居、社会保障を求めており、とくに脆弱性を抱えた時代には、個人的なケアや保護が必要となっている。社会政策がヒューマン・ニーズを権利に翻訳しようとしても、必ずそれが行われるというわけではない。その点が、少なくとも、本書を執筆する前提となっている。社会政策の対象領域において、ヒューマン・ニーズを中心対象とした研究が少ないことは奇妙だと思われるかもしれない。その点が、社会政策の基礎を形成する基本的原理の窓を開く課題の一つとなっている。

近年、ヒューマン・ニーズに対する社会政策を学ぶ学生向き入門書は、主に、二つの文献を中心に議論を展開してきた。ドイヤルとゴフのヒューマン・ニーズ論（Doyal and Gough, 1984, 1991）と、ブラッドショーの社会的ニーズ分類（Bradshaw, 1972）である。ドイヤルとゴフの貢献は、一方で健康ニーズ、他方で自律要素に対するニーズという、すべての人間に与えられ、すべての人間が経験する普遍的ニーズの存在を仮定した理論にある。社会政策の仕事は、こうした基本的ニーズが充足される中間的充足手段へのアクセスを最適化することである。ブラッドショーの分類は、規範的判断、個人的経験、明確な需要や相対比較など、政策立案者が様々なニーズ解釈方法を用いて行うプラグマチックな解釈である。こうした問題の先にあるヒューマン・ニーズについての研究は、社会正義に対する関心とか、どのようなニーズであるか、誰のニーズが優先されるべきかといった課題にとどまってしまっている。この点を完全に理解することができないわけではないが、そのために直ちに自由主義者、社会民主主義者、コミュニタリアン、フェミニストなどイデオロギー的対立の世界へ学生を誘う結果となっている。この点は社会政策原理の理解にとって本質的なことである、しかしそのために、ニーズの日常的意味や密接な経験、そして我々のニーズが人間としての相互依存性に根ざしているということの理解やヒューマン・ニーズの基礎から、学生をあまりにも簡単に遠ざけてしまっている。

本書を執筆しようとした時、私はニーズの日常的意味や「言説」の理解から始めようとした。これは、国家福祉給付と関連性がある基本的な道徳的課題の理解や、議論する方法を探究した、これまでの私の研究の特徴的な考え方と合っているからである（Dean, 1999）。本書の最初の下書き原稿に対する匿名読者の貴重なコメントには、「高度に専門的言葉（とくに言説）」で書かれた文章に対する不満も含まれていた。矛盾しているかもしれないが、私の議論は、日常的な大衆言説の中にあるヒューマン・ニーズへの様々な対応を簡単に説明するところから始まっている。このことは当然、さらに複雑で微妙な議論につながっており、私はできるかぎりわかりやすく説明することに努めてきたつもりである。短い後書きであるが、可能なかぎり簡潔かつ率直に、私の議論を振り返ってみることにしたい。

私が出発点としたのは、人々が日常的なヒューマン・ニーズについて話す様々な、そして矛盾に満ちた方法を読者に考えてもらう機会の提供であった。そこで誰もが認める四つの方法を私は指摘した。

●道徳主義的（あるいは道徳-権威主義的）方法――人々がしようとしていること、あるいはすることができるようにすべきことは、他者を傷つけることなく生きることである。
●経済主義的方法――人々が求めているのは、自由市場条件の下で、行動を通じて表現される選好によって例示される。
●温情主義的方法――人々が求めているもの、あるいは持つべきであり、するべきことは、彼らが属するコミュニティや社会の共通慣習を通じて考察される。
●人間主義的（あるいは人道主義的）方法――人々が求めているものは、人間の感性を構成するものの理想的バージョンによって定義される。

私の議論の次の段階は、絶対的ニーズと相対的ニーズとの違いを明らかにすることであった。私はこの点を、ニーズに関する抽象的に定式化された本質的定義と具体的に定式化された解釈された定義、「薄い」定義と「厚い」定義の違いという、二つの重なり合う動態的区分を行うことで果たそうとした。ドイヤルとゴフの理論は本質的定義の例を代表している。ブラッドショーの分類は解釈的定義の例である。「薄い」/「厚い」という区分（他のコメンテーターと必ずしも同じ使い方をしているわけではないが）は、快楽主義的福利と幸福論的福利の哲学的違いや、あるいはもっと大まかな言い方をすると、幸福と善き生の実現との違いにつながっている。

その途中で私は、私の議論の中心からはずれた二つの問題を取り上げた。第一に、ニーズ概念を貧困や不平等に関する社会政策の中心的な議論と関連づけてみること、第二に、ヒューマン・ニーズの議論を置き換えるかもしれない、社会的排除、ケイパビリティ、承認といった比較的新しい概念を考察することである。脇道にそれる目的や効果は、ヒューマン・ニーズとの関連性を明確にすることで、我々の理解を深めることにあった。

その次に私は、別の分類やモデルを示すことで、私の議論の中にある諸要素の統一的把握に努めた。このモデルは、四つの日常的なニーズ言説を、社会政策の発展に歴史的かつ現代的に見られるヒューマン・ニーズに対する四つの幅広いアプローチに関連づけるために、一方でニーズの本質的概念と解釈された概念を、他方で薄い概念と厚い概念の分析的違いにあてはめている。

●状況的ニーズ——道徳的-権威主義的アプローチに起源を持つ概念で、条件付き福祉給付形態の発展に反映していた。

●特定ニーズ——経済主義的アプローチに起源をもつ概念で、対象を限定した福祉給付形態の発展に反映していた。
●共通ニーズ——温情主義的アプローチに起源をもつ概念で、リスクの共有化を組織する政策の発展に反映していた。
●普遍的ニーズ——人道主義的アプローチに起源をもつ概念で、社会的シチズンシップ権利に基づいた政策の発展に反映していた。

これらの概念は非常に幅広く定義されており、実際、重なり合う場合もある。実際の社会政策は様々なニーズ概念と結びついて実施されていると言ってよい。そこでは、複雑で、矛盾した方法が採用されているかもしれない。そうしたモデルは、対立概念としてのヒューマン・ニーズがどのように社会政策を特徴づけているのかを理解する手助けとなる。

私の議論の中にあるこうした論点について、私は、ヒューマン・ニーズを社会的権利に翻訳すると同時に、その過程を進めていく政治的条件にも特別の関心を払うようになった。私の目的は、社会政策の将来に関して行われている現在の議論に貢献することであった。社会福祉に対する権利は、条件付き、選択的、保護主義的もしくはシチズンシップに基づくものなど、ヒューマン・ニーズに対するアプローチをベースに、様々なやり方で組み立てることができる。ニーズ政治学の課題は、効果的かつ有意義な社会的権利の実現にある。社会的権利は、トップダウンとボトムアップ、薄い定義と厚い定義の政治的交渉をともなっている。私の理想は、状況的ニーズばかりでなく、特定ニーズや共通ニーズの定義を調整可能にする普遍的ヒューマン・ニーズに関する開かれた理解である。このことは、社会正義の性格や内容に関するイデオロギー論争に我々を引き戻すことになるが（例えばClaig et al, 2008参照）、それはヒューマン・ニーズを慎重に考察することによって可能となる。

ヒューマン・ニーズ概念の核心にある、困惑するような概念列を単純化し、精査しようとする中で、バランスをとることが必要であった。ある者にとっては興味深いかもしれないが、すべての人を満足させることができないような分析的簡便さの要素を慎重に実現することに努めた。人間が現在直面している将来の不確実性を熟慮するのと同じくらい、ヒューマン・ニーズについて書かれた文献は多く存在する。しかし私の希望は、本書が社会政策を教える素材として役立つと同時に、ヒューマン・ニーズの観念を再検討し、それにあらためて関わろうとする人の手助けをすることにある。

訳者解説

本書は、ハートレー・ディーン "*Understanding Human Need: Social issues, Policy and Practice*, 2010, The Policy Press" の全訳である。ディーンは現在イギリス・ロンドン大学経済学及び社会科学学部（LSE）教授で、社会政策分野を中心に活躍する代表的研究者の一人である。本書以外の代表的著作には以下のものがある。

Social security and social control, Sage Publication, 1994.
Poverty, riches and social citizenship, Macmillan, 1999.
Welfare rights and social policy, Prentice Hall, 1999.
The Ethics of welfare: Human rights, dependency and responsibility, The Policy Press, 2004.
The Social Policy, Polity Press, 2006.

The Policy Press 社はこれまで、社会政策分野の中心的概念をわかりやすく解説するために、『…を理解する』（*Understanding…*）シリーズを企画・出版してきた。その対象は社会政策全般にわたっており、本書もこの企画の一環として出版された。本書の対象はヒューマン・ニーズである。

このシリーズは、学部学生、大学院生、社会福祉の実践家など、現在社会政策を学んでいる、あるいはこれから幅広く学ぼうとする人びとを対象に、社会政策の基本概念の理解を深めることを目的に企画されている。しかし本書も含め、このシリーズの一つひとつは、標準的テキストと呼ぶには相応しくないほど豊富な研究成果が盛り込まれ、高い水準となっている。ヒューマン・ニーズについて網羅的に整理した文献が皆無な我が国の現状からすると、必読文献と言ってよい。

本書の特徴は、社会政策という特定の視角からヒューマン・ニーズの論争的性格を整理していることにある。「ヒューマン・ニーズは非常に大事な概念であり、社会政策における一つの重要な組織原理ともなっている」。しかしその一方、ヒューマン・ニーズは共通の理解を得ることが難しい、わかりにくい概念でもある。「ヒューマン・ニーズとは何か？」。この問いに、躊躇なく答えられる研究者はまずいない。誰の、どのニーズを、どのように、だれが充足するのかは簡単に答えられる問題ではない。ヒューマン・ニーズがイデオロギー対立を反映した論争概念である以上、一面でこのような状況になることは避けられない。著者が行おうとしたのは、この概念をめぐる論争状況を解きほぐし、読者にわかりやすく説明することである。本書は、その糸口を、ニーズをめぐる言説の整理に求めている。

なお本書は、各章の冒頭でその章で取り上げる論点をあらかじめ挙げておき、最後の部分で要約したうえで、読者に「議論すべき課題」も提示するというように、ヒューマン・ニーズの理解を深める工夫がされている。

(1) ニーズ仮説

社会政策にとってニーズ概念が重要な理由は何なのだろうか。また、我々は何故ニーズの言説理解を必要としているのだろうか。この問いに著者は、日常言説の中に含まれているバナキュラーな意味をニーズ仮説の中に位置づけ、整理してみることから始めるべきだと答えている。ルース・リスターが貧困研究を行う際に、概念、定義、測定基準を混同しないよう注意することが必要だと述べたように、ニーズ研究においても、定義や測定の前に、ニーズが持つ意味を概念的に理解することが求められる。リチャード・ティトマスによれば、「社会政策の目標はヒューマン・ニーズに関する仮説を間接的に反映している」だけで、ヒューマン・ニーズによって直接特徴づけることができない。ここで言う仮説の間接的反映とは、ヒューマン・ニーズを定義することなど不可能であり、「人間が必要としているものに関する仮説や原理を基準に」いくつかのレベルに分けることができるだけで、社会政策はそこから何を読み取るのかを課題とせざるをえないという意味である。そうであるならば、どの仮説や原理を採用するのか、どのような概念を媒介することで社会政策とニーズは結びつくことになるのか、またその結びつきに必要な要件とは何か、が問われることになる。著者が本書を執筆した最大の眼目は、そのような問いを潜り抜けて登場する、時代状況に合った理想的なニーズ（差し当たり著者にとって）を明らかにすることである。著者は、その仮説を、リベラリズム、コミュニタリアニズム、共和主義、マルクス主義といった「大きな」物語に求めるのではなく、日常的な言説に潜むニーズ理解から抽出しようとしている。

我々は誰でも、生きるために必要な、仕事、居住空間、休息時間、愛する者などを求めている

（ニーズしている）。しかしこれらをどうしても必要としているとか、必要なものをリスト化しただけではニーズを理解したことにはならない。それだけでは、ニーズは抽象性を帯びるだけで、具体的な姿となって現われてくることはない。それどころか、どのような求め方をしているかによってその意味は全く異なり、ニーズ理解も別の展開を見せることになる。表1-2（本書七頁）は、人々が営む日常生活において垣間見せるニーズの多様な顔を著者の判断で言説的に整理したものである。ニーズをめぐる言説は、人道主義、温情主義、経済主義、道徳-権威主義に分けて整理されている。ここで大事なことは、ニーズを論争概念として把握すること、ニーズは常に交渉にさらされながら具体化されていく構築概念であるという認識を持つことである。例えば、仕事について、人道主義ならば、社会に役立つ有意義でディーセントな仕事に就きたいという意味が中心になるのに対して、経済主義の場合、経済主体としての人間が仕事を自由に選び、その仕事に従事することを求めるという意味を中心に組み立てられることになる。あるいは愛の対象について、温情主義ならば、社会秩序（協力の体制）を維持するには「強く支えあう家族が必要である」ということが主張されるのに対して、経済主義の場合、愛は経済的関係によって支えられるものだという迂回した主張になる。このようにニーズといっても、アプローチが違えば、その顔も様々である。

(2) ニーズ分類学の座標軸

ニーズはこれまで絶対的ニーズと相対的ニーズに区分するのが普通であった。それは、ニーズが貧困概念と結びつき、絶対的貧困や相対的貧困を区別する基準として用いられてきたからである。

しかし、この区分はあまりにも二分法すぎるために、ニーズの論争的性格を浮き彫りにするという大事な課題に答えることができず、社会政策の目標の明確化にもつながらなかった。人間は生物学的存在であると同時に社会的存在である。したがって人間は肉体的ニーズを持つ一方、社会的ニーズを持っている。絶対的／相対的という区分は、ニーズには肉体的充足性と社会的受容性の二つの側面が含まれているという視野を切り開くことに成功したという意味で積極的意義を持つ一方、この区分だけでは、ニーズの質的側面（ニーズは人間の相互依存的性格から見てどのような意味を持つか）と量的側面（人間は豊かに生きることを奨励される存在なのだろうか）を明らかにするという課題に答えることができなかった。この欠陥を補うために著者が行ったのが、本質的ニーズ／解釈されたニーズと、薄いニーズ／厚いニーズというもう一つの座標軸を設けることで別の視角からニーズを考察することであった。

ニーズは、「人間個人にとって本質的と考えられるニーズ」と、「日常経験の過程や政策プロセスから構築される解釈されたニーズ」とに区別される。本質的ニーズは、生物有機体としてばかりでなく、人間性の徳という点からも、人格や、一人の人間であることの意味や観念を必要としており、人間の本質をどこに置くのかによって、客観的利益としてのニーズ（功利的主体）、「主観的選好としてのニーズ」（市場アクター）、「内的原動力としてのニーズ」（心理的存在）、「構築的特性としてのニーズ」（種の構成員）言説に区分される。こうした違いは、括弧内にあるように、ヒューマン・アクターの違いに基づいている。本質的ニーズは、人間の本質を所与のものとして仮定し、属人化しているのに対して、後者は、人間が相互依存的存在であることから、解釈によって構築されたあとに個人に帰属するニーズと考えられている。両者は密接につながっている。しかし、本質的ニーズが通常、抽象的或いはトップダウン的であるのに対して、解釈されたニーズは具体的あるいはボトムアップ的である。ここで注意しておかなければならないのは、絶対的ニーズが本質的ニーズに、相対的ニーズが解釈されたニーズに対応しているわけではないこと、どちらのニーズにも本質的な部分と解釈された部分が含まれ、それらを構成要素として取り込んでいることである。本質的要素も解釈され、解釈された要素にも人間の本質が入り込んでいる。このように絶対的／相対的という区分は、ニーズを二極に分け、両者の対立的性格を浮き彫りにするためではなく、ニーズが交渉を通じて具体化されていく過程を明らかにする「発見モデル」の提示を目的としていた。

このことは、「薄い」ニーズと「厚い」ニーズにもあてはまる。「薄い」、「厚い」というメタファーは、人間を社会的アイデンティティに配慮しない、抽象的で、計算づくの功利的存在として考察するニーズの快楽主義的概念と、社会的に位置づけられた具体的な存在として考察する社会的に構築されたニーズの幸福論的概念の違いに基づいている。人間個人に帰属する道具的ニーズと経験的ニーズの違いと言ってもよい。ニーズの実現といっても、「満ち足りている」ということと「非常によい」ということとでは全くその意味は異なる。著者が強調するニーズの幸福論的概念は、その中に「善き生」の構想が含まれているだけに、具体的な人間の生活の営みを善の視座から「厚く」語ろうとする傾向が強い。著者は、この点を、幸福の社会心理的側面や社会的文脈、ケイパビリティを「厚く」解釈する試みを大事にしながら、快楽主義概念に基づいたニーズの「薄い」解釈との交渉を通じて果たそうとしている。

(3) 本書の立場――人道主義アプローチ：「厚く」、「普遍的に」、「豊かに生きる」

図7-1（本書一八一頁）は、本質的ニーズと解釈されたニーズの違いを基準に垂直軸を、薄いニーズと厚いニーズの違いを基準に水平軸を描き、そのことで区分された四つの象限に照応するアプローチとして、人道主義、温情主義、経済主義、道徳-権威主義アプローチを当てはめている。それぞれの象限に対応するニーズを、著者は、普遍的ニーズ、共通ニーズ、特定ニーズ、状況的ニーズと呼んでいる。著者の立場は、第一象限に位置づけられた人道主義アプローチと普遍的ニーズである。この立場に基づいて、著者は、「厚く」、「普遍的に」、「豊かに生きる」理念に基づいてニーズを語ることを主張している。ここでは、紙幅の関係から、著者が何故この立場に立っているのかを見てみることにしたい。著者は「あとがき」で次のように述べている。

「私の理想は、状況的ニーズばかりでなく、特定ニーズや共通ニーズと定義したものを調整可能にする普遍的ヒューマン・ニーズの開かれた理解である。このことは、社会正義の性格や内容に関するイデオロギー的論争に我々を引き戻すことになるが、それはヒューマン・ニーズを慎重に考察することによって可能となる」（傍点引用者）。

ここでは、人道主義の立場から、著者が「普遍的ヒューマン・ニーズの開かれた理解」を選択していることを確認しておきたい。ここで大事なのは、「開かれた理解」の持つ意味である。この言葉には、「その他のニーズと調整可能にする」という説明が加えられているように、第一象限に位置するアプローチやニーズが、その他のアプローチと交渉した上で、それらの欠点の克服に向けて調整が行われるという意味が込められている。著者は調整の結果、求められるニーズは最終的に規範的にならざるをえないと述べている。問題は、何に開かれているのか、何を調整するのかという点にある。これまでのニーズ認識では、ニーズの普遍性が高まるにつれ、具体性を帯びた人間の姿が次第に消えていき、抽象度が高くなった分、薄いニーズとして理解するというのが一般的であった。それにもかかわらず、著者は普遍的ニーズを厚いニーズに位置づけている。その根拠は何なのだろうか。著者が考える普遍的ニーズを本書冒頭の用語説明から確認しておこう。

「本書が定める特定の意味にしたがって、「厚く」考えられ、人間主体にとって「本質的」であるニーズについて述べた用語。政策目的からすると、人々のニーズは、彼らの人間性や、人間的実現のために必要なものに由来している。それらは、人々が本質的に相互に依存し、参加する方法とか、それを通じて定義され、交渉されるものである。複雑なのは、時折、右の意味ではなく、すべての人間が持つ要素的ニーズについて述べているという点で、「基本的」ニーズと同義なものとして使用される場合もある」。

ここにもあるように、著者によれば、普遍的ニーズは、「厚く」、「本質的」である。そのような理解は、普遍的ニーズが想定する人間像に基づいている。以下はその人間像である。

「それらは倫理的な意味で人間的である。ヒューマン・アクターは受動的という意味での脆い存在ではなく、人間性から定義される一人の社会的行為者として構築されている。そうしたアプローチは、我々の類的存在が社会的関与を通じて構築され、人間性が幸福論的な意味での実現を求めているという理由から、厚い考察が行われている。人間的アプローチには、個人が人間社会に有意義に参加することができなければならない関係的自我として構築されるという理由で、ニーズの本質的概念をともなっている」。

ここには、「人間性から定義される社会的行為者」、「社会的行為を通じた類的存在」、「幸福論的な厚い考察」、「社会への有意義な参加が求められる関係的自我」など、ニーズを考察する際の基本的視座がいくつも示されている。それでは、このような普遍的ニーズやそこで設定されている人間像をどのように実現するというのだろうか。

(4) ニーズの権利への翻訳

この課題は、ニーズの権利への翻訳という、次の実践的課題を明らかにすることにつながっている。図8-1(本書二二〇頁)は、四つのニーズアプローチを前提に新たに描かれたニーズと権利の照応関係を示している。垂直軸は「一方の極の原理的に考えられた権利領域と、もう一つの極にある要求に基づく権利領域」とを結んだ連続線、水平軸は「担い手が自律的主体として抽象的に構築された(薄く想定された)形式的諸権利領域と、担い手が潜在的に脆く、相互に依存し合う存在として構築されている(厚く想定された)実質的諸権利領域」とを結んだ連続線である。二つの軸によって成立する四つの象限に、著者は、シチズンシップ権利、選択的権利、条件付き権利、保護的権利という権利をあてはめている。

垂直軸との関連で重要なのは、表現されたニーズ、すなわち要求に基づくニーズがどのように社会的に構築され、日常生活に道徳化されているのかという点である。「真のニーズについて進化した認識ができるのは、他者との交流を通じて行われる日常的コミュニケーションの中で我々が用いる象徴を通じてである」。生活世界において形成される具体的な要求がニーズとなって昇華されていく過程を、著者は表現されたニーズと呼び、そこから参加のあり方を追究している。著者が、メアリー・ダグラスの「グリッド」という概念に注目し、個人の生活過程の中から形成される、日常的実態の自然な象徴を映し出そうとしているのは、生活世界の実態を追究しようとしていたためである。

水平軸との関連で重要なのは、貧困、不平等、社会的排除、誤った承認など、厳しい社会環境に置かれ、だからこそ協力し合わなければ生きていくことのできない相互依存的な人間を「脆い主体」として描いていることである。著者の一貫した姿勢は、相互依存的に生きる人間のあり方から逆算してニーズの実現に必要な（あるいは妨げている）ことがらを取り上げようとする視座である。「我々は、社会的ニーズに関する理解を、特異な存在である個人や社会的存在としての相互つながりとして、我々のアイデンティティとの関係の中に位置づけてみなければならない」。

普遍的ニーズは、温情主義的アプローチに位置づけられている共通ニーズを、ある特定の社会やコミュニティに限定することなく、どの社会、いつの時代にもあてはまるよう普遍的に要求することによって成立するニーズと言ってよいかもしれない。その意味で、普遍的ニーズは共通ニーズを人間の本質にそくして解釈されたニーズと言うことができる。

ニーズを権利に翻訳した場合、実際に現れるのはウェルフェア・ライトをめぐる実践交渉を通じてであることから、普遍的ニーズの場合でも、それは福祉シチズンシップ（社会的シチズンシップ）として登場することになる。著者は、このシチズンシップ概念を時代状況にそくして鍛え上げることを目指していた。勿論著者は、福祉国家の成立とともに登場した福祉シチズンシップが妥協（著者の言葉を借りれば「マーシャル的妥協」）の産物でしかないということを十分理解している。著者が、本書を第9章「ヒューマン・ニーズの政治学」で閉じたのは、福祉シチズンシップが抱えている限界を克服するには、ニーズの（再）政治化の過程を追究する必要があると考えていたからである。

(5) ニーズの政治学

こうした権利は、何もせず、ただ手をこまねいて見ているだけで確立できるというものではない。ニーズが要求に基づいて権利に翻訳されることを考えるならば、社会的権利は、あらゆるレベルにおいて政治的であり、「ニーズ要求や社会政策の定式化は政治を通じて行われる」ことになるからである。著者は、ニーズが実現する政治過程を「ニーズの政治学」と呼んでいる。

ここで言う「ニーズの政治学」とは、イリイチの「コンビビアリティ」の政治学、マルクスの革命政治学、ケイト・ソパーの「ニーズの政治学」、ナンシー・フレイザーの「ニーズ解釈の政治学」など、旧い福祉国家の政治学に代わる代替政治学である。ソパーが指摘するように、「資本主義的福祉国家はヒューマン・ニーズの取り組みを十分に行ってきてこなかったし、今も行っていない。ニーズ政治学は、何が求められているのかに関する決定をともなうものであり、そのためには、そうした決定に至る基礎や、決定過程への社会的参加のメカニズム関する情報が必要となる」。ニーズの政治学に求められているのは、「何が求められているのか」を決定し、その決定に至る過程への参加や、参加に必要な情報を保証することである。ニーズは公的な政治領域で決定されなければならないだけに、日常生活で形成される見落とされがちな私的ニーズも公的領域の中ですくい上げる必要が出てくる。こうした「ニーズの政治学」は、ニーズの脱政治化や再商品化が進行している現在、それに反論する重要な視座を提供している。

「ニーズの政治学」で著者が最も高く評価しているのは、ナンシー・フレイザーである。本書第9章（最終章）に、フレイザーについて述べた次のような指摘がある。

「彼女のニーズ解釈政治学のモデルは、「より厚い」ニーズ理解に近づきながら、ニーズをめぐる闘いが本質的ニーズと解釈されたニーズとの総合化をどのように新しく進めることができるのかを考察している」。

ここで指摘されているように、著者の一貫した姿勢は、絶対的／相対的、主観的／客観的、薄い／厚いなど、ニーズの二分法的理解を排して、ある定義が他の定義の特徴となり、豊かにしていくという「弁証法的」関係と呼ばれる総合化の試みである。先に指摘した、ニーズの厚い解釈の立場から普遍的ニーズ概念を追求することの矛盾や、本質的ニーズを追求しつつ、あえてそれを解釈しようとする矛盾を自ら抱え込むのは、こうした総合化を試みる際に生じる問題を明確にするためである。

しかしニーズの政治学が現実的意味を持つには、たんなる理念に止めず、戦略的要素としての権利を具体化する構想が必要となる。著者は、ニーズを社会的権利へ転換する上で、人間主体の批判的自律と幸福論的倫理の二つが必要となっていることを指摘している。批判的自律とは、「生活のあらゆる側面に影響を及ぼすニーズの政治学に参加する社会の全てのメンバーの実質的能力、批判的理解や承認の同等性に基づいた能力」を指している。「社会の文化的環境が抑圧的であるならば、社会に参加する自由があるというだけでは十分ではない。彼らは、そうした社会の中で受け入れることのできないものに挑戦し、拒絶する自由がなければならない」。もう一つの要件は、幸福論的社会倫理を優先することである。幸福論的倫理とは、「善き生」の中に、「社会的貢献や社会的関与を通じた実現が必然的に含まれていると考える指導的前提」を指している。「我々の人間性が生存や充足にではなく、社会的関わりや自己実現にかかっている」とすれば、権利は普遍的で、無条件に、そして地域に根ざしながら地球的な文脈で考察されることが必要であり、それらは幸福論的倫理によって支えられていなければならない。著者の主張は、次の指摘に端的に現われている。

「人間が自分のニーズを承認、充足させようと交渉する場所では、彼らはニーズ政治学に関わることになる。ニーズは社会政策における中心的概念であるからである。ニーズとはまさに、ニーズ政治学が意味をめぐる対立、すなわちトップダウン的意味対ボトムアップ的意味、薄い意味対厚い意味という対立を通じて構成されるという多くの意味を担う概念であるからである。そうした対立行為の中で、批判的自律は、要求に基づいたニーズ解釈が本質的ニーズの原理的形成を有意義かつ効果的に伝える上で本質的意味を持っている。幸福論的倫理は、短期的課題を優先しなければならないとき、個人的ニーズの「より薄い」形態について常に説明しなければならない一方、生活過程や世代間の人間的相互依存性の文脈の中にヒューマン・ニーズを位置づける、「より厚い」普遍的な説明を促進することを本質としている」。

批判的自律は、著者が強調する人道主義アプローチがその他のアプローチの持つ欠陥を克服し、普遍的、無条件的、地球的文脈に立った新しいニーズ論として鍛えられるために不可欠な要素と考えられている。先に指摘したように、「ニーズは人間の相互依存的性格から見てどのような意味を持つか」、「人間は最小限に生きることを余儀なくされている存在のか、豊かに生きることを奨励される存在なのか」という問いに、著者は、「人間は、厚く、普遍的に、豊かに生きる」ことができる（できなければならない）と答えようとしている。「ニーズの政治学」が、そこに行きつくために通過しなければならない政治領域であるとすれば、批判的自律と幸福論的倫理はそこに内在された二つの要素である。

私が本書の訳出を思い立ったのは、ニーズが、「持続可能な消費」（sustainable consumption）という、持続可能な社会の構想を追究する上で避けて通ることができない概念だからである。欲望という人間の心理に深く根差した心性に対する批判や、世代内・世代間衡平、環境が持つ収容能力の意味を考える上で、ニーズについて一定の理解を持つことが私にとってどうしても必要であった。本書参考文献にもあるように、ニーズについて言及した書物、論文は数知れない。しかし、ヒューマン・ニーズについて網羅的、体系的に整理した研究成果は、私が知るかぎり本書だけである。社会政策研究の専門家でもない私が本書を訳出するのは不適当だったかもしれない。しかし、消費研究であれ、社会政策研究であれ、持続可能な社会とはどのような社会なのだろうかという問いに答えるためには、ニーズ理解が決定的に重要となっていることは間違いない。本訳書がその点で何らかの参考になれば幸いである。

本訳書を出版するにあたって、今回も日本経済評論社の清達二氏に大変お世話になった。訳書だけで言えば、アンドリュー・ドブソン『シチズンシップと環境』（二〇〇六年、共訳）、エイドリアン・リトル『コミュニティの政治学』（二〇一〇年）を合わせ、三冊目になる。学術出版がますます困難になっている現在、出版することを快く許可していただいたことにあらためて感謝申し上げたい。

二〇一二年三月二一日　小金井の自宅にて

福士正博

アクセス デモクラシー論　齋藤純一・田村哲樹編　本体2800円

シチズンシップ　自治・権利・責任・参加　キース・フォークス　中川雄一郎訳　本体3200円

コミュニティの政治学　エイドリアン・リトル　福士正博訳　本体4200円

シチズンシップと環境　アンドリュー・ドブソン　福士正博・桑田学訳　本体3800円

ストロング・デモクラシー　新時代のための参加政治　B・R・バーバー　竹井隆人訳　本体4200円

アイデンティティ　ジグムント・バウマン　伊藤茂訳　本体2400円

新版現代政治理論　W・キムリッカ　千葉眞・岡﨑晴輝ほか訳　本体4500円

完全従事社会の可能性　仕事と福祉の新構想　福士正博　本体4200円

市民と新しい経済学　環境・コミュニティ　福士正博　本体4200円

訳者紹介

福《ふく》士《し》正《まさ》博《ひろ》

東京経済大学経済学部教授（地球環境問題，コミュニティの経済学担当）．1952年北海道生まれ．東京大学大学院農学系研究科博士課程修了．農学博士（東京大学）．東京大学農学部農業経済学科助手，国立国会図書館調査及立法考査局調査員を経て現職．主著に『ヨーロッパの有機農業』（共著）家の光協会，1992年，『ECの農政改革に学ぶ』（共著）農山漁村文化協会，1994年，『環境保護とイギリス農業』日本経済評論社，1995年，『現代イギリス社会政策史 1979-1990』（共著，毛利健三編著）ミネルヴァ書房，1999年，『市民と新しい経済学　環境・コミュニティ』日本経済評論社，2001年，『完全従事社会の可能性　仕事と福祉の新構想』日本経済評論社，2009年，「参加，承認，ケイパビリティ―生活世界の視点から―」協同組合経営研究誌『にじ』633号，2011年春，「社会的質と社会的経済の接合点」大沢真理編著『社会的経済が拓く未来』ミネルヴァ書房，2011年，訳書にA.ドブソン『シチズンシップと環境』日本経済評論社，2006年，A.リトル『コミュニティの政治学』日本経済評論社，2010年ほか．

e-mail: fukushi@tku.ac.jp

ニーズとは何か

2012年4月25日　第1刷発行

定価（本体3800円＋税）

著　者　ハートレー・ディーン
訳　者　福　士　正　博
発行者　栗　原　哲　也
発行所　株式会社 日本経済評論社

〒101-0051 東京都千代田区神田神保町 3-2
電話 03-3230-1661／FAX 03-3265-2993
E-mail: info8188@nikkeihyo.co.jp
振替 00130-3-157198

装丁＊静野あゆみ　　太平印刷社・根本製本

落丁本・乱丁本はお取替いたします　Printed in Japan

ISBN978-4-8188-2208-5

索引

[あ行]

［か行］

［さ行］

[た行]

［な行］

［は行］

[ま行]

[や行]

[ら行]

［わ行］

［欧文］

参考文献

Adler, M. and Posner, E. (2006) *New foundations of cost-benefit analysis*, Cambridge, MA: Harvard University Press.

Alcock, P. (2006) *Understanding poverty*, Basingstoke: Palgrave.

Alkire, S. (2002) *Valuing freedoms: Sen's capability approach and poverty reduction*, New York, NY: World Bank/Oxford University Press.

Althusser, L. (1994) *Althusser: A critical reader* (edited by G. Elliott), Oxford: Blackwell.

Andrews, F. and Withey, S. (1976) *Social indicators of well-being*, New York, NY: Plenum Press.

Annetts, J., Law, A., McNeish, W. and Mooney, G. (2009) *Understanding social movements and social welfare*, Bristol: The Policy Press.

Arnstein, S. (1969) 'A ladder of citizen participation', *Journal of the American Institute of Planners*, vol. 35, pp. 216-24.

Assiter, A. (2000) 'Bodies and dualism', in K. Ellis and H. Dean (eds.) *Social policy and the body*, Basingstoke: Macmillan.

Auletta, K. (1982) *The underclass*, New York, NY: Random House.

Baers, J., Beck, W., van der Maesen, L., Walker, A. and Herriman, P. (2005) *Renewing aspects of the social quality theory for developing its indicators*, Amsterdam: European Foundation on Social Quality.

Bakan, J. and Schneiderman, D. (1992) *Social justice and the constitution: Perspectives on a social union for Canada*, Ottawa, Canada: Carleton University Press.

Baker, J., Lynch, K., Cantillon, S. and Walsh, J. (2004) *Equality: From theory to action*, Basingstoke: Palgrave Macmillan.

Barnes, M., Newman, J. and Sullivan, H. (2007) *Power, participation*

and political renewal: Case studies in political participation, Bristol: The Policy Press.

Barry, B. (2002) 'Social exclusion, social isolation and the distribution of income', in J. Hills, J. Le Grand and D. Piachaud (eds.) *Understanding social exclusion*, Oxford: Oxford University Press.

Barry, N. (1987) *The New Right*, London: Croom Helm.

Baudrillard, J. (1970) *The consumer society: Myths and structures*, London: Sage Publications.

Baudrillard, J. (1988) *Selected writings* (edited by M. Poster), Cambridge: Polity Press.（今村仁司・塚原史訳『消費社会の神話と構造』紀伊國屋書店，1995 年）

Bauman, Z. (1993) *Postmodern ethics*, Oxford: Blackwell.

Bauman, Z. (1998) *Work, consumerism and the new poor*, Buckingham: Open University Press.（伊藤茂訳『新しい貧困　労働，消費主義，ニュープア』青土社，2008 年）

Beck, U. and Beck-Gernsheim, E. (2001) *Individualization*, London: Sage Publications.

Beck, W., van der Maesen, L. and Walker, A. (1997) *The social quality of Europe*, Bristol: The Policy Press.

Becker, G. (1993) *Human capital*, Chicago, IL: University of Chicago Press.

Becker, G. (1998) *Accounting for tastes*, Cambridge, MA: Harvard University Press.

Bekkers, V., Dijkstra, G., Edwards, A. and Fenger, M. (2007) *Governance and the democratic deficit*, Aldershot: Ashgate.

Bentham, J. (1789) 'An introduction to the principles and morals of legislation', in M. Warnock (ed.) *Utilitarianism*, Glasgow: Collins.

Benton, T. (1988) 'Humanism=speciesism: Marx on humans and animals', *Radical Philosophy*, vol. 50, pp. 4-18.

Beresford, P. and Croft, S. (2001) 'Service users' knowledges and the social construction of social work', *Journal of Social Work*, vol. 1, pp. 293-316.

Berlin, I. (1967) 'Two concepts of liberty', in A. Quinton (ed.) *Political*

philosophy, Oxford: Oxford University Press.
Bertram, C. (2008) 'Globalisation, social justice and the politics of aid', in G. Craig, T. Burchardt and D. Gordon (eds.) *Social justice and public policy*, Bristol: The Policy Press.
Beveridge, W. (1942) *Social insurance and allied services*, London: HMSO.
Bochel, C. and Bochel, H. (2004) *The UK social policy process*, Basingstoke: Palgrave.
Bochel, H., Bochel, C., Page, R. and Sykes, R. (2005) *Social policy: Issues and development*, Harlow: Pearson/Prentice Hall.
Booth, C. (1889) *The life and labour of the people in London*, London: Macmillan.
Bottomore, T. (1992) 'Citizenship and social class, forty years on', in T. Marshall and T. Bottomore (eds.) *Citizenship and social class*, London: Pluto.（岩崎信彦・中村健吾訳『シティズンシップと社会的階級―近現代を総括するマニフェスト』法律文化社，1993 年）
Bourdieu, P. (1997) 'The forms of capital', in A. Halsey, H. Lauder, P. Brown and A. Wells (eds.) *Education, culture, economy, society*, Oxford: Oxford University Press.
Bourdieu, P. (1999) *The weight of the world: Social suffering in contemporary society*, Cambridge: Polity.
Bradshaw, J. (1972) 'The concept of social need', *New society*, 30 March.
Bradshaw, J. and Finch, N. (2003) 'Overlaps in dimensions of poverty', *Journal of Social Policy*, vol. 32, no. 4, pp. 513-25.
Britto, T. (2006) 'Conditional cash transfers in Latin America', in UNDP (United Nations Development Programme) (ed) *Social protection: The role of cash transfers—Poverty in focus*, Brasilia: International Poverty Centre.
Brown, M. (1977) *Introduction to social administration in Britain*, London: Hutchinson.
Bull, M. (2007) 'Vectors of the biopolitical', *New Left Review*, vol. 45, pp. 7-25.

Burchardt, T. (2006a) *Foundations for measuring equality: A discussion paper for the Equalities Review*, CASEpaper 111, London: CASE/STICERD, London School of Economics and Political Science.
Burchardt, T. (2006b) 'Happiness and social policy: barking up the right tree in the wrong neck of the woods', in L. Bauld, K. Clarke and T. Maltby (eds.) *Social Policy Review 18*, Bristol: The Policy Press/Social Policy Association.
Burchardt, T. and Vizard, P. (2007) *Definition of equality and framework for measurement: Final recommendations of the Equalities Review Steering Group on Measurement*, CASEpaper 120, London: CASE/STICERD, London School of Economics and Political Science.
Burchardt, T., Clark, D. and Vizard, P. (2008) *Overall project briefing for EHRC and GEO specialist consultation on selection of indicators for Equality Measurement Framework*, Briefing Paper No. 1, London: OPHI/CASE.
Burchardt, T., Le Grand, J. and Piachaud, D. (2002) 'Introduction', in J. Hills, J. Le Grand and D. Piachaud (eds.) *Understanding social exclusion*, Oxford: Oxford University Press.
Cabinet Office (1999) *Modernising government*, London: The Stationery Office.
Callinicos, A. (2003) *An anti-capitalist manifesto*, Cambridge: Polity Press.（渡辺雅男・渡辺景子訳『アンチ資本主義宣言』こぶし書房, 2004 年）
Callinicos, A. (2007) *Social theory: A historical introduction*, Cambridge: Polity Press.
Campbell, T. (1988) *Justice*, Basingstoke: Macmillan.
Campbell, T. (2007) 'Poverty as a violation of human rights: inhumanity or injustice?', in T. Pogge (ed.) *Freedom from poverty as a human right: Who owes what to the very poor*, Oxford: UNESCO/Oxford University Press.
Castles, F. and Mitchell, D. (1993) 'Worlds of welfare and families of

nations', in F. Castles (ed.) *Families of nations: Patterns of public policy in Western democracies*, Aldershot: Dartmouth.

Chambers, R. (1997) *Whose reality counts?*, London: Intermediate Technology Publications.

Chambers, R. and Conway, G. (1992) *Sustainable rural Livelihoods: Practical concepts for the 21st century*, IDS Discussion Paper 296, Brighton : Institute of Development Studies.

Chan, C.-K., Ngok, K.-L. and Phillips, D. (2008) *Social policy in China*, Bristol: The Policy Press.

Clarke, J. (2003) 'Managing and delivering welfare', in P. Alcock, A. Erskine and M. May (eds.) *The student's companion to social policy,* Oxford: Blackwell.

Clarke, J. (2004) 'Dissolving the public realm? The logics and limits of neo-liberalism', *Journal of Social Policy*, vol. 33, pp. 27-48.

Clarke, J. and Newman, J. (1997) *The managerial state*, London: Sage Publications.

Clarke, P. (1996) *Deep citizenship*, London: Pluto.

Clement, G. (1998) *Care, autonomy and justice: Feminism and the ethic of care*, Boulder, CO: Westview Press.

Cockburn, C. (1977) *The local state: Management of cities and people*, London: Pluto Press.

Coote, A. (1992) *The welfare of ctizens: Developing new social rights*, London: Rivers Oram/IPPR.

Court, W. (1965) *British economic history* 1870-1914, Cambridge: Cambridge University Press [in particular pp. 288-94].（荒井政治・天川潤次郎訳『イギリス近代経済史』ミネルヴァ書房，1984 年）

Cox, R. (1998) 'The consequences of welfare reform: how conceptions of social rights are changing', *Journal of Social Policy*, vol. 27, pp. 1-16.

Craig, G., Burchardt, T. and Gordon, D. (2008) *Social justice and public policy: Seeking fairness in diverse societies*, Bristol: The Policy Press.

Cranston, M. (1976) 'Human rights, real and supposed', in N. Timms

and D. Watson (eds.) *Talking about welfare*, London: Routledge & Kegan Paul.
CRE (Commission for Racial Equality) (2006) *Fact file 1: Employment and ethnicity*, London: CRE.
Croft, S. and Beresford, P. (1992) 'The politics of participation', *Critical Social Policy*, vol. 12, pp. 20-44.
Cutler, T., Williams, K. and Williams, J. (1986) *Keynes, Beveridge and beyond*, London: Routledge & Kegan Paul.
Davis, K. and Moore, W. (1945) 'Some principles of stratification', *American Sociological Review*, vol. 10, pp. 242-9.
de Schweinitz, K. (1961) *England's road to social security*, Perpetua, PA: University of Pennsylvania.
de Sousa Santos, B. (2006) *The rise of the global Left: The World Social Forum and beyond*, London: Zed Books.
Deacon, A. and Bradshaw, J. (1983) *Reserved for the poor: The means-test in British social policy*, Oxford: Blackwell.
Deacon, B. (2007) *Global social policy and governance*, London: Sage Publications.
Deacon, B., Hulse, M. and Stubbs, P. (1997) *Global social policy*, London: Sage Publications.
Deakin, N. (1994) *The politics of welfare: Continuities and change*, Hemel Hempstead: Harvester Wheatsheaf.
Dean, H. (1991) *Social security and social control*, London: Routledge.
Dean, H. (1999) *Poverty, riches and social citizenship*, Basingstoke: Macmillan.
Dean, H. (2002) *Welfare rights and social policy*, Harlow: Prentice Hall.
Dean, H. (2003) *Discursive repertoires and the negotiation of wellbeing: Reflections on the WeD frameworks*, WeD Working paper 04, Bath: Wellbeing in Developing Countries ESRC Research Group.
Dean, H. (2004) *The ethics of welfare: Human rights, dependency and responsibility*, Bristol: The Policy Press.
Dean, H. (2006) *Social policy*, Cambridge: Polity Press.

Dean, H. (2008a) 'Social policy and human rights: re-thinking the engagement', *Social Policy and Society*, vol. 7, pp. 1–12.
Dean, H. (2008b) 'Towards a eudaimonic ethic of social security', in J. Bradshaw (ed.) *Social security, happiness and wellbeing*, Antwerp: FISS/Intersentia.
Dean, H. (2009) 'Critiquing capabilities: the distraction of a beguiling concept', *Critical Social Policy*, vol. 29, no. 2, pp. 261–78.
Dean, H. and Rodgers, R. (2004) 'Popular discourses of dependency, responsibility and rights', in H. Dean (ed.) *The ethics of welfare*, Bristol: The Policy Press.
Dean, H. and Taylor-Gooby, P. (1992) *Dependency culture: The explosion of a myth*, Hemel Hempstead: Harvester Wheatsheaf.
Dean, M. (1991) *The constitution of poverty: Toward a genealogy of liberal governancy*, London: Routledge.
Deneulin, S. and Stewart, F. (2000) 'A capability approach for people living together', VHI Conference, 'Justice and Poverty: Examining Sen's Capability Approach', St Edmunds College, Cambridge.
Di Tella, R. and MacCullough, R. (2007) 'Gross national happiness as an answer to the Easterlin paradox', 14th FISS Research Seminar on Issues in Social Security: 'Social Security, Happiness and Well-being', Sigtuna, Sweden.
Dixon, J. (1999) *Social security in global perspective*, Westport, CN: Praeger.
Dolowitz, D. (2004) 'Prosperity and fairness? Can New Labour bring fairness to the 21st century by following the dictates of endogenous growth?', *The British Journal of Politics and International Relations*, vol. 6, pp. 213–30.
Dorling, D., Rigby, J., Wheeler, B., Ballas, D., Thomas, B., Fahmy, E., Gordon, D. and Lupton, R. (2007) *Poverty, wealth and place in Britain, 1968 to 2005*, York: Joseph Rowntree Foundation.
Douglas, M. (1977) *Natural symbols*, Harmondsworth: Penguin.（江河徹・塚本利明・木下卓訳『象徴としての身体　コスモロジーの探究』紀伊國屋書店，1983 年）

Douglas, M. and Ney, S. (1998) *Missing persons: A critique of the social sciences*, Berkeley, CA: University of California Press.

Doyal, L. and Gough, I. (1984) 'A theory of human needs', *Critical Social Policy*, vol. 4, pp. 6–38.

Doyal, L. and Gough, I. (1991) *A theory of human need*, Basingstoke: Macmillan.

DRC (Disability Rights Commission) (2007) *Disability briefing*, London: DRC.

Drover, G. and Kerans, P. (1993) *New approaches to welfare theory*, Aldershot: Edward Elgar.

DSS (Department of Social Security) (1998) *New ambitions for our country: A new contract for welfare*, London: The Stationery Office.

Durkheim, E. (1893) *The social division of labour*, New York, NY: Free Press.（田原音和訳『社会分業論』青木書店，2005 年）

Dworkin, R. (1977) *Taking rights seriously*, London: Duckworth.

DWP (Department for Work and Pensions) (2001) *Households Below Average Income 1994/5-2000/01*, London: The Stationery Office.

DWP (2007) *Households Below Average Income 1994/5-2006/7*, London: The Stationery Office

Dwyer, P. (2004a) 'Creeping conditionality in the UK', *Canadian Journal of Sociology*, vol. 25, pp. 261–83.

Dwyer, P. (2004b) *Understanding social citizenship*, Bristol: The Policy Press.

Easterlin, R. (2005) 'Building a better theory of well-being', in L. Bruni and P. Porta (eds.) *Economics and happiness*, Oxford: Oxford University Press.

EHRC (Equalities and Human Rights Commission) (2009) *Business Plan 2009/10*, London: EHRC.

Eide, A. (2001) 'Economic, social and cultural rights as human rights', in A. Eide, C. Krause and A. Rosas (eds.) *Economic, social and cultural rights: A textbook*, Dordrecht: Martinus Nijhoff.

Elias, N. (1978) *The civilising process: The history of manners*, Oxford:

Blackwell.（赤川慧爾・中村元保・吉田正勝訳『文明化の過程（上）ヨーロッパ上流階層の風俗の変遷』法政大学出版局，2010 年，波田節夫・溝辺敬一・羽田洋訳『文明化の過程（下）社会の変遷／文明化の理論のための見取図』法政大学出版局，2010 年）
Ellis, K. (2000) 'Welfare and bodily order: theorising transitions in corporeal discourse', in K. Ellis and H. Dean (eds.) *Social policy and the body*, Basingstoke: Macmillan.
Ellis, K. (2004) 'Dependency, justice and the ethic of care', in H. Dean (ed.) *The ethics of welfare: Human rights, dependency and responsibility*, Bristol: The Policy Press.
Ellis, K. and Dean, H. (2000) *Social policy and the body: Transitions in corporeal discourse*, Basingstoke: Macmillan.
EOC (Equal Opportunities Commission) (2006) *Women and men in Britain*, Manchester: EOC.
Equalities Review (2007) *Fairness and freedom: The final report of the Equalities Review*, London: Cabinet Office.
Erskine, A. (2002) 'Need', in P. Alcock, A. Erskine and M. May (eds.) *The Blackwell dictionary of social policy*, Oxford: Blackwell.
Escobar, A. (1995) 'Imagining a post-development era', in J. Crush (ed.) *The power of development*, London: Routledge.
Esping-Andersen, G. (1990) *The three worlds of welfare cpitalism*, Cambridge: Polity Press.
Esping-Andersen, G. (1996) *Welfare states in transition*, London: Sage Publications.
Esping-Andersen, G. (1999) *The social foundations of post-industrial economies*, Oxford: Oxford University Press.
Fabian Society (2006) *Narrowing the gap: The fabian Commission on life chances and child poverty*, London: Fabian Society.
Falk, R. (1994) 'The making of a global citizenship', in B. van Steenbergen (ed.) *The condition of citizenship*, London: Sage Publications.
Fanon, F. (1967) *Black skin, white masks*, New York. NY: Grove Press.
Field, F. (1989) *Losing out: The emergence of Britain's underclass*,

Oxford: Blackwell.
Finch, J. and Mason, J. (1993) *Negotiating family responsibilities*, London: Routledge.
Fine, B. (1984) *Democracy and the rule of law: Liberal ideals and Marxist critiques*, London: Pluto Press.
Fine, B. (2001) *Social capital versus social theory*, London: Routledge.
Fitzpatrick, P. (2005) *New theories of welfare*, Basingstoke: Palgrave.
Fitzpatrick, T. (1999) *Freedom and security: An introduction to the basic income debate*, Basingstoke: Macmillan.（武川正吾・菊地英明訳『自由と保障—ベーシック・インカム論争』勁草書房，2005年）
Fitzpatrick, T. (2001) *Welfare theory: An introduction*, Basingstoke: Palgrave.
Fitzpatrick, T. (2008) *Applied ethics and social problems*, Bristol: The Policy Press.
Fletcher, R. (1965) *Human needs and social order*, London: Michael Joseph.
Forder, A. (1974) *Concepts in social administration: A framework for analysis*, London: Routledge & Kegan Paul.
Forster, W. (1870) 'Speech introducing Elementary Education Bill, House of Commons', in S. Maclure (ed.) *Education documents*, London: Methuen.
Foster, P. (1983) *Access to welfare: An introduction to welfare rationing*, Basingstoke: Macmillan.
Foucault, M. (1977) *Discipline and punish*, Harmondsworth: Penguin.（田村俶訳『監獄の誕生—監視と処罰』新潮社，1977年）
Foucault, M. (1979) *The history of sexuality*, London: Allen Lane.（田村俶訳『性の歴史 II　快楽の活用』新潮社，1986年，同『性の歴史 III　自己への配慮』新潮社，1987年）
Foweraker, J. and Landman, T. (1997) *Citizenship rights and social movements: A comparative and statistical analysis*, Oxford: Oxford University Press.
Fraser, D. (1984) *The evolution of the British welfare state*, Basingsto-

ke: Macmillan.
Fraser, N. (1989) *Unruly practices: Power, discourse and gender in contemporary social theory*, Minneapolis, MN: University of Minnesota Press.
Fraser, N. (1997) *Justice interruptus: Critical reflections on the 'post-socialist' condition*, London: Routledge.（仲正昌樹監訳『中断された正義』御茶の水書房，2003 年）
Fraser, N. (2007) 'Reframing justice in a globalising world', in D. Held and A. Kaya (eds.) *Global inequality*, Cambridge: Polity Press.
Fraser, N. and Honneth, A. (2003) *Redistribution or recognition?*, London: Verso.
Freire, P. (1972) *Pedagogy of the oppressed*, Harmondsworth: Penguin.
Freud, S. (2006) *The Penguin Freud reader* (edited by A. Phillips), London: Penguin Books.
Friedman, M. (1993) 'Beyond caring: the de-moralisation of gender', in M. Larabee (ed.) *An ethic of care: Feminist and interdisciplinary perspectives*, New York, NY: Routledge.
Fromm, E. (1976) *To have or to be?*, London: Abacus.（佐野哲郎訳『生きるということ』紀伊國屋書店，1977 年）
Frost, L. and Hoggett, P. (2008) 'Human agency and social suffering', *Critical Social Policy*, vol. 28, pp. 438-60.
Fukuyama, F. (1992) *The end of history and the last man*, New York, NY: Basic Books.（渡部昇一訳『歴史の終わり（上）（下）』三笠書房，1992 年）
Gaarder, J. (1996) *Sophie's world*, London: Phoenix.
Galbraith, K. (1958) *The affluent society*, London: Hamish Hamilton.
Galtung, J. (1980) 'The basic needs approach', in K. Lederer (ed.) *Human needs: A contribution to the current debate*, Cambridge, MA: Oelgeschlager, Gunn & Hain.
Galtung, J. (1994) *Human rights in another key*, Cambridge: Polity Press.
Garland, D. (1981) 'The birth of the welfare sanction', *British Journal of Law and Society*, vol. 8, no. 1, pp. 29-45.

Gasper, D. (2007) 'Conceptualising human needs and wellbeing', in I. Gough and J. McGregor (eds.) *Wellbeing in developing countries*, Cambridge: Cambridge University Press.

Geertz, C. (1973) *The interpretation of cultures*, New York, NY: Basic Books.（吉田禎吾・中川弘允・柳川啓一訳『文化の解釈学〈1〉〈2〉』岩波現代選書，1987年）

George, V. and Howards, I. (1991) *Poverty amidst affluence*, Aldershot: Edward Elgar.

Geras, N. (1983) *Marx and human nature: Reflection of a legend*, London: Verso.

Germani, G. (1980) *Marginality*, New Brunswick, NJ: Transaction Books.

Geyer, R. (2000) *Exploring European social policy*, Cambridge: Polity Press.

Giddens, A. (1998) *The third way*, Cambridge: Polity Press.（佐和隆光訳『第三の道—効率と公正の新たな同盟』日本経済新聞社，1999年）

Gilbert, B. (1966) *The evolution of National Insurance in Great Britain*, London: Michael Joseph.

Gilligan, C. (1982) *In a different voice: Psychological theory and women's development*, Cambridge, MA: Harvard University Press.

Giradin, J.-C. (2000) 'Towards a politics of signs: reading Baudrillard', in M. Gane (ed.) *Jean Baudrillard, vol. I*, London: Sage Publications.

Goodin, R. (1985) *Protecting the vulnerable*, Chicago, IL: University of Chicago Press.

Goodin, R. (1988) *Reasons for welfare: The political theory of the welfare state*, Princeton, NJ: Princeton University Press.

Goodin, R. (1990) 'Relative needs', in A. Ware and R. Goodin (eds.) *Needs and welfare*, London: Sage Publications.

Goodin, R. and Dryzek, J. (2006) 'The macro-political uptake of mini-publics', *Politics and Society*, vol. 34, pp. 219–44.

Gordon, D. (2006) 'The concept and measurement of poverty', in C. Pantazis, D. Gordon and R. Levitas (eds.) *Poverty and social exclusion in Britain*, Bristol: The Policy Press.

Gordon, D. and Pantazis, C. (1997) *Breadline Britain in the 1990s*, Aldershot: Ashgate.

Gough, I. (2003) *Lists and thresholds: Comparing the Doyal-Gough theory of human need with Nussbaum's capability approach*, WeD Working Paper No. 1, Bath: ESRC Research Group on Wellbeing in Developing Countries.

Gough, I. and McGregor, J.A. (2007) *Wellbeing in developing countries: From theory to research*, Cambridge: Cambridge University Press.

Gough, I., Bradshaw, J., Ditch, J., Eardley, T. and Whiteford, P. (1997) 'Social assistance in OECD countries', *Journal of European Social Policy*, vol. 7, no. 1, pp. 17-43.

Gough, I., Wood, G., Barrientos, A., Bevan, P., Davis, P. and Room, G. (2004) *Insecurity and welfare regimes in Asia, Africa and Latin America: Social policy in development contexts*, Cambridge: Cambridge University Press.

Griffiths, J. (1991) *The politics of the judiciary*, London: Fontana.

Gudex, C. (1986) *QALYS and their use by the health service*, Discussion Paper 20, York: Centre for Health Economics.

Habermas, J. (1962) *The structural transformation of the public sphere*, Cambridge, MA: MIT Press.（細谷貞雄・山田正行訳『公共性の構造転換―市民社会の一カテゴリーについての探究』未来社，1994年）

Habermas, J. (1987) *The theory of communicative action: Vol. 2: Lifeworld and system*, Cambridge: Polity Press.（河上倫逸ほか訳『コミュニケイション的行為の理論（上）』未来社，1985年）

Headley, R. and Hatch, S. (1981) *Social welfare and the failure of the state*, London: Allen and Unwin.

Hall, A. and Midgley, J. (2004) *Social policy for development*, London: Sage Publications.

Halmos, P. (1973) *The faith of the counsellors*, London: Constable.

Hanisch, C. (1969) 'The personal is political', in Redstockings Inc. (ed.) *Feminist revolution*, New Palz, NY: Redstockings Inc.

Harden, I. and Lewis, N. (1986) *The noble lie: The British constitution and the rule of law*, London: Hutchinson.

Hardt, M. and Negri, A. (2000) *Empire*, Cambridge, MA: Harvard University Press.

Harris, J. (2007) 'Principles, poor laws and welfare states', in J. Hills, J. Le Grand and D. Piachaud (eds.) *Making social policy work*, Bristol: The Policy Press.

Hayek, F. (1976) *Law, legislation and liberty: Vol. 2—The mirage of social justice*, London: Routledge & Kegan Paul.（篠塚慎吾訳『法と立法と自由〔II〕社会正義の幻想』春秋社，2008 年）

Heclo, H. (1986) 'General welfare and two American political traditions', *Political Science Quarterly*, vol. 101, pp. 179-96.

Hefner, R. (2000) 'Baudrillard's noble anthropology', in M. Gane (ed.) *Jean Baudrillard, vol. I*, London: Sage Publications.

Hegel, G. (1821) *Elements of the philosophy of rights*, Cambridge: Cambridge University Press.

Held, D. (1987) *Models of democracy*, Cambridge: Polity Press.（中谷義和訳『民主政の諸類型』御茶の水書房，1998 年）

Held, D. (1995) *Democracy and the global order: From the modern state to cosmopolitan governance*, Cambridge: Polity Press.（佐々木寛・小林誠・山田竜作訳『デモクラシーと世界秩序―地球市民の政治学』NTT 出版，2002 年）

Held, D. and Kaya, A. (2007) *Global inequality*, Cambridge: Polity Press.

Heller, A. (1974) *The theory of need in Marx*, London: Alison & Busby.（良知力・小箕俊介訳『マルクスの欲求理論』法政大学出版局，1982 年）

Heller, A. (1980) 'Can "true" and "false" needs be posited?, in K. Lederer (ed.) *Human needs: A contribution to the current debate*, Cambridge, MA: Oelgeschlager, Gunn & Hain.

Henman, P. and Fenger, M. (2006) *Administering welfare reform:*

International transformations in welfare governance, Bristol: The Policy Press.
Hewitt, M. (1992) *Welfare ideology and need: Developing perspectives on the welfare state*, Hemel Hempstead: Harvester Wheatsheaf.
Hewitt, M. (2000) *Welfare and human nature: The human subject in twentieth century politics*, Basingstoke: Macmillan.
Hills, J., Le Grand, J. and Piachaud, D. (eds.) (2002) *Understanding social exclusion*, Oxford: Oxford University Press.
Hindess, B. (1987) *Freedom, equality and the market*, London: Tavistock.
Hirsch, F. (1977) *The social limits to growth*, London: Routledge & Kegan Paul.
Hirst, P. (1994) *Associative democracy*, Cambridge: Polity Press.
Hobbes, T. (1651) *Leviathan*, Cambridge: Cambridge University Press.（水田洋訳『リヴァイアサン〈1〉〈2〉』岩波文庫，1992年）
Hobcraft, J. (2003) 'Social exclusion and the generations', in J. Hills, J. Le Grand and D. Piachaud (eds.) *Understanding social exclusion*, Oxford: Oxford University Press.
Hobsbawm, E. (1968) *Industry and Empire*, Harmondsworth: Penguin.
Hohfeld, W. (1946) Fundamental legal conceptions as applied in judicial reasoning, New Haven, CT: Yale University Press.
Holloway, J. and Picciotto, S. (1978) *State and capital: A Marxist debate*, London: Arnold.
Honneth, A. (1995) *The struggle for recognition: The moral grammar of social conflicts*, Cambridge: Polity Press.（山本啓・直江清隆訳『承認をめぐる闘争』法政大学出版局，2003年）
Hood, C. (1991) 'A public management for all seasons?', *Public Administration*, vol. 69, pp. 3-19.
Hunt, P. (1996) *Reclaiming social rights*, Aldershot: Dartmouth/Ashgate.
Ignatieff, M. (1984) *The needs of strangers*, London: Chatto and Windus.（添谷育志・金田耕一訳『ニーズ・オブ・ストレンジャーズ』風行社，1999年）

Ignatieff, M. (2001) *Human rights as politics and idolatory*, Princeton, NJ: Princeton University Press.（添谷育志・金田耕一訳『人権の政治学』風行社，2006 年）

Illich, I. (1971) *Deschooling society*, London: Calder & Boyars.（小澤周三・東洋訳『脱学校の社会』東京創元社，1977 年）

Illich, I. (1973) *Tools for conviviality*, London: Calder & Boyars.（渡辺京二・渡辺梨佐訳『コンヴィヴィアリティのための道具』日本エディタースクール出版部，1989 年）

Illich, I. (1977) *Towards a history of needs*, New York, NY: Bantam/Random House.

Illich, I., McKnight, J., Zola, I., Caplan, J. and Shaiken, H. (1977) *Disabling professions*, London: Marion Boyars.

ILO (International Labour Organization) (2006) *Social security for all: Investing in global social and economic development*, Geneva: ILO.

Inglehart, R. (1990) *Culture shift in advanced industrial society*, Princeton, NJ: Princeton University Press.（村山皓・武重雅文・富沢克訳『カルチャーシフトと政治変動』東洋経済新報社，1993 年）

Inglehart, R., Foa, R., Peterson, C. and Welzel, C. (2008) 'Development, freedom and rising happiness', *Perspectives on Psychological Science*, vol. 3, no. 4, pp. 264-85.

Jessop, B. (2002) *The future of the capitalist state*, Cambridge: Polity Press.（中谷義和監訳『資本主義国家の未来』御茶の水書房，2005 年）

Johnson, N. (1987) *The welfare state in transition: The theory and practice of welfare pluralism*, Brighton: Harvester Wheatsheaf.（青木郁夫・山本隆訳『福祉国家のゆくえ―福祉多元主義の諸問題』法律文化社，1993 年）

Johnston, G. and Percy-Smith, J. (2003) 'In search of social capital', *Policy & Politics*, vol. 31, pp. 321-34.

Jordan, B. (1998) *The new politics of welfare*, London: Sage Publications.

Jordan, B. (2008) *Welfare and well-being: Social value in public policy*,

Bristol: The Policy Press.
Keane, J. (1988) *Democracy and civil society*, London: Verso.
Kincaid, J. (1975) *Poverty and equality in Britain: A study of social security and taxation*, Harmondsworth: Penguin.
Kind, P., Rosser, R. and Williams, A. (1982) 'Valuation of quality of life', in M. Jones-Lee (ed.) *The value of life and safety*, Amsterdam: Elsevier Science Publishing Co.
King, D. (1999) *In the name of liberalism: Illiberal social policy in the United States and Britain*, Oxford: Oxford University Press.
Kittay, E., Jennings, B. and Wasunna, A. (2005) 'Dependency, difference and the global ethic of long-term care', *The Journal of Political Philosophy*, vol. 13, pp. 443-69.
Klein, R., Day, P. and Redmayne, S. (1996) *Managing scarcity: Priority setting and rationing in the National Health Service*, Buckingham: Open University Press.
Klug, F. (2000) *Values for a godless age: The story of the United Kingdom's new bill of rights*, London: Penguin.
Kymlicka, W. (1995) *Multicultural citizenship: A liberal theory of minority rights*, Oxford: Clarendon Press.（角田猛之・石山文彦・山﨑康仕監訳『多文化時代の市民権―マイノリティの権利と自由主義―』晃洋書房，1998 年）
Lacan, J. (1977) *Ecrits* (translated by A. Sheridan), London: Tavistock.
Land, H. (1975) 'The introduction of Family Allowances', in R. Hall, H. Land, R. Parker and A. Webb (eds.) *Change choice and conflict in social policy*, London: Heinemann.
Langan, M. (1998) *Welfare: Needs, rights and risks*, London/Milton Keynes: Routledge/The Open University.
Law, I. (1996) *Racism, ethnicity and social policy*, Hemel Hempstead: Harvester Wheatsheaf.
Layard, R. (2003) 'Happiness: has social science a clue?', Lionel Robbins Memorial Lectures, London: London School of Economics and Political Science.
Layard, R. (2005) *Happiness: Lessons from a new science*, London:

Penguin.
Le Grand, J. (1990a) *Quasi-markets and social policy*, Bristol: SAUS/ University of Bristol.
Le Grand, J. (1990b) 'The state of welfare', in J. Hills (ed.) *The state of welfare: The welfare state in Britain since 1974*, Oxford: Clarendon.
Le Grand, J. (2003) *Motivation, agency and public policy: Of knights, knaves, pawns and queens*, Oxford: Oxford University Press.
Le Grand, J., Propper, C. and Robinson, R. (1992) *The economics of social problems*, Basingstoke: Macmillan.
Lederer, K. (1980) *Human needs: A contribution to the current debate*, Cambridge, MA: Oelgeschlayer, Gunn & Hain.
Leiss, W. (1978) *The limits of satisfaction*, London: Calder.
Lenoir, R. (1974) *Les exclus*, Paris: Seuil.
Levitas, R. (1996) 'The concept of social exclusion and the new Durkheimian hegemony', *Critical Social Policy*, vol. 16, no. 1, pp. 5-20.
Levitas, R. (1998) *The inclusive society? Social exclusion and New Labour*, Basingstoke: Macmillan.
Lewis, G., Gewirtz, S. and Clarke, J. (2000) *Rethinking social policy*, London: Sage Publications.
Lewis, P. (1973) 'Unmet legal need', in P. Morris et al. (eds.) *Social needs and legal action*, Oxford: Martin Robertson.
Liddiard, M. (2007) 'Social need and patterns of inequality', in J. Baldock, N. Manning and S. Vickerstaff (eds.) *Social policy*, Oxford: Oxford University Press.
Lis, C. and Soly, H. (1979) *Poverty and capitalism in pre-industrial Europe*, Brighton: Harvester Wheatsheaf.
Lister, R. (2001) 'New Labour: a study in ambiguity from a position of ambivalence', *Critical Social Policy*, vol. 21, pp. 425-47.
Lister, R. (2003) *Citizenship: Feminist perspectives* (2nd edn.), Basingstoke: Macmillan.
Lister, R. (2004) *Poverty*, Cambridge: Polity Press.（松本伊智朗監訳・

立木勝訳『貧困とはなにか―概念・言説・ポリティクス』明石書店，2011 年）
Lødemel, I. and Trickey, H. (2001) 'An offer you can't refuse': Workfare in international perspective, Bristol: The Policy Press.
McGregor, J.A. (2007) 'Researching wellbeing: from concepts to methodology', in I. Gough and J. McGregor (eds.) *Wellbeing in developing countries: From theory to research*, Cambridge: Cambridge University Press.
McKay, S. (2004) 'Poverty or preference: what do "consensual deprivation indicators" really measure?', *Fiscal Studies*, vol. 25, pp. 201–23.
Macintyre, A. (2007) *After virtue*, Notre Dame, IN: Notre Dame Press.（篠﨑榮訳『美徳なき時代』みすず書房，1993 年）
Mack, J. and Lansley, S. (1985) *Poor Britain*, London: Allen and Unwin.
Macnicol, J. (1987) 'In pursuit of the underclass', *Journal of Social Policy*, vol. 16, pp. 293–318.
Marcuse, H. (1964) *One dimensional man: Studies in the ideology of advanced industrial society*, Boston, MA: Beacon Press.（生松敬三・三沢謙一訳『一次元的人間』河出書房新社，1974 年）
Markus, G. (1978) *Marxism and anthropology*, Assen, The Netherlands: Van Gorcum.
Marlier, E., Atkinson, A., Cantillon, B. and Nolan, B. (2007) *The EU and social inclusion: Facing the challenges*, Bristol: The Policy Press.
Marshall, T.H. (1950) 'Citizenship and social class', in T. Marshall and T. Bottomore (eds.) *Citizenship and social class*, London: Pluto Press.（岩崎信彦・中村健吾訳『シティズンシップと社会的階級―近現代を総括するマニフェスト』法律文化社，1993 年）
Marx, K. (1844 [1975 edn.]) 'Economic and philosophical manuscripts', in L. Colletti (ed.) *Early writings*, Harmondsworth: Penguin.（長谷川宏訳『経済学・哲学草稿』光文社古典新訳文庫，2010 年）
Marx, K. (1845) 'Theses from Fuerbach (extract from)', in T.

Bottomore and M. Rubel (eds.) *Karl Marx: Selected writings in sociology and social philosophy*, Harmondsworth: Penguin.

Marx, K. (1887) *Capital, vols. I, II, III*, London: Lawrence & Wishart.（今村仁司・三島憲一・鈴木直訳『資本論』筑摩書房，2005 年）

Marx, K. and Engels, F. (1848) *The communist manifesto*, New York, NY: Pathfinder Press.（村田陽一訳『共産党宣言』大月書店，2009 年）

Maslow, A. (1943) 'A theory of human motivation', *Psychological Review*, vol. 50, pp. 370-96.

Maslow, A. (1970) *Motivation and personality*, New York, NY: Harper & Row.（小口忠彦監訳『人間性の心理学』産業能率大学出版部，1983 年）

Mead, G.H. (1934) *Mind, self and society from the standpoint of a social behaviorist*, Chicago, IL: University of Chicago Press.（稲葉三千男・滝沢正樹・中野収訳『精神・自我・社会』青木書店，1973 年）

Milanovic, B. (2007) 'Globalization and inequality', in D. Held and A. Kaya (eds.) *Global inequality,* Cambridge: Polity Press.

Mishra, R. (1984) *The welfare state in crisis,* Hemel Hempstead: Harvester Wheatsheaf.

Mishra, R. (1999) *Globalisation and the welfare state*, Hemel Hempstead: Harvester Wheatsheaf.

Monaghan, P. (2003) 'Taking on "rational man": dissident economists fight for a niche in the discipline', *Chronicle of Higher Education*, 24 January.

Mooney, G. (2004) *Work: Personal lives and social policy*, Bristol: The Policy Press.

Morris, L. (1994) *Dangerous classes*, London: Routledge.

Murray, C. (1984) *Losing ground: American social policy 1950-1980*, New York, NY: Basic Books.

Murray, C. (1990) *The emerging British underclass*, London: Institute of Economic Affairs.

Murray, C. (1994) *Underclass: The crisis deepens*, London: Institute of

Economic Affairs.
Myrdal, G. (1963) *Challenge to affluence*, New York, NY: Random House.（小原敬士・池田豊訳『豊かさへの挑戦』竹内書店，1964年）
Narayan, D., Chambers, R., Shah, M. and Petesch, P. (2000) *Voices of the poor: Crying out for change*, Washington, DC: World Bank.
Nedelsky, J. and Scott, C. (1992) 'Constitutional dialogue', in J. Bakan and D. Schneiderman (eds.) *Social justice and the constitution: Perspectives on a social union for Canada*, Ottawa, Canada: Carleton University Press.
Nissanke, M. (2003) *The revenue potential of the currency transfer tax for development finance: A critical appraisal*, WIDER Discussion Paper No. 2003/81, Helsinki: United Nations.
Novak, T. (1988) *Poverty and the state*, Milton Keynes: Open University Press.
Nowak, M. (2001) 'The right to education', in A. Eide, C. Krause and A. Rosas (eds.) *Economic, social and cultural rights*, Dordrecht: Martinus Mijhoff.
Nozick, R. (1974) *Anarchy, state and utopia*, Oxford: Blackwell.（嶋津格訳『アナーキー・国家・ユートピア―国家の正当性とその限界』木鐸社，1955年）
Nussbaum, M. (2000a) 'The future of feminist liberalism', *Proceedings and Addresses of the American Philosophical Association*, vol. 74, pp. 47–9.
Nussbaum, M. (2000b) *Women and human development: The capabilities approach*, Cambridge: Cambridge University Press.（池本幸生・田口さつき・坪井ひろみ訳『女性と人間開発　潜在能力アプローチ』岩波書店，2005年）
Nussbaum, M. (2006) *Frontiers of justice: Disability, nationality, species membership*, Cambridge, MA: Harvard University Press.
Offe, C. (1984) *Contradictions of the welfare state*, Cambridge, MA: MIT Press.
Offer, A. (2006) *The challenge of affluence*, Oxford: Oxford University

Press.
Oliver, M. and Barnes, M. (1998) *Disabled people and social policy: From exclusion to inclusion*, Harlow: Longman.
Osborne, T. (1996) 'Security and vitality: drains, liberalism and power in the nineteenth century', in A. Barry, T. Osborne and N. Rose (eds.) *Foucault and political reason*, London: UCL Press.
Pahl, J. (1989) *Money and marriage*, Basingstoke: Macmillan.
Pahl, R. (1995) *After success: Fin-de-siecle anxiety and identity*, Cambridge: Polity Press.
Paine, T. (1791) *The rights of man*, harmondsworth: Penguin.（西川正身訳『人間の権利』岩波文庫，1971 年）
Pantazis, C., Gordon, D. and Levitas, R. (2006) *Poverty and social exclusion in Britain: The Millennium survey*, Bristol: The Policy Press.
Papadakis, E. and Taylor-Gooby, P. (1987) *The private provision of public welfare: State, market and community*, Brighton: Harvester Wheatsheaf.
Pareto, V. (1909) *Manuel d'economie politique*, Paris: Giard.
Park, R. (1928) 'Human migration and the marginal man', *American Journal of Sociology*, vol. 33, pp. 881–93.
Parker, H. (1998) *Low cost but acceptable: A minimum income standard for the UK*, Bristol: The Policy Press.
Parker, R. (1981) 'Tending and social policy', in E. Goldberg and S. Hatch (eds.) *A new look at the personal social services*, London: Policy Studies Institute.
Pateman, C. (1989) *The disorder of women*, Cambridge: Polity Press.
Peck, J. (2001) *Workfare states*, New York, NY: Guilford Press.
Perez-Bustillo, C. (2001) 'The right to have rights: poverty, ethnicity, multiculturalism and state power', in F. Wilson, N. Kanji and E. Braathen (eds.) *Poverty reduction: What role for the state in today's globalised economy?*, London: CROP/Zed Books.
Persky, J. (1995) 'Retrospectives: the ethology of homo economicus', *Journal of Economic Perspectives*, vol. 9, pp. 221–31.

Phillips, D. (2006) *Quality of life: Concept, policy and practice*, London: Routledge.（新田功訳『クオリティ・オブ・ライフ―概念・政策・実践』人間の科学新社，2011 年）

Piachaud, D. (1981) 'Peter Townsend and the Holy Grail', *New Society*, 10 September.

Piachaud, D. (2002) *Capital and the determinants of poverty and social exclusion*, London: London School of Economics and Political Science.

Pigou, A. (1928) *A study in public finance*, London: Macmillan.

Pigou, A. (1965) *Essays in applied economics*, London: Frank Cass.

Plant, R., Lesser, H. and Taylor-Gooby, P. (1980) *Political philosophy and social welfare*, London: Routledge & Kegan Paul.

Plato (1974 edn.) *The Republic*, Harmondsworth: Penguin.（藤沢令夫訳『国家（上）（下）』岩波文庫，1979 年）

PMSU (Prime Minister's Strategy Unit) (2007) *Building on progress: Public services*, London: Cabinet Office.

Pogge, T. (2002) *World poverty and human rights,* Cambridge: Polity Press.

Pogge, T. (2007) *Freedom from poverty as a human right: Who owes what to the very poor?*, Oxford: Oxford University Press.

Porritt, J. (1984) *Seeing green*, Oxford: Blackwell.（筑紫哲也訳『地球は救える―環境保護へのシナリオ』小学館，1991 年）

Porter, D. and Craig, D. (2004) 'The third way and the third world: poverty reduction and social inclusion in the rise of "inclusive" liberalism', *Review of International Political Economy*, vol. 11, pp. 387-423.

Poulantzas, N. (1980) *State, power, socialism*, London: Verso.

Powell, E. (1972) *Still to decide*, London: Elliot Right Way Books.

Powell, M. and Hewitt, M. (2002) *Welfare state and welfare change*, Buckingham: Open University Press.

Putnam, R. (2000) *Bowling alone*, New York, NY: Simon & Schuster.（柴内康文訳『孤独なボウリング―米国コミュニティの崩壊と再生』柏書房，2006 年）

Ramose, M. (2003) 'Globalisation and ubuntu', in P. Coetzee and A. Roux (eds.) *The African philosophy reader*, London: Routledge.

Raphael, D., Renwick, R., Brown, I. and Rootman, I. (1998) 'Quality of life indicators and health: current status and emerging conceptions', *Social Indicators Research*, vol. 39, pp. 65–88.

Rawls, J. (1972) *A theory of justice*, Oxford: Oxford University Press.（川本隆史・福間聡・神島裕子訳『正義論』改訂版，紀伊國屋書店，2010 年）

Rhodes, R. (1997) *Understanding governance: Polity networks, governance, reflexivity and accountability*, Buckingham: Open University Press.

Rist, G. (1980) 'Basic questions about basic human needs', in K. Lederer (ed.) *Human needs: A contribution to the current debate*, Cambridge, MA: Oelgeschlager, Gunn & Hain.

Roche, M. (1992) *Re-thinking citizenship*, Cambridge: Polity Press.

Rodgers, G., Gore, C. and Figueiredo, J. (1995) *Social exclusion: Rhetoric, reality, responses*, Geneva: International Labour Organization.

Room, G. (1979) *The sociology of welfare: Social policy, stratification and plitical order*, Oxford: Blackwell/Martin Robertson.

Roosevelt, F.D. (1944) 'State of the Union address to Congress 11 January', in S. Rosenman (ed.) *The public papers and addresses of Franklin D. Roosevelt, vol. XIII*, New York, NY: Harper.

Rosas, A. (2001) 'The right to development', in A. Eide, C. Krause and A. Rosas (eds.) *Economic, social and cultural rights: A textbook*, Dordrecht: Martinus Nijhoff.

Rose, N. (1999) *Powers of freedom: Reframing political thought*, Cambridge: Cambridge University Press.

Rowntree, B.S. (1901/2000) *Poverty: A study of town life*, London: Macmillan, 2000 edn – J. Bradshaw (ed.), Bristol: The Policy Press.

Rowntree, B.S. (1941) *Poverty and progress: A second social survey of York*, London: Longman.

Royal Commission on Legal Services (1976) *Final report*, London: HMSO.

Runciman, G. (1966) *Relative deprivation and social justice*, London: Routledge & Kegan Paul.

Runciman, G. (1990) 'How many classes are there in contemporary British society?, *Sociology*, vol. 24, no. 3, pp. 377-96.

Ryan, R. and Deci, E. (2001) 'On happiness and human potentials: a review of research on hedonic and eudaimonic wellbeing', *Annual Review of Psychology*, vol. 52, pp. 141-66.

Ryan, R. and Sapp, A. (2008) 'Basic psychological needs: a self-determination theory perspective on the promotion of wellness across development and cultures', in I. Gough and J. McGregor (eds.) *Wellbeing in developing countries: From theory to research*, Cambridge: Cambridge University Press.

Sahlins, M. (1974) *Stone Age economics*, London: Tavistock.

Salais, R. and Villeneuve, R. (2004) *Europe and the politics of capabilities*, Cambridge: Cambridge University Press.

Sandel, M. (1982) *Liberalism and the limits of justice*, Cambridge: Cambridge University Press.（菊池理夫訳『リベラリズムと正義の限界』勁草書房，2009 年）

Saunders, P. (1984) 'Beyond housing classes: the sociological significance of private property rights in means of consumption', *International Journal of Urban and Regional Research*, vol. 8, pp. 208-27.

Scaff, L. (1998) 'Max Weber', in R. Stones (ed.) *Key sociological thinkers*, Basingstoke: Palgrave Macmillan.

Schmidt, S. and Bullinger, M. (2008) 'Cross-cultural quality of life assessment approaches and experiences from the health care field', in I. Gough and J. McGregor (eds.) *Wellbeing in developing countries: From theory to research*, Cambridge: Cambridge University Press.

Scott, A. (1990) *Ideology and new social movements*, London: Unwin Hyman.

Seabrook, J. (1985) *Landscapes of poverty*, Oxford: Blackwell.

Searle, B. (2008) *Well-being: In search of a good life?*, Bristol: The Policy Press.

Sen, A. (1985) *Commodities and capabilities*, Amsterdam: Elsevier.（鈴村興太郎訳『福祉の経済学―財と潜在能力』岩波書店，1988 年）

Sen, A. (1992) *Inequality re-examined*, Oxford: Oxford University Press.（池本幸生・野上裕生・佐藤仁訳『不平等の再検討―潜在能力と自由』岩波書店，1999 年）

Sen, A. (1999) *Development as freedom*, Oxford: Oxford University Press.（石塚雅彦訳『自由と経済開発』日本経済新聞社，2000 年）

Sen, A. (2005) 'Human rights and capabilities', *Journal of Human Development*, vol. 6, pp. 151–66.

SEU (Social Exclusion Unit) (1997) *Social Exclusion Unit: Purpose, work priorities and working methods*, Briefing document, London: Cabinet Office.

Sevenhuijsen, S. (1998) *Citizenship and the ethics of care*, London: Routledge.

Sevenhuijsen, S. (2000) 'Caring in the third way: the relation between obligation, responsibility and care in "Third Way" discourse', *Critical Social Policy*, vol. 20, pp. 5–37.

Skoler, D. and Zeitzer, I. (1982) 'Social security appeals systems: a nine-nation review', *International Social Security Review*, vol. 35, pp. 57–77.

Smith, A. (1759) *The theory of moral sentiments*, Indianapolis, IN: Liberty Fund.（水田洋訳『道徳感情論（上）（下）』岩波文庫，2003 年）

Smith, A. (1776) *An inquiry into the nature and causes of the wealth of nations*, London: George Routledge.（大内兵衛・松川七郎訳『諸国民の富 1–5』岩波文庫，1966 年）

Smith, D. (1998) *Tax crusaders and the politics of direct democracy*, New York, NY: Routledge.

Soper, K. (1981) *On human needs*, Brighton: Harvester Wheatsheaf.

Soper, K. (1993) 'The thick and thin of human needing', in G. Drover

and P. Kerans (eds.) *New approachs to welfare theory*, Aldershot: Edward Elgar.

Soysal, Y. (1994) *Limits of citizenship: Migrants and postnational membership in Europe*, Chicago, IL: Chicago University Press.

Springborg, P. (1981) *The problem of human needs and the critique of civilisation*, London: George Allen & Unwin.

Squires, P. (1990) *Anti-social policy: Welfare ideology and the disciplinary state*, Hemel Hempstead: Harvester Wheatsheaf.

Stafford-Clark, D. (1965) *What Freud really said*, Harmondsworth: Penguin.

Stedman-Jones, G. (1971) *Outcast London*, Oxford: Clarendon Press.

Stenner, P. and Taylor, D. (2008) 'Psychosocial welfare: reflections on an emerging field', *Critical Social Policy*, vol. 28, pp. 415–37.

Stenner, P., Barnes, M. and Taylor, D. (2008) 'Editorial introduction', *Critical Social Policy*, vol. 28, pp. 411–4.

Tao, J. (2004) 'The paradox of care: a Chinese Confucian perspective on long-term care', in P. Kennett (ed.) *A handbook of comparative social policy*, Aldershot: Edward Elgar.

Tawney, R. (1913) 'Poverty as an industrial problem', in R. Tawney (ed.) *Memoranda on the problems of poverty, vol. 2*, London: William Morris Press.

Taylor, C. (1992) *Multiculturalism: Examining the politics of recognition*, Princeton, NJ: Princeton University Press.（佐々木毅・辻康夫・向山恭一『マルチカルチュラリズム』岩波書店，1996 年）

Taylor, D. (1998) 'Social identity and social policy: engagements with post-modern theory', *Journal of Social Policy*, vol. 27, pp. 329–50.

Taylor-Gooby, P. and Dale, A. (1981) *Social theory and social welfare*, London: Edward Arnold.

Temple, W. (1941) *Citizen and churchman*, London: Eyre & Spottiswoode.

Teubner, G. (1987) *Dilemmas of law in the welfare state*, Berlin: Walter de Gruyter.

Thane, P. (1982) *Foundations of the welfare state*, Harlow: Longman.

Thompson, E.P. (1993) *Customs in common*, New York, NY: The New Press.
Thomson, G. (1987) *Needs*, London: Routledge & Kegan Paul.
Timmins, N. (2001) *The five giants: A biography of the welfare state*, London: HarperCollins.
Titmuss, R. (1974) *Social policy*, London: Allen and Unwin.（三友雅夫監訳『社会福祉政策』恒星社厚生閣，1981 年）
Titmuss, R. (2001 [1955]) 'Lecture at the University of Birmingham in honour of Eleanor Rathbone', in P. Alcock, H. Glennerster, A. Oakley and A. Sinfield (eds.) *Welfare and wellbeing: Richard Titmuss' contribution to social policy*, Bristol: The Policy Press.
Titmuss, R. (2001 [1962]) 'Lecture at the University of California', in P. Alcock, H. Glennerster, A. Oakley and A. Sinfield (eds.) *Welfare and wellbeing: Richard Titmuss's contribution to social policy*, Bristol: The Policy Press.
Townsend, P. (1979) *Poverty in the UK*, Harmondsworth: Penguin.
Townsend, P. (1993) *The international analysis of poverty*, Hemel Hempstead: Harvester Wheatsheaf.
Townsend, P. (2007) *The right to social security and national development: Lessons from OECD experience for low-income countries*, Discussion Paper 18, Geneva: International Labour Organization.
Townsend, P. and Gordon, D. (2002) *World poverty: New policies to defeat an old enemy*, Bristol: The Policy Press.
Tronto, J. (1994) *Moral boundaries: A political argument for an ethic of care*, New York, NY: Routledge.
Turner, B. (1993) 'Outline of a theory of human rights', *Sociology*, vol. 27, pp. 489-512.
Turner, B. (2006) *Vulnerability and human rights*, Pennsylvania, PA: Pennsylvania State University.
Tweedie, J. and Hunt, A. (1994) 'The future of the welfare state and social rights: reflections on Habermas', *Journal of Law and Society*, vol. 21, no. 2, pp. 288-316.
UN (United Nations) (1995) *The Copenhagen Declaration and Pro-*

gramme of Action, New York, NY: UN.
UNDP (United Nations Development Programme) (2000) *Human development report 2000*, New York, NY: Oxford University Press.
UNDP (2003) *Human development report 2003 — Millennium Development Goals: A compact among nations to end human poverty*, New York, NY: Oxford University Press.
UNDP (2008) *Human development report 2007/08*, New York, NY: Oxford University Press.
UN (United Nations) General Assembly (2000) *United Nations millennium declaration (Resolution 2 Session 55)*, New York, NY: UN.
Unger, R. (1986) *The critical legal studies movement*, Cambridge, MA: Harvard University Press.
Ungerson, C. (1987) *Policy is personal: Sex, gender and informal care*, London: Tavistock.
UNICEF (United Nations Children's Fund) (2007) *Child poverty in perspective: An overview of child well-being in rich countries*, Florence: UNICEF Innocenti Research Centre.
Vale, D., Watts, B. and Franklin, J. (2009) *The receding tide: Understanding unmet needs in a harsher economic climate — The interim findings of the Mapping Needs Project*, London: The Young Foundation.
Veblen, T. (1899) *The theory of the leisure class*, New York, NY: Random House.（高哲男訳『有閑階級の理論』ちくま学芸文庫，1998年）
Veenhoven. R. (1996) 'Happy life expectancy: a comprehensive measure of quality of life', *Social Indicators Research*, vol. 39, pp. 1–58.
Veit-Wilson, J. (1986) 'Paradigms of poverty: a rehabilitation of B.S. Rowntree', *Journal of Social Policy*, vol. 15, no. 1, pp. 69–99.
Veit-Wilson, J. (1999) 'Poverty and the adequacy of social security', in J. Ditch (ed.) *Introduction to social security: Policies, benefits and poverty*, London: Routledge.
Vizard, P. and Burchardt, T. (2007) *Developing a capability list: Final*

recommendations of the Equalities Review Steering Group on Measurement, CASEpaper 121, London: CASE/STICERD, London School of Economics and Political Science.

Wainwright, H. (2003) *Reclaim the state: Experiments in popular democracy*, London: Verso.

Waldfogel, J. (2004) *Social mobility, life chances and the early years*, CASEpaper 88, London: CASE/STICERD, London School of Economics and Political Science.

Walker, A. (1990) 'Blaming the victims', in C. Murray (ed.) *The emerging British underclass*, London: Insutitute of Economic Affairs.

Walker, R. (2005) *Social security and welfare: Concepts and comparisons*, Maidenhead: Open University Press.

Walzer, M. (1983) *Spheres of justice*, Oxford: Blackwell.（山口晃訳『正義の領分―多元性と平等の擁護』而立書房，1999 年）

Walzer, M. (1994) *Thick and thin*, Notre Dame, IN: University of Notre Dame Press.（芦川晋・大川正彦訳『道徳の厚みと広がり―われわれはどこまで他者の声を聴き取ることができるか』風行社，2004 年）

Waterman, P. (2001) *Globalization, social movements and the new internationalisms*, London: Continuum.

WHOQOL (World Health Organization Quality of Life) Group (1995) 'The World Health Organisation quality of life assessment: position paper from the WHO', *Social Science and Medicine*, vol. 41, pp. 1403-9.

Wilensky, H. (1975) *The welfare state and equality: Structural and ideological roots of public expenditure*, Berkeley, CA: University of California Press.

Wilkinson, R. (1996) *Unhealthy societies: The afflictions of inequality*, London: Routledge.

Wilkinson, R. (2005) *The impact of inequality: How to make sick societies healthier*, New York, NY: The New Press.

Williams, A. (1974) 'Need as a demand concept', in A. Culyer (ed.)

Economic policies and social goals, London: Martin Robertson.

Williams, F. (1989) *Social policy: A critical introduction*, Cambridge: Polity Press.

Williams, P. (1987) 'Alchemical notes: reconstructing ideals from deconstructed rights', *Harvard Civil Rights — Civil Liverties Review*, vol. 22, p. 401.

Williamson, J. (1990) 'What Washington means by policy reform', in J. Williamson (ed.) *Latin American adjustment: How much has happened?*, Washington, DC: Institute for International Economics.

Wisner, B. (1988) *Basic human needs and development policies*, London: Earthscan.

Wollstonecraft, M. (1792) *A vindication of the rights of women*, Harmondsworth: Penguin.

Wood, G. and Newton, J. (2005) 'From welfare to well-being regimes: engaging new agendas', Arusha Conference, 'New Frontiers of Social Policy', World Bank.

World Bank (2001) *World development report 2000/2001*, Oxford: Oxford University Press.（世界銀行『世界開発報告〈2000/2001〉貧困との闘い』シュプリンガー・フェアラーク東京，2002年）

Wright-Mills, C. (1959) *The sociological imagination*, New York, NY: Oxford University Press.

Wronka, J. (1992) *Human rights and social policy in the 21st century*, Lanham, MA: University Press of America.

Young, I. (2008) 'Structural injustice and the politics of difference', in G. Craig, T. Burchardt and D. Gordon (eds.) *Social justice and public policy*, Bristol: The Policy Press.

Younghusband, E. (1964) *Social work and social change*, London: Allen & Unwin.

資料

主要追加文献及び情報源

ヒューマン・ニーズと社会政策

- Doyal, L. and Gough, I. (1991) *A theory of human need*, Basingstoke: Macmillan.
- Goodin, R. (1988) *Reasons for welfare: The political theory of the welfare state*, Princeton, NJ: Princeton University Press.
- Hewitt, M. (1922) *Welfare ideology and need: Developing perspectives on the welfare state*, Hemel Hempstead: Harvester Wheatsheaf.

関連諸概念と諸課題

- Lister, R. (2004) *Poverty*, Cambridge: Polity Press.（松本伊智朗監訳，立木勝訳『貧困とは何か・概念・言説・ポリティクス』明石書店，2011年）
- Held, D. and Kaya, A. (eds) (2007) *Global inequality*, Cambridge: Polity Press.
- Hills, J., Le Grand, J. and Piachaud, D. (eds) (2002) *Understanding social exclusion*, Oxford: Oxford University Press.
- Sen, A. (1999) *Development as freedom*, Oxford: Oxford University Press.（石塚雅彦訳『自由と経済開発』日本経済新聞社，2000年）
- Fraser, N. and Honneth, A. (2003) *Redistribution or recognition?*, London:Verso.
- Jordan, B. (2008) *Welfare and well-being: Social value in public policy*, Bristol: The Policy Press.

ニーズと諸権利

- Dean, H. (2002) *Welfare rights and social policy*, Harlow: Prentice Hall.

ニーズと政治：代替アプローチ

- Illich, I. (1977) *Towards a history of needs*, New York, NY: Bantam/Random House.
- Soper, K. (1981) *On human needs*, Brighton: Harvester Wheatsheaf.
- Fraser, N. (1989) *Unruly practices: Power, discourse and gender in contemporary social theory*, Minneapolis, MN: University of Minnesota Press.

関連ウェブサイト

貧困と障害

- in Britain, The Poverty Site: www.poverty.org.uk/
- in Europe, Employment, Social Affairs and Equal Opportunities: http://ec.europe.eu/employment_social/social_inclusion/jrep_en.htm#joint_report
- in the US, the National Poverty Center: http://upc.umich.edu/poverty/
- globally, the United Nations Development Programme: www.undp.org

ニーズに対する社会的対応

- in Britain, the Nasional Centre for Social Research: www.natcen.ac.uk/natcen/pages/op_socialattitudes.htm
- globally, the World Values Survey: www.worldvaluessurvey.org

代替的/批判的アプローチ

- capability approach, the Human Development and Capability Association: www.capabilityapproach.com
- Max-Neef model of human-scale development: www.rainforestinfo.org.au/background/maxneef.htm
- anti-autistic economics: www.autisme-economie.org
- happiness index, Happiness Foundation: www.happiness.org/Resources/Happiness_Studies/Happiest_Countries.aspx